데이터 그랩

내 정보를 훔치는 빅테크 기업들

이 책의 참고 문헌, 저자 추천 도서, 찾아보기는 다음 주소에서 PDF로 다운로드 받을 수 있으며,
본문에는 참고 문헌에 해당하는 각주 번호만 표기하였습니다.
http://www.ylc21.co.kr/reader/data.asp

데이터 그랩

내 정보를 훔치는 빅테크 기업들

2024년 6월 10일 1판 1쇄 발행

지은이 | 울리세스 알리 메히아스, 닉 콜드리
옮긴이 | 공경희
펴낸이 | 양승윤

펴낸곳 | (주)와이엘씨
　　　　서울특별시 강남구 강남대로 354 혜천빌딩 15층
　　　　Tel. 555-3200　Fax. 552-0436

출판등록 | 1987. 12. 8. 제1987-000005호
http://www.ylc21.co.kr

값 21,000원
ISBN 978-89-8401-263-9 03320

* 영림카디널은 (주)와이엘씨의 출판 브랜드입니다.
* 소중한 기획 및 원고를 이메일 주소(editor@ylc21.co.kr)로 보내주시면, 출간 검토 후 정성을 다해 만들겠습니다.

내 정보를 훔치는 빅테크 기업들

데이터 그랩

울리세스
알리 메히아스,
닉 콜드리 지음
×
공경희 옮김

DATA GRAB

영림카디널

감사의 말

이 책의 집필 기간인 2022년 6월부터 2023년 6월 중반까지는 우리에게 유난히 치열한 시기였다. 이 책은 개념상 전작인《연결의 비용: 어떻게 데이터가 인간의 삶을 식민화하고 자본주의에 적용하는가Costs of Connection: How Data is Colonizing Human Life and Appropriating it for Capitalism》(2019, 스탠포드 대학 출판부)의 담론을 끌어낸다. 그 이야기를 여기서 똑같이 다시 한다. 2018년 말 이후 아프리카, 아시아, 유럽, 아메리카 대륙, 오스트레일리아에서 대면과 가상공간을 통해 백 명에 이르는 청중들과 비평해준 저자들을 접하며 우리의 사고가 확장되었다. 모든 분들께 감사드린다.

또 각각의 장들을 읽어준 나빌 에크카이비와 파올라 리카우르테, 초고 전부를 읽고 유용한 조언을 해준 이소벨 에드워즈와 루이스 에드워즈에게 감사드리고 싶다. 원고를 기획하고 집필할 때 특정 부분을 조언해준 미리엄 마오우라흐, 베네데타 브레비니, 릴리 이라니, 일로

나 킥부쉬, 세바스찬 레후에데, 엘라 맥퍼슨에게 감사드린다. 특히 닉의 LSE(런던 정치경제 대학교) 연구 조교인 루이스 마리 휴렐에게 감사를 드린다. 그녀의 노련하고 신속한 연구가 없었다면 우리는 원고를 마무리하지 못했을 것이다.

또 〈WH 앨런WH Allen〉의 담당 편집자 제이미 조지프의 믿음, 격려, 반응에 큰 은혜를 입었다. 원고의 다양한 버전에 전문적인 조언을 해준 〈WH 앨런〉의 아만다 워터스와 우리 미국 출판사이자 오랜 지원자인 시카고 대학 출판부의 조이 칼라미아에게 감사드린다. 교정, 교열, 색인 작업을 해준 로스 제이미슨, 이언 앨런, 벤 머피에게도 감사드린다.

특별히 닉은 LSE '미디어, 데이터, 사회 체계' 강좌의 수강생들에게 감사드린다. 학생들은 우리에게 영감을 주었고 신중하게 도전해주었다. 두 필자가 극도로 힘들고 스트레스를 많이 받던 시기에 사랑, 지지, 믿음을 아끼지 않은 루이스 에드워즈에게 깊이 감사드린다. 울리세스는 마지막 단계에서 유익한 도움을 주고 기분 전환을 하게 해준 친지들인 리사 던돈, 질라 아이젠슈타인, 제니 로젠버그, 윈프리드와 시빌 타, 데미르와 랄레 발라스에게 감사 인사를 전하고 싶다. 누구보다도 기획하는 동안 넘치는 사랑과 보살핌을 주는 중요한 관계를 만들어준 그의 마음과 정신과 영혼의 안식처인 아스마 발라스에게 고맙다.

마지막으로 국제적인 공동체 '티에라 코뮨Tierra Común'을 언급하고 싶다. 우리는 사랑하는 친구 파올라 리카우르테와 함께 2020년 6월, 이 단체를 만들고 성장을 지켜보는 특권을 누렸다. 사상가들과 운동가들의 네트워크가 데이터 식민주의와 싸울 추진력을 얻는 과정을 지켜보는 것은 크나큰 기쁨이다. 또 가상공간과 이제는 다행히 대면으로 이루어지는 만남에서 지속적인 영감을 얻는다. 그래서 우리는 이 책을 '티에라 코뮨' 회원들에게 헌정한다.

저자들의 표기 순서는 처음부터 공평하게 기여한 합작의 결실이다. 그런 뜻을 나타내기 위해 알파벳 순서보다는 돌아가면서 이름을 앞에 표기했다.

울리세스 알리 메히아스(미국 이타카), 닉 콜드리(영국 이슬립)
2023년 6월

차례

토지 수탈에서
데이터 수탈로

로벤굴라_{Lobengula} 왕(19세기 짐바브웨의 왕: 옮긴이)의 참모진은 '영국 남아프리카 회사(19세기 말 지금의 잠비아, 짐바브웨 지역을 통치한 기업: 옮긴이)'가 국토에 설치하는 전신선을 의심했다. 그들은 백인들이 전보를 이용해, 마타벨렐란드의 은데벨레 족을 통치하는 왕의 수족을 묶고 통제하려는 속셈이라고 믿었다. 공식적인 전보의 목적을 들은 후에도 그들은 여전히 전보에 회의적이었다. 그들은 물었다. 북이나 봉화 같은 장거리 신호법이 있는데 왜 전보 같은 게 필요한가?

이와 같이 전근대적인 사람들이 필연적인 진보의 길을 방해하거나, 더 좋은 세상의 길을 여는 기술을 오해하고 거부하는 이야기는 많은 이들에게 익숙하게 들릴 것이다. 하지만 결국 로벤굴라 왕의 참모진이 가졌던 의심이 옳았음이 드러났다.

세실 로즈_{Cecil Rhodes}가 지휘한 영국 남아프리카 회사는 1893년 은데벨레족에게 선전 포고했고, 1896년 마타벨렐란드와 마쇼날란드의 봉기를 진압했다. 전쟁의 명분들 중에는 주민들이 동전을 훔쳐서 장신구와 사냥 도구를 만들었다는 것도 포함되어 있었다. 전보가 중요한 이유들이 더 있었다. 군이 보기에, 전보가 로데시아(현재의 짐바브웨)가 될 지역을 포함해 남아프리카 식민지들의 통제에 필수임이 증명될 터였다. 전보가 없었다면 병력 이동을 조정하고 대기 지령을 내리기가 훨씬 어려웠을 것이다. 전쟁의 결과 1930년 즈음, 국가 토지의 50%인 20만 km²의 땅이 인구의 5%에 불과한 유럽 이민자들의 수중에 들어갔다.[1]

달리 말해 이것은 토지 수탈이었다. 식민주의는 역사상 다른 시대와 다른 지역에서 다른 방식으로도 시행되었지만, 마지막에는 늘 같은 결과를 낳았다. 완력이나 기만을 통한 토지 그리고 거기에 동반되는 부와 노동력의 강탈이다.

역사적 식민주의와 다른 자산 강탈이 다른 점은 두 가지다. 첫째, 이 토지 수탈은 전 세계적으로 일어났다. 1800년부터 1875년까지 매년 세계적으로 약 21만 5천 km²의 땅이 유럽의 식민지 이주자들에게 넘어갔다. 1875년부터 1914년까지 그 숫자는 매년 62만 km²로 늘었다. 그 기간의 막바지에 영국은 55곳, 프랑스는 29곳, 독일은 10곳, 포르투갈은 8곳, 네덜란드는 8곳, 이탈리아는 4곳, 벨기에는 1곳의 식민지를 보유했다.[2] 식민주의는 짐바브웨의 은데벨레족뿐 아니라 브라질의 보로로족을 비롯해 수많은 민족들과 관련된 이야기다. 그들은 동시에 전보, 라이플총 그리고 기술, 무기, 식민지에 전도하려는 종교의 독특한 혼합체인 십자가의 도래를 목격했다. 누구도 이런 것들이 평화와 발전을 가져온다고 믿지 않았다. 수탈과 불의만 안길 따름이었다.

둘째, 식민지화와 관련된 이야기들은 오랫동안 남아 있다. 어떤 곳에서 일어난 전쟁이나 또 다른 곳에서의 기술 도입을 말하는 게 아니다. 식민주의는 수 세기에 걸쳐 전개된 과정이며, 그 영향은 계속 감지된다. 다르게 말해보면, 역사적 토지 수탈은 끝났더라도(일례로 이제 남아프리카는 영국 식민지가 아니다), 토지 수탈의 영향은 계속 전해진다. 현재의 영국과 짐바브웨를 비교해 보면, 전반적으로 식민 지배 국가는 부의 축적이라는 형태로 혜택을 계속 누리고 있는 반면 식민지는 빈곤, 폭력, 기회 부족이라는 형태로 부담을 계속 안고 있다는 사실을 깨닫게 된다. 따라서 과거와 현재를 식민지 토지 수탈의 관점에서 재해석할 필요가 점점 절실해진다.

하지만 오늘날에는 과거와 비교 불가할 만큼 부적절한 일이 벌어진다. 식민주의는 신종 토지 수탈을 통해 다른 방식으로 계속 존재한다. 이제 시작된 일이지만, 그것이 과거의 수탈처럼 획기적으로 현재와 미래를 다시 만들 수 있음을 우린 이미 안다.

최근의 식민지 장악은 토지 수탈뿐 아니라 데이터 수탈을 포함한다. 데이터는 토지만큼의 가치를 지닐 수 있다. 데이터를 통해 가치가 엄청난 자원에 접근할 수 있기 때문이다. 귀중한 새 자원은 우리의 소소한 일상이다. 인간의 삶을 착취하는 게 전혀 새로운 현상일까? 물론 아니다. 하지만 이 신종 자원 수탈이 걱정스러운 이유는 식민주의의 특성들을 고스란히 보이기 때문이다.

이런 형태의 수탈은 지구 전체에서 엄청난 규모로 일어나기 때문에 누구도 여기서 자유로울 수 없다. 페이스북, 유튜브, 왓츠앱, 인스타그램의 전 세계 이용자 수는 세계 최대 인구 보유국인 중국이나 인도의 인구수를 넘어선다. 또 중국 플랫폼인 위챗과 틱톡이 그 뒤를 바짝 따른다.[3] 여기서 추출된 데이터는 전례 없는 부를 창출한다. 빅테크 기업들은 세계 최대 기업군에 속한다(예를 들면, 주식 가치가 2조 9천억 달러인[4] 애플은 미국과 일본을 제외한 어떤 국가의 전체 주식 시장보다도 규모가 크다).[5] 전 세계의 정보 통신 구조가 이렇게 형성되기에, 전문가들은 세계 최대 데이터 권력인 미국과 중국이 점점 해저 통신망을 독점하는 것을 우려한다.[6] 가장 중요한 점은, 이것이 식민주의에서 시작된 수탈과 불의라는 유산을 지속시킨다는 것이다.

이 책은 이런 데이터 수탈의 이야기다. 또 그것이 왜 식민주의 토지 수탈과 마찬가지로 세계의 자원을 재편하는지 다룬다. 달리 말하면 과거의 토지 수탈과 유사한 데이터 식민주의에 대한 이야기다.[7] 식민주의 이야기가 어떻게 전개되는지 우린 이미 안다. 데이터 식민주의가 장기적으로 미칠 영향을 미리 살피려고 굳이 가정해볼 필요가 없다. 역사 기록을 보면 그만이다. 과거뿐 아니라 현재는 구제 불능일 정도로 식민주의적이며, 새로운 데이터 식민주의가 그 핵심이다.

식민주의의
4가지 도구

오늘 당신은 영국 왕이다. 영국 대신 스페인, 프랑스, 네덜란드를 통치하고 싶다면 그것도 가능하다. 어느 국가를 선택하든 앞에 놓인 임무는 근본적으로 똑같다. 영토 정착, 자원 무역, 도시 설립, 원주민 탄압 등 왕 노릇을 하려면 상당한 야심과 탐욕이 필요하다.

개척, 확장, 착취, 말살, 이것들이 왕의 통치 도구다. 왕국을 건설할 때 클릭 몇 번으로 이 전략들을 연달아 실행한다. 그런 다음 다시 실행하고, 또 다시 하고, 경쟁에 지거나 전쟁에서 패해 왕국이 몰락해도 대수롭지 않다. 새로 시작하면 그만이다. 이건 게임일 뿐이니까. 〈시드 마이어의 문명 Sid Meier's Civilization〉은 턴 방식의 전략 게임으로, 1991년에 첫 작품이 출시되었다.

전략 게임에 필요한 도구인 개척explore, 확장expand, 착취exploit, 말살exterminate, 이 4X(X는 각 단어에서 ex 부분의 발음을 뜻함: 옮긴이)는 오랜 세월 효과가 입증된 전략이다. 하지만 유럽 열강들도 이 공식을 이용해 자국은 막대한 부를 축적하고 나머지 세상에는 엄청난 고통을 안겼다. 그 과정에서 세계 자원의 체계가 완전히 재편되었다.

식민주의는 다양한 사업들이 요구되는 복잡한 프로젝트였다. 앞서 언급한 영국 남아프리카 회사뿐만 아니라 동인도 회사도 있었다. 스페인은 인도 무역 사무소를 보유한 반면, 포르투갈은 인도 무역 회사를 설립했다. 네덜란드는 네덜란드 동인도 회사를 세웠다. 이 회사는 17~18세기 동안 아시아에서 백만 명 이상의 유럽인들을 고용하고 물자 250만 톤을 수출했다. 합법적으로 비준된 일이었고, 결국 선전포고 후 침탈을 자행해 식민지를 설립하고 떼돈을 벌었다.[8] 이 회사들 모두 각국의 통치자들과 밀접한 관계였고 주변의 여러 관료들이 자리를 차지했다.

이런 회사들을 운영할 때 4X 모델이 충실히 이행되었다. 이들은 군사와 기술 수단을 동원해 통제 가능한 새로운 지역을 발견하는 임무를 실행하면서 세계를 개척했고, 완력으로 원주민의 노동과 자원을 징발할 식민지를 설립해서 영토를 확장했다. 또 식민지의 자원을 부로 바꿀 국제 무역 제도를 만들어서 식민지들을 수탈했다. 피식민자들의 어떤 반발도 묵살했고, 그 과정에서 원주민의 존재 방식을 말살했다. 1492년부터 20세기 중반까지 간단히 요약한 식민지의 상황이다. 지구 면적의 8%에 불과한 유럽의 열강들은 4X 모델을 이용해 전 세계의 84%를 통치할 수 있었다.[9]

이 상황이 빅테크 기업들의 운용 방식과 어떻게 일치하는지 살펴보자.

오늘날 빅테크의 개척과 확장에 대한 노력은 땅과는 무관하지만, 데이터화된 삶이라는 가상의 영토와 관계가 있다. 쇼핑 습관은 물론 가족, 친지, 연인, 동료와의 소통, 가정이라는 공간, 거주 지역이라는 공간, 취미와 오락, 운동, 정치 토론, 건강 기록, 통근, 공부 등도 관련된다. 이런 식민지화에서 벗어난 영역이나 활동은 거의 없다. 세계 구석구석 그 기술과 플랫폼이 뻗쳐 있다.

하지만 과거의 식민주의처럼 영토 점령은 시작에 불과하다. 일단 식민지가 설립되면, 거기서 지속적인 자원 수탈을 위한 시스템이 작동된다. 빅테크는 우리 모두의 삶을 추적한 결과로 생긴 데이터를, 우리가 아닌 자신들의 부와 권력으로 바꾸는 비즈니스 모델을 만들어서 비슷한 착취의 성과를 얻는다. 미시적으로 보면, 데이터가 광고나 프로파일링을 통해 우리 각자를 목표로 삼는 데 이용된다는 뜻이다. 거시적으로 보면 인종, 성별, 경제 상황이나 건강 상태 같은 대규모 집단에게 영향을 줄 결정이나 예측을 하기 위해 데이터가 수집되어 이용된다는 뜻이다. 그래서 계속 데이터가 생성되도록 일상이 다방면으로 재구성될 수도 있다.

이것은 네 번째 'X(말살)'를 불러오고, 여기서 그림이 한층 복잡해진다. 역사에서 식민지의 말살은 다양한 형태를 띠었다. 주로 전쟁, 집단 자살, 질병, 기근, 다른 형태의 폭력이 죽음을 불렀다. 아메리카 대륙에서 원주민 1억 7천5백만 명이 스페인, 포르투갈, 영국, 미국 사람들의 손에 죽었다. 인도에서 1억 명이 영국인들에게 죽임을 당했고, 아프리카에서 3천6백만 명이 노예선에 실려 대서양을 건너다가 사망했다(목적지에 도착해 노예가 된 후 사망한 이들도 있었다). 알제리에서 백만 명이 프랑스인들에게, 인도네시아에서 수십만 명이 네덜란드인들에게 목숨을 잃었다. 사망자로 집계되지 못한 이들도 수백만 명에 달한다.[10]

하지만 야만적이고 물리적인 폭력만 있는 게 아니었다. 초창기에 열강들은 개인의 생명뿐 아니라, 식민주의의(그 자체가 생명의 말살을 자행하지만 느린 속도로 진행됐다) 사회경제적 대안까지 말살하는 방법을 사용해야 한다고 느꼈다. 한 가지 전략은 단일 재배 농사였다. 단일 재배는 식민국에게는 큰 이익이지만 식민지의 자급자족 능력을 말살했다. 동인도제도에서 커피 생산에 투자한 네덜란드를 살펴보자. 이 지역의 수확량은 1711년 45kg에서 1723년에는 540만 kg으로 증가했다.[11] 혹은 사탕수수 무역을 생각해보자. 사탕수수 무역은 카리브해 지역에 큰 굶주림과 고통을 일으킨 반면, 18세기 동안 최고조였던 영국 총생산의 5%나 기여했다(노예제가 없었다면 설탕이 비싸서 영국인 대부분은 소비하지 못했을 것이다).[12]

다른 경제적 말살 전략은, 시장에 값싼 물건을 대량으로 공급해 사업 기회를 막아서 식민지의 산업을 황폐화하는 것이었다. 영국의 면직 무역이 그 예다. 영국이 기계로 짠 값싼 직물을 세계 시장에 쏟아내자, 인도 같은 식민지 국가의 농부, 방적공, 직공들의 생활 방식과 직업이 무너졌다. 미국의 농장들이 노예들에게 지급하는 충격적인 인건비는 말할 것도 없었다.[13] 식민지의 산업을 방해할 목적으로 1763년에 런던에서 퀘벡 주지사에게 '어떤 연유로도… 제조업체를 설립하는 어떤 법도 찬성하지 않는 것이 우리의 의지에 대한 표현이자 기쁨이다.… 제조업체는 이 왕국에 해롭고 이익에 반한다'[14]라는 지침이 발령되었다.

빅테크의 독점적이고 반경쟁적인 운영 역시 파괴적인 영향력을 발휘한다. 이들의 사업 규모는 무시할 수 없을 정도다. 1945년에는 세계 인구 3명 중 1명이 식민 통치를 받았다. 오늘날 세계 인구 3명 중 1명은 페이스북 계정을 보유하고, 거의 대부분이 검색 엔진을 사용한다. 상황과 영향력은 현저히 다르지만, 비슷한 규모로는 페이스북, 인스타그램, 왓츠앱을 소유한 메타나 OpenAI 같은 기업들이 다수의 삶에 막강한 영향력을 갖는다는 의미다. 많은 사람들이 우려하듯 메타의 영향력은 미얀마 등에서 일어나고 있는 집단 학살의 와중에 거짓 정보와 증오를 확산하고, 케임브리지 애널리티카 스캔들(2016년 케임브리지 애널리티카 사가 동의 없이 수백만 명의 페이스북 가입자들의 정보를 수집해 정치적 목적으로 사용하려 한 사건: 옮긴이) 같은 정치적 간섭을 일으켰다. 반면 OpenAI의 CEO 샘 올트먼Sam Altman은 인공지능이 인간의 문제들을 해결할 가능성이 워낙 크므로 현재의 세상을 파괴할 위험을 감수할 만하다고 믿는다.[15] 달리 말해 많은 전문가들의 예측대로 인공지능이 사회 가치와 제도를 크게 훼손하더라도 그 과정에서 인공지능이 문제를 해결할 거라고 본다. 하지만 이것을 감당할 만한 위험으로 보지 않는 이들도 많다. 그래서 무엇이 적절한지, 정상적인지, 만족스러운지, 사실인지 결정하는 빅테크 권력이 지향하는 바에 의문을 갖는다.

경제적, 문화적 말살은 시간이 걸리는 과정이지만 우리가 이미 알수 있는 중요한 변화를 일으킨다. 즉 토지 수탈에서 권력관계의 대대적인 이동이 일어난다. 한편 데이터는 아주 다른 이야기고, 훨씬 긍정적인 차이를 보이면서 전개된다. 하지만 여기에도 과거와 유사성이 있다. 식민주의는 늘 강력한 문명의 전파가 뒤따랐다. 이 세계관은 모든 대안을 무시하고, 식민지 국민들에게 보이지 않는 헌신을 요구했다. 이 세계관은 열강들이 식민지인들의 육체뿐 아니라 마음과 정신도 통제할 수 있게 했다. 과거에는 기독교와 서구 과학이 문명 전파의 토대였다. 기독교와 서구 과학은, 식민지인들의 영혼을 구제하고 그들이 주어진 역할을 받아들이면 과학 발전의 이익을 약속하는 방향으로 길을 깔았다.

과거에 문명 전파에 참여한 회사의 예로 뉴잉글랜드의 복음 전도회로 알려진 '뉴잉글랜드 컴퍼니'가 있었다. 1649년 설립되어 영국 식민지들에서 이교도 주민들의 교육을 담당하고, 성공회 선교 사업을 통해 학교 설립과 성경의 토착어 번역을 시행했다. 초대 회장인 로버트 보일Robert Boyle은 기체의 압력과 양의 관계를 밝힌 유명한 '보일의 법칙' 외에, 피부색의 특징과 흑인의 기원에 대한 이론을 내놓기도 했다. 보일은 기독교로 개종한 노예들의 처우 개선을 옹호한 반면, 그와 동료들은 노예 매매를 거부하지 않았다. 왕립 협회 회원인 그들은 회사가 '로열 아프리칸 컴퍼니(1660년에 설립된 잉글랜드의 노예 무역 기업: 옮긴이)'의 주식에 투자해서 얻은 수익으로 특혜를 누렸다.[16]

빅테크도 기술과 사업 목적이 섞인 문명 전파를 시행한다. 일부는 네트워크 과학, 데이터 과학, 컴퓨터 과학 등 서구 과학 주위에서 계속 일어난다. 다른 축인 기독교 전도와는 다르지만 비슷한 중요한 개념들을 전파하는데, 삶을 더 편하게 만드는 편리성, 인간보다 문제 해결력이 뛰어난 기계를 도입한 과학과 인공지능의 새로운 형태라는 개념들을 알린다. 선택받은 소수에게 이런 꿈은 현실이 될 것이다. 하지만 다른 이들에게는 유년기 상실, 새로운 형태의 노동 착취, 중요한 개인 정보의 통제권 상실이라는 악몽이 될 위험성이 있다.

문명 전파, 경제적 동기, 권력 행사, 특정 기술의 도입은 과거 식민주의에 깊이 파급되었지만 늘 한쪽에만 유리한 불공정한 결과를 낳았다. 앞에서 살펴본 남아프리카의 전보가 그런 예다. 다른 예는 20세기 초 인도 마드라스 지역에 전력망을 도입한 사건이다. 전기는 '악마 같은 어둠'을 몰아낸 서구 과학의 승리로 여겨졌고, 초기에는 문화적 우월성을 과시하기 위해 백인들의 삶을 개선하는 데만 이용되었다. 전기는 식민주의의 장점을 홍보하는 일종의 수단이었다. 전기 덕분에 영화가 상영되고 공공장소에 조명이 켜졌다. 전차가 다니고 병원 같은 곳에 전력이 공급되었으며, 거기서 생긴 수입 전액은 영국 기업들 차지였다. 하지만 이런 편리성, 오락, 공공서비스 외에 전기는 등대를 밝혀 식민지 물자를 나르는 선박들을 인도했고, 무기 공장을 가동시켰다. 또 교도소 철책에 전류가 흘러서 죄수들을 가둘 수 있었고, 사무실에서 근무하는 시간이 늘었다. 식민지 운용 업무를 수행하기 위해 인쇄기가 가동되었고, 공산품과 농산물 생산이 늘어나 수입이 증가했다. 통신망과 교통망의 핵심인 전기의 공급으로 제국의 기능이 원활하게 작동될 수 있었다. 달리 말하면 열강이 주는 선물인 문명 전파의 이면에서 전기는 식민주의의 핵심 사업을 지탱하는 도구로[17] 평화롭게 도입되었다(앞에서 언급했듯이 영국 강점기에 인도인 1억 명이 목숨을 잃었다).

전기를 데이터로 대체하면, 세부 내용은 다를지라도 소름 돋을 정도로 유사한 요소들이 있다. 데이터 처리 방식 역시 과학의 업적을 예고한다. 편리성, 접속 가능성, 새로운 형태의 정보를 약속하는 선물인 셈이다. 하지만 이 문명화라는 선물의 저변에는 안면 인식이나 직장 모니터링을 통한 새로운 형태의 감시, 프로파일링 기반 서비스에 접근하는 것을 알고리즘이 거부하거나 통제하는 차별, 단기 계약 근로자들의 임금이 지속적으로 낮아지는 착취 등의 문제가 도사린다.

서구 과학이 식민지에 미친 영향은 이 책에서 여러 차례 언급된다. 서구 과학이 사회와 환경에 미친 해악을 정당화하는 데 동원된 점을 지적하면, 과학의 이익과 기여를 폄하하는 듯한 인상을 준다. 실제로 서구 과학이 인류에게 여러 가지 이익과 기여를 해왔다는 것은 사실이다(특히 인류가 현재 환경에 저지르는 해악도 과학기술을 통해 모니터링하고 파악하면, 잠재적인 해답을 제시할 수 있다). 우리의 주장은 반과학적이 아니며, 과학을 부정하는 불길에 부채질하려는 의도도 없다. 하지만 강점기와 이후 서구 과학이 식민지와 사회를 통제하고 착취하는 수단이었다는 피식민자들의 비판을 외면해선 안 된다. 실제로 식민주의의 시각을 통해야만 현대성과 현대 과학의 출발점으로 올라가는 연속성이 파악된다. 이 골치 아픈 유산이 현재와 미래를 좌우하는 데이터 과학과 AI 같은 발전에 영향을 준다면, 특히 식민주의의 관점에서 볼 필요가 커진다. 카메룬의 철학자 아쉴 음벰베Achille Mbembe의 말처럼, 우리 시대는 서구만 미래의 독점권을 가진다는 케케묵은 신화로 회귀하려 애쓴다.[18]

계약 조건

새로운 식민지의 현실에는 새로운 데이터 추출 처리 방식이 있다. 이 방식은 교육, 건강, 농업, 치안, 대화 방식, 상호 평가 방식을 비롯해 여러 영역을 변화시킨다. 그 때문에 최근의 식민주의에 '데이터 식민주의'라는 새로운 용어가 필요하다. 우리 삶에서 데이터를 지속적으로 추출하는 사회 체계가 세계적으로 막대한 부와 불평등을 만들어낸다는 개념이다.

이 새로운 사회 체계는 새로운 사회 계약을 수반한다. 이 계약은 개인이 온라인에 접속하면서 기록되는 흔적인 '데이터 잔해'를 무상으로 기업에 양도한다는 전제에서 출발한다. 어째서일까? 데이터는 저장

용량이 큰 고사양의 컴퓨터를 사용해야 처리하거나 정리할 수 있는데, 우린 그런 장치를 쓸 수가 없기 때문이다. 인류의 진보는 그런 데이터 양도에 의해 이루어진다. 또 이 양도는 이용자들의 전적인 동의하에 일어난다. 스마트폰에 앱을 설치하거나 그런 플랫폼을 이용할 때 '동의합니다' 버튼을 클릭한 장본인이 바로 우리 아닌가?

잠깐 멈추고 '동의합니다'를 클릭하면 어떤 일이 생기는지 살펴보자. 혹은 2007년의 구글 크롬의 서비스 약관에서 '동의합니다'를 클릭했다면 어떤 일이 벌어졌을지 알아보자. 대부분의 사람들은 약관을 꼼꼼히 읽지 않는다. 그러니 만약 우리가 2007년에 웹브라우저를 설치했다면 어떤 조항들에 동의했는지 짚어볼 만하다.

'귀하는 제출, 발송, 게시한 콘텐츠를 구글이 재생산, 인용, 변형, 번역, 출판, 공개적으로 사용 및 배포할 수 있는 항구적, 취소 불가능, 세계적, 저작권 없는 비독점적인 권리를 양도합니다.'[19]

구글은 최근 버전에는 탐욕을 덜 드러낸다. 하긴 욕심 부릴 필요도 없다. 우린 구글이 제시한 약관을 읽지 않고도 그들이 부과한 규정 속에서 삶을 형성해왔음을 알기 때문이다. 구글의 새 규정은 순화된 언어를 쓴다. 데이터 추출이 이미 진행 중이니 굳이 딱딱한 말을 쓸 필요가 없다. 아무튼 2023년 7월 구글은 개인 정보 처리 방침을 업데이트해서 '구글의 AI 모델을 학습시키고 구글 번역, 챗봇 바드Bard, 클라우드 AI 같은 제품들을 제작하기 위해 승낙 없이도 활용 가능한 정보를 사용할 결정권'[20]을 갖는다고 밝혔다.

　이제 크롬의 원래 약관을 오래전 문서인 '레케리미엔토Requerimiento (스페인어로 통보, 요청을 뜻한다)'와 비교해보자. 이 문건은 식민지 토지 수탈 초기인 1513년에 작성된 것으로, 스페인 정복자들이 야밤에 아메리카 대륙의 마을이나 도시에 쳐들어가 약탈을 자행하면서 낭독한 문건이다. 그들은 스페인어로 된 문건을… 스페인어를 모르는 원주민들에게 읽어주었다.[21] 통역을 했더라도 원주민들은 그들과 다른 세계관을 이해하지 못했을 것이다.

　'하지만 그대들이 스페인 법규에 복종하지 않으면, 단언컨대 신의 가호로, 우리는 강력하게 그대들의 나라에 들어와서 가능한 모든 수단과 방법을 동원해 전쟁을 벌일 것이며, 그대들에게 멍에를 씌우고 교회와 고위 성직자들에게 순종하게 할 것이다. 그대들과 처자들을 취해서 노예로 삼고 고위 성직자들의 명령에 따라 그들을 팔고 처리할 것이다. 또 그대들의 가산을 빼앗고, 온갖 손해와 피해를 입힐 것이며…'[22]

　이 문건의 낭독 후에 벌어진 일이 구글 크롬 설치 후에도 일어난다는 말이 아니다. 구글은 우리나 자녀들을 노예로 삼지 않을 테고, 크롬의 약관을 거부한다고 우리를 몰살하지 않는다. 하지만 여기서 핵심은, 초기에 강탈을 행할 때 필요한 책략과 위협에 주목하는 것이다. 일단 난해한 언어를 동원해야 한다. 정보를 추출하려면, 해당 약관을 이용자가 이해하지 못해야 하기 때문이다. 약관 내용을 파악한 즈음이면 이미 늦었다.

스페인인들과 이후의 식민지 개척자들은 이 통보가 앞으로 자신들이 자행할 잔악 행위를 법적, 정치적, 종교적 용어로 정당화하려는 구실이자 감언이설임을 알았다. 원주민들 역시 빨리 알아차렸다. 그들은 통보를 듣기 전에 도망치거나 붙잡혀서 나무에 묶여 얌전히 통보를 들었다. 혹은 값싼 선물로 유혹받는 경우도 있었다. 기록을 보면 세누Cenú족의 족장은 세세한 설명을 요구했고, 마침내 기본 내용을 파악하자 자기 소유도 아닌 땅을 나눠주는 교황은 주정뱅이고 이 선물을 받는 왕은 미치광이임이 분명하다고 답했다. 원주민들의 입장에 공감한 성직자인 바르톨로메 데 라스 카사스Bartolomé de las Casas는 '통보'를 듣고 웃을지 울지 모르겠다고 말했다.[23]

원자재

우리도 구글 크롬의 의도가 담긴 요즘 앱의 약관을 읽으면서 웃을지 울지 모를 날이 올지 모른다. 한편 데이터 처리 수탈은 줄지 않는다. 언론의 조명을 받는 것은 빅테크 기업이지만, 데이터 수탈은 악덕 기업 몇 곳에 국한되지 않는다. 규모와 무관하게 때로는 어두운 구석에서, 때로는 드러난 곳에서 일어난다.

'라소Lasso'를 예로 들어보자. 대부분 들어본 적 없는 회사겠지만, 미국 건강 분야의 선두 기업이다. 개인의 건강 데이터는 법적으로 보호받는다고 알려졌지만, 라소는 건강관리에 관심 있는 소비자들에게 접근하려는 판매자들에게 다양한 상품을 공급할 길을 찾아냈다. '블루프린트Blueprint', '커넥트Connect', '트리거스Triggers' 같은 서비스가 여기 포함된다. 라소는 미국 건강 데이터 법규를 준수한다고 말하지만, 블루프린트에 대한 야심을 보면 가히 충격적이다. 웹페이지를 인용해 보면,

'라소 블루프린트는 판매자들이 진단, 투약, 조치, 보험 데이터, 인구통계 정보 등에 기초해 건강관리 공급자와 소비자로 구성된 고가치 대상자들을 창출하게 해 준다. 실시간으로 대상자의 수치를 공급하며… 또한 대상자들은 매주 최근 실제 데이터를 공급받아 판매자가 목표 대상에 접근할 기회를 놓치지 않게 할 수 있다.'[24]

그러니 건강 데이터가 철저히 익명을 유지해도, 대량으로 수집되어 우리를 특정 병력을 지닌 소비자라는 목표로 삼는 데 이용된다. 데이터 패키지에 이름이 기록되는지 아닌지는 중요하지 않다. 모든 과정은 잰더Xandr의 정교한 데이터 처리로 진행된다. 잰더는 2022년 마이크로소프트가 10억 달러에 인수한 회사로 언론에 주목받지 않고 운영된다.

마케팅이나 알고리즘 프로파일링을 위한 데이터 추적 및 획득은 최근까지 가장 큰 관심사였다. 하지만 몇 년 사이 AI의 획기적인 발전은 데이터 식민주의에서 기계가 대신 사고나 창작을 할 수 있도록 허용하는 데 큰 영향을 주었다는 걸 증명했다. 자연어 생성(컴퓨터의 처리 결과를 인간이 이해할 수 있는 언어로 출력하는 과정: 옮긴이)과 생성형 AI 도구(이용자의 요구에 따라 다양한 형태의 콘텐츠를 만들어내는 인공지능: 옮긴이)의 도래로 예술, 문화, 미디어 분야에서 어떤 일이 벌어지는지 살

펴보자. 이런 프로그램들은 AI 알고리즘을 이용해 인간의 창작 역량을 점점 정확하게 모방하고 있다. 지시문 몇 개면 ChatGPT, DALL-E, DeepDream, DeepMind(앞의 두 회사는 OpenAI, 뒤의 두 회사는 구글 소유) 같은 AI 도구는 텍스트, 이미지, 사운드, 인간의 말을 생성할 수 있다. 인간처럼 표현할 뿐 아니라 제인 오스틴 Jane Austen 같은 작가, 살바도르 달리 Salvador Dalí 같은 화가, 펠라 쿠티 Fela Kuti (나이지리아의 음악가: 옮긴이) 같은 음악가를 모방할 수도 있다.

이렇게 AI가 오스틴, 달리, 쿠티와 같은 예술가들처럼 느껴지게 하기 위해서는 다른 예술가들이나 우리 모두가 어떻게 읽고 그리고 듣는지 학습해야 한다. 다시 말해 오스틴의 소설들뿐만 아니라 우리의 글과 다른 작가들의 작품도 분석해야 한다. 쿠티의 목소리뿐 아니라 우리의 목소리도 분석해야 한다. AI는 우리가 SNS 플랫폼에 업로드한 영상이나 친구의 스마트폰에 남긴 음성 메시지가 담긴 저장소에서 그것들을 끌어낸다.

유명인이나 보통 사람을 조롱하는 AI 생성물을 대수롭지 않게 여기는 이들도 있다. 그저 재미난 속임수나 쓸모 있는 작업 도구로 보일 수도 있다(재녹음하지 않고도 음성이나 비디오 메시지를 편집할 수 있다고 상상해보자). 하지만 지금은 생성형 AI의 초창기이므로 이런 생성물의 진정성, 원작의 가치, 그 실행을 통제하는 주체에 대해 질문해볼 만하다.

더 큰 사안도 있다. 집단이 이룬 문화와 사회적 산물이 이제 AI 활동의 원료 역할을 한다. 예를 들어 '플루트와 기타로 구성된 차분함과 위로를 주는 명상 음악' 같은 지시를 토대로 멜로디를 생성할 수 있는 구글의 MusicLM은, 음악을 28만 시간 동안 학습했다. 구글이 학습에 사용한 음악 전부에 대해 저작권료를 지불했을까? 아마 아닐 것이다. 그런 이유로 이 도구는 한동안 출시를 연기했다. 생성된 음악이 파생물의 재료인 원곡과 너무 비슷하면 법적 문제가 계속 발생할 것이다.[25] 하지만 결국 구글은 다른 제품들처럼 이 프로그램 역시 무료로 출시했다. 최종 버전에서 AI는 특정 화가나 가수를 모방하라는 요구를 따르지 않기 때문에 구글은 저작권 위반을 피할 수 있다. 하지만 아직도 문화적 산물을 원재료로 삼아 기계가 인간의 일을 하도록 교육하는 기업이 있다. 기계가 더 신속하고 적은 비용으로 일할 수 있기 때문이다.[26]

인터넷 검색부터 클라우드 서비스, 생성형 AI까지 구글은 우리에게 사용료를 부과할 필요가 없다. 왜냐면 우리가 그 제품들의 원재료이기 때문이다. 대중이 도구들을(MusicLM의 경우 창작 과정을 지원하는 방도로)[27] 무료로 사용하게 한다고 해서, 캐나다 출신 작가이자 활동가인 나오미 클라인 Naomi Klein의 말처럼 데이터 수탈의 본질과 규모를 숨길 수는 없다.[28]

어두운 구석에 숨든 아니든 모두 광범위한 표절 행위다. 우리의 집단 활동, 시공을 아우른 상호 간의 소통, 공유 자원을 강탈해서 데이터를 통해 현금화하는 행위다. 생성형 AI의 '쿨한' 요소는 기본적으로 여기서 눈을 돌리게 하는 장치일 뿐이다.

데이터 식민주의에 온 걸 환영한다. 식민주의는 전방위적으로 일어나며 진짜 식민지적인 규모로 자원을 빼앗는다. 5세기 전의 식민지 토지 수탈처럼 데이터 수탈이 역사의 길을 바꿀 것이다.

식민주의의 눈으로
현재 읽기

과거의 식민주의와 신식민주의를 비교했을 때, 양쪽이 반드시 일치하지는 않는다. 그러기에는 역사적으로 너무 복잡하고 뒤엉켜있다. 따라서 예컨대 네덜란드 동인도 회사와 알파벳-구글을 단순히 일대일로 비교해서 평가할 수는 없다. 역사가 그렇게 단순하게 반복될 리 없다. 대신 이 책은 오늘날의 데이터 수탈이 식민지 토지 수탈의 연장임을 보여줄 렌즈를 제공할 것이다. 5세기 전 토지 수탈은 세계의 자원을 재편성하면서 통제했고, 극소수의 손에서 착취될 기회를 준 바 있다. 이 렌즈는 과거 식민주의와 데이터 식민주의의 중요한 여섯 가지 유사점을 보여줄 것이다.

첫째, 기본적으로 두 시스템은 세계 자원을 '그저 거기 있으니' 차지해도 된다고 취급해 강탈하는 데 기반을 둔다. 역사적으로는 땅, 천연자원, 아메리카와 아프리카, 아시아, 태평양의 노동력이 착취당했다. 요즘은 데이터의 형태로 추출된 인간의 삶이 강탈된다.

둘째, 그 강탈은 더 큰 목적을 갖기 마련이다. 자원 수탈을 고착시킬 새로운 사회경제 체계를 세우는 것이다. 과거 식민주의처럼 수 세기가 걸리든, 데이터 식민주의처럼 단 몇십 년이 걸리든, 목표는 수탈을 고착시켜 삶의 모든 양상을 식민지 개척자에게 유리하게 만들어갈 새 길을 찾는 것이다.

셋째, 이 식민지 체계와 세계적인 자원 수탈은 국가와 기업의 공동 작업이다. 과거 식민 국가들은 군주국이었고, 영국 남아프리카 회사

같이 국가로부터 승인받은 회사들은 식민지를 수탈하려는 특별한 목적을 가진 수단이었다. 오늘날 기업들은 중국과 인도에서 보듯, 국가 및 정부와 복잡한 협력 체계를 구축하면서 훨씬 중요한 역할을 한다. 미국과 유럽에서도 다른 방식으로 그런 체계가 조성된다. 하지만 과거 식민주의와 데이터 식민주의 모두 국가-기업 협력 체계를 보인다는 사실은 여전하다.

넷째, 식민주의는 늘 물리적인 환경에 악영향을 미쳤고 앞으로도 계속 그럴 것이다. 산업자본주의 기간에 지구 온난화를 악화시키고, 자연이 이익을 얻을 대상인 동시에 무가치하면서 값싸고 버려도 되는 것이라는 틀을 씌운 것은 식민주의였다. 환경 파괴의 일부 양상은 식민지 시대만큼 역사가 깊다. 한 예가 전자기기에 필요한 광물의 대규모 채굴이다. 다른 양상들은 더 최근의 현상으로, 더 앞선 식민주의 시대와 밀접한 관계가 있다. 오늘날 과거 식민지의 통제 방식에 의존하는 대형 정유 회사들과 대형 농업 회사들로 인해 일어나는 황폐화를 생각해보자. 또 데이터 식민주의의 전혀 새로운 영향들도 있다. 예컨대 데이터 센터들이 소비하는 에너지와 물, 온라인 쇼핑 배송으로 일어나는 탄소 배출, 지구를 도는 인공위성 숫자의 증가가 그 예다.

다섯째이자 아주 중요한 점은, 식민주의가 늘 착취하는 특권층과 노동력을 착취당하는 다수의 대중 사이에 극심한 불평등을 일으켰다는 것이다. 실제로 앞서 언급된 식민지의 토지가 빼앗아가라고 '그저 거기' 있었다는 개념은 애초부터 식민지 원주민들은 무가치하다는 전제에서 비롯되었다. 데이터 식민주의의 도입은 데이터 수탈과 관계된 새로운 불평등을 조장하고, 흔히 인종차별과 성차별을 포함한 오랜 불평등을 재연하고 심화시킨다. 그리고 나중에 다룰 데이터 수탈과 관련된 모든 발달은 식민주의로 인한 세계 경제의 극심한 불평등과 지정학적 요인에서 비롯된다.

마지막으로 식민주의 약탈 행위가 워낙 명백히 불공정하기에, 늘 긍정적인 문명화의 논리나 변명으로 위장해야 했다. 과거 수 세기 동안 그런 논리들이 유럽 중심의 진보 개념이나 구원이라는 기독교적 이상과 섞였다. 빅테크 시대에 그런 논리들은 자본주의 경제의 가치를 강조하는 한편, 앞서 문명 전파의 메아리를 유지한다. 페이스북이 30개국 이상의 아프리카 국가들에게 그런 명분들 없이 인터넷 인프라를 제공하는 걸 상상할 수 있는가?[29]

여섯 가지 유사점이 있긴 해도, 역사적 식민주의와 데이터 식민주의 사이에 큰 차이점들이 있음을 부인할 수 없다. 결국 우리는 땅이 아니라 데이터를 다룰 것이며, 그것은 다른 유형의 자산이다. 한 필지의 토지에서 추출할 수 있는 자원은 제한적인 반면, 데이터는 무수한 집단이 무한히 활용할 수 있다. 그래서 경제학자들은 데이터를 토지와 달리 비경합재라고 부른다.

하지만 역사적 식민주의와 데이터 식민주의 모두 대규모의 수탈 행위와 관계가 있는 반면, 수탈은 사회경제 체계가 형성될 때 마지막이 아니라 처음에 일어나는 조치임을 명심해야 한다. 또 이 체계는 당시 사회구조가 얼마나 복합적인가로 결정된다는 점도 알아야 한다(물론 오늘날 경제와 사회구조는 16세기나 18세기보다 대대적으로 확장되었다).

데이터 식민주의를 유사점이나 다른 점의 측면으로 다루기보단 복합적으로 보고 이야기하는 게 더 맞다. 과거 식민주의의 부당행위들(절도, 노예제, 차별)은 데이터 식민주의의 새로운 부당행위들로 무마는커녕 더 악화된다. 이것은 중요한 대목이다. '역사적 식민주의', '데이터 식민주의'라는 용어가 마치 전자가 끝나고 후자가 시작되는 듯한 오해를 부른다. 하지만 이 책에서 데이터 식민주의가 신식민주의라는 표현은, 그것이 자연 발생적이 아닌 진화한다는 뜻으로 이해하기 바란다. 따라서 데이터 식민주의는 농장 식민주의나 개척자 식민주의 같은 용어들과 동등하게 고려되어야 한다. 모두 오래되고 지속되는 역사, 즉 식민주의와 다르면서도 겹치는 양상과 영향을 설명하는 용어다.

여기서 데이터 수탈의 위험성을 강조하면 우리 저자들이 데이터에 반대하고 데이터 수집과 처리의 장점을 부인한다는 인상을 줄 수 있다. 우리의 관점은 그게 아니다. 당연히 데이터 수집과 이용에는 합당한 이유가 있다. 세상을 더 잘 이해하고 좋게 바꿀 목적이라면 특히 그렇다. 우리가 반대하는 것은, 사회적 합의와 대중의 통제 없이 데이터를 독점하여 이익을 얻으려는 행위다. 특히 기업들이 들이미는 구제와 발전이라는 명분에 반대한다. 그러나 이 책에서는 데이터 추출과 관련된 약관에 데이터를 바르게 사용하는 법이 포함되어야 한다고 주장할 것이다. 그 이유는 무엇일까?

현재 빅테크와 AI의 세계를 설정하고 형성하는 것은 데이터가 아닌 그런 약관이다. 그런 약관에 이의를 제기하고 재고해야 하며, 식민 역사라는 렌즈가 그것을 도와줄 것이다.

이 책에
대해서

식민주의는 까다로운 주제다. 각자 식민주의 역사와 현실에 대해 다양한 입장을 가지고 있고, 다른 배경과 관점으로 이 주제에 접근한다. 그런 이유로 이 책의 주장에 대한 반응도 제각각 다를 것이다. 그것도 존중한다. 필자인 우리 역시 식민주의에 대한 입장이 다 다르다. 한 사람은 런던에서, 다른 한 사람은 멕시코에서 성장했기 때문이다.

'1장. 새로운 식민주의의 탄생'에서는 오늘날 데이터에 일어나는 현상을 식민주의 렌즈로 설명하는 것에 대해 의심하는 시선을 다룬다. '2장. 데이터가 넘쳐 흐르는 땅'에서는 어떤 종류의 데이터가 수집되고 어떻게 처리되는지 그리고 어떤 생활 영역이 영향을 받는지 다룬다. 또한 경제, 사회, 정부의 전 영역에서 요즘 사회의 권력관계 변화와 관련된 중요한 질문을 던진다. '3장. 데이터의 새로운 문명화 임무'에서는 데이터로 얻는 특혜 때문에 데이터 식민주의를 자발적으로 받아들이려는 사례들을 더 상세히 살펴본다. '4장. 새로운 식민지 특권층'에서는 데이터를 차지하는 자들이 누구인지 묻고, 어떤 기업들이 연관되어 있으며 그런 기업의 직원들과 데이터의 최전선에 선 사업가들의 동기는 무엇인지 조사한다.

마지막 두 장은 신식민주의에 맞서 일어나는 저항에 대해 생각해 본다. 역사적 식민주의의 잔혹하고 갈등을 일으키는 전통이 여전히 존재한다면, 지금 일어나고 있는 신식민주의에 저항할 방도를 강구하기 어렵다. 하지만 상상과 저항은 서로 연결된다. '5장. 저항의 목소리'에서는 데이터 식민주의에 저항하는 양상과 컴퓨터 개발 초창기에 오늘날 디지털 세상의 위험성을 예견한 인물들을 탐구한다. 그 후 '6장. 저항하기 위한 전략'에서는 전 세계적으로 대두되고 있는 사례를 중심으로 실제 저항이 어떻게 일어나고 있는지 살펴본다.

오늘날 정보 자료는 기업들끼리, 흔히 정부까지 더해져서 분배된다. 과거 식민주의의 토지 분배와 같은 형국이다. 식민주의가 늘 그렇듯 불평등한 분배라는 결과를 낳겠지만, 데이터 수탈은 모든 인류의 삶에 이런저런 방식으로 영향을 미칠 것이다. 데이터 수탈은 지금도 일어나고 있다. 우연도 아니고, 소수의 악당 자본가들의 획책도 아니다. 또 지역마다 기술과 문명의 전파 상황이 다르긴 해도 세계적으로 일어나는 현상이다.

그렇다. 데이터 추출은 대단히 기술적이고 우리 일상과 먼 일로 느끼기 쉽다. 하지만 그 결과를 보면 결코 남의 일이 아니며, 그 때문에 각 장은 개인의 이야기로 시작된다. 화자는 가공인물이며(데이터 추출의 영향은 모든 분야에서 일어나지만, 개인의 사연은 기록되지 않기 때문이다), 실제 사실에 바탕을 두고 구성했다.

정리하면, 각 장은 데이터 추출이라는 낯설고 심상찮은 풍경을 인식할 지도를 제공한다. 그 풍경을 지나 여정을 마무리하면서, 우리는 돌아보며 당신에게 물을 것이다. 저항하지 않아도 정말 괜찮겠는가?

DATA GRAB

새 로 운

식민주의의

탄   생

미국의 미혼모인 트레이시는 현대 기술이 없으면 어떻게 살지 상상조차 할 수 없고, 디지털 시대에 사는 걸 행운으로 여긴다. 스마트폰과 노트북을 밤낮없이 끼고 살면서 진료 예약이나 식품과 생필품 주문, 공과금 납부를 하고 부모에게 송금을 받을 때는 무료 앱을 사용한다. 어린이집 시간을 조정하거나 딸의 교사들과 소통할 때 등도 마찬가지다. 이따금 한가하면 이런 앱들을 이용해 즐거운 시간을 보내고 친지들과 교류한다.

대학 시절 강의 시간에 교수가 이런 서비스 이용에 따르는 사생활의 위협을 지적했지만, 그녀는 기업들이 자신의 데이터를 수집해도 상관없다고 생각했다. 나쁘거나 숨길 일을 하지 않았으니 문제없다고 느꼈던 기억이 난다. 테러범도 아닌데 기업이 무료 서비스를 이용할 기회를 주는 대가로 개인 정보를 기록하는 게 무슨 대수라고? 물론 광고의 목표가 되니 가끔 스토킹 당하는 듯한 기분이 들 때도 있다(때로 스마트폰이 그녀의 말을 듣고 대화 중 언급했을 법한 물건의 광고를 보여주는 것 같았다). 하지만 그거야 자본주의 제도의 일부일 뿐이고, 자본주의는 완벽하진 않지만 최선의 선택지였다.

그녀의 관점이 변하기 시작한 것은 미국 대법원이 '로 대 웨이드 Roe v. Wade' 판결(1973년 연방대법원이 여성의 낙태권을 헌법상 기본권으로 인정한 사건: 옮긴이)을 파기하면서였다. 이로써 미국의 주들이 낙태를 위법으로 볼 여지가 생겼다. 그녀는 낙태 경험자로서 이것을 중요한 이슈로 받아들였다. 또 지금까지 사용한 앱과 서비스에서 수집한 데이터가 그녀의 의견과 반대로 쓰였을 가능성을 언급한 글을 읽고부터 걱정이 들기 시작했다.

기사들은 생리 주기 계산 앱을 삭제하고 건강 측정기 사용을 중단하라고 권했다. 한 친구는 2년 전 아파트에 설치한 스마트 수도 계량기가 이용자의 수돗물 소비 패턴을 분석하는 것만으로 임신 혹은 낙태 여부를 추측할 수 있다고 말했다. 친구는 스마트 수도 계량기가 변기 물이 내려가는 시간과 빈도를 감지할 수 있다는 걸 지적했다. 임산부는 화장실을 더 자주 사용하는 경향이 있으니, 변기 사용 빈도의 급증은 임신을 의미할 수 있었다. 반면 사용 빈도의 급감은 낙태가 일어났다는 의미일 수 있었다. 또 트레이시는 구매한 상품을 토대로 쇼핑 앱들이 그녀의 임신 여부를 정확히 추측할 수 있음도 알았다. 자신의 임신 여부를 알기도 전에 페이스북이 알았다고 주장한 여성들의 이야기도 읽었다.

갑자기 잘못한 일도 없는데 무슨 상관이냐는 기존의 생각이 바뀌었다. 그녀의 데이터가 '나쁘게' 낙태를 입증하는 데 쓰일 수도 있을 터였다. 실제로 그녀가 거주 중인 주에서는 아직 아무 일도 없었기에, 그녀는 법안이 통과되지 않기만을 바랐다. 하지만 그녀는 곧 페이스북이 네브래스카주 경찰에게 십대 소녀의 메시지 기록을 넘겨서 그 소녀가 낙태죄로 기소되었다는 신문기사를 읽었다. 또 텍사스에서 낙태 기관에 접근할 수 있는 정보 제공을 불법화하는 법안을 준비 중이라는 소식도 있었다. 법안이 통과되면 SNS 플랫폼들이 낙태 관련 게시물을 검열하기 시작할까 걱정하는 이들도 생겨났다.

그녀는 수십 개의 앱을 설치하면서 '동의합니다' 버튼을 클릭할 때마다 정확히 무엇에 동의했는지 궁금해졌다. 그녀와 관련된 어떤 데이터가 수집되며 어떻게 이용될 수 있을까? 그 데이터는 왜 수집되며 대체 누가 수혜자일까? 구글 검색까지 해봤지만 답을 쉽게 찾지 못했다. 물론 구글은 낙태 진료소를 방문하는 여성들의 위치 데이터를 기록하지 않는다고 공언했지만, 이 말은 여성들의 다른 방문지들의 데이터들은 전부 수집 중이라는 의미였다(나중에 글을 읽고 구글이 그런 약속을 하고서도 여전히 낙태 진료소 방문을 추적했음을 알았다).[1]

이런 서비스들이 무료라는 점은 이제 그녀에게 큰 매력으로 다가오지 않았다. 조금만 정치적인 각도로 돌려보면, 이전에 정상으로 보인 일이 불법 행위가 될 수 있었고, 개인 정보 데이터가 갑자기 그녀를 어떤 일에 연루시킬 수도 있었다.

그녀와 비슷한 상황을 겪는 지인이 또 있을 것이다. 하지만 그녀를 식민지의 피식민자라고 부를 수 있을까? 노예들은 식민지의 피식민자들이었다. 수백 년 전 억압받고 주권을 빼앗긴 채 거대 열강들을 섬기던 이들이 식민지의 피식민자들이었다. 그녀는 그런 부류로 보이지 않는다. 실제로 개인 정보와 관련된 걱정을 제외하면, 디지털 기기가 주는 안락한 생활 속에서 편리함을 즐기는 것으로 보인다. 물론 개인 정보가 어떤 방식으로 그녀를 목표로 삼는 데 이용되는 것은 겁난다. 하지만 그런 곤란을 주는 주체는 선량한 기업이 아니라 나쁜 정부가 아닐까? 따라서 그녀가 신식민주의의 피해자라는 견해는 무책임하고 심지어 모욕적인 것은 아닐까?

이 이야기의 교훈은 디지털 플랫폼들이 수 세기 전 대규모 강제 노동과 비인간적 삶의 조건들이 합쳐진 가혹한 식민지 생활로 우리를 복귀시킨다는 얘기가 아니다.

우리의 주장은 다르다. 오늘날 디지털 생활과 그것을 가능하게 하는 기업들과 이용자의 관계는 권력관계의 근본적 변화를 일으킨다. 식민주의라는 틀과 식민주의가 만든 전 세계 자원 분배의 심각한 변화를 알아야 그 권력관계를 제대로 이해할 수 있다.

식민주의 없는
자본주의는 없다

이렇게 전개되는 현실을 파악하려면, 식민주의 과거와 자본주의 현재를 다른 각도에서 봐야 한다. 오늘날 우리가 자본주의라는 세계 자원 운용 체제하에서 산다는 데는 이견이 없다. 또 그 체계가 시장경제를 이루는 것은 아무도 의심하지 않는다. 이 체계 속에서 신식민주의가 생긴다는 주장은, 식민주의와 자본주의 사이에 새로운 관계가 형성된다는 뜻이다.

이야기를 더 풀어가기 전에, 우선 식민주의와 자본주의의 기본 개념부터 살펴보면 도움이 되겠다. 위키백과를 참조해보자.

'식민주의는 어떤 민족이나 세력이 주로 경제적 지배를 목적으로 식민지를 설립함으로써 타민족이나 지역에 실시하는 통치 활동이나 정책이다. 식민화 과정에서 식민자들은 종교, 언어, 경제, 여타 문화적 관습을 강요한다. 외국 관리자들은 이익을 위해 영토를 통치하고, 피식민자들과 자원으로 이익 창출을 도모한다.'[2]

위키백과에 실린 자본주의에 대한 설명은 이렇다.

'자본주의는 생산 수단 소유자들과 그들의 이익 창출 활동에 기초한 경제 체제로… 자본주의 시장에서는 부, 자산, 금융시장에서 자본이나 생산력을 운용할 수 있는 소유자들이 경제, 의사 결정, 투자를 결정한다. 반면 상품이나 용역의 가격, 분배 등이 주로 시장에서 경쟁을 통해 이루어진다.'[3]

정의로 보자면 식민주의와 자본주의는 전혀 다른 개념이다.

위키백과를 보면 식민주의는 활동(또는 정책)인 반면 자본주의는 체제다. 더 정확히 말해 식민주의는 착취적이어서 완력으로 물질을 빼앗고, 멀리서도 권력을 행사해 식민화 개념을 굳건히 해서 식민자의 사고방식과 행위에 적응하게 만든다. 대조적으로 자본주의는 그렇게 난폭해 보이지 않는다. 자본주의는 세련되고, 자원 분배와 더 나은 경제적 결정과 관련된 문제다. 맞다. 여전히 통제권을 쥔 무리(생산 수단 소유자들)가 있는 것 같지만 폭력이나 완력에 대한 언급은 없다. 대신 자본가들이 경쟁하는 시장이 있고, 그게 폭력을 막고 경제 전체의 이익을 창출한다.

이런 정의는 불완전하며 관점에 따라 논란의 여지가 있다. 하지만 이 정의를 세세히 받아들이든 아니든, 거기에는 상식적인 관점이 깔려 있다. 식민주의가 착취적인 수탈과 관련 '되었던' 반면 자본주의는 공동의 생산과 관련 '된'다는 점이다. 그 시제(되었던, 된)는 우연이 아니다. 역사의 관점에서 식민주의는 자본주의에 앞서기 때문이다. 실제로

자본주의라는 문명화된 생산 양식이 들어서려면 난폭한 식민주의가
끝나야 한다고 역사적 관점은 말한다. 하지만 그런 역사적 관점을 의
심해봐야 한다.

식민주의를 빼고
자본주의를 이해할 수 없다

트레이시가 일상에서 접하는 자본주의를 이해하기 위해서는, 과
거와 현재의 자본주의 체계에서 식민주의의 역할을 알아야 한다. 먼저
역사적 맥락의 이면을 살펴볼 필요가 있다. 또 식민지의 광산과 농장
에서 일궈낸 부가 초기 산업자본주의에서 공장의 자금이었다는 점을
기억해야 한다.

종종 식민주의의 부가 자본주의의 자산으로, 한 세대 내에 전환되
는 양상을 보기도 한다. 영국의 노예 찬성론자이자 국회의원이었던 리
처드 페넌트Richard Pennant의 경우를 보자. 그는 1대 펜린 남작1st Baron
Penrhyn으로 자메이카에 사탕수수 농장 여러 곳과 수백 명의 노예를 소
유한 반면, 웨일스의 슬레이트 산업 발전에 적극적으로 개입했다. 또한
스코틀랜드 출신 사업자인 존 펜더John Pender는 미국 노예 농장에서 생
산된 면화로 제품을 제조해 큰돈을 벌었다. 이후 그는 영국과 아메리
카, 인도를 연결하는 해저 전신 케이블 설치 사업에 거액을 투자했다.
물론 실제 부의 전환은 이보다 훨씬 복잡하며 다양한 주체들, 기관들,
국가들이 개입된다. 하지만 식민주의가 유럽의 봉건주의에서 자본주
의로 변환을 크게 촉진했다는 사실은 분명하다.

정확히 어떻게 그랬을까? 어느 추정치를 보면 지난 3백 년간 식민주의는 식민지 소유 국가들의 총 평균 수입이 14%에서 78%로 증가하는 데 기여했다. 더욱이 상인, 숙련공, 지주 등 유럽의 초기 자본가들은 식민주의 덕분에 국가의 지원을 받아 토지에서 소작농을 몰아내고, 자본을 축적하고, 생산을 늘리고, 임금 노동자를 고용할 수 있었다. 유럽인들은 축적한 부와 권력으로 아프리카, 아시아와 중국에서 초기 자본가들에게 승리를 거두었다. 그래서 유럽의 세계 지배를 공고히 하고 다른 식민지 사업에 부를 재투자할 수 있었다. 수탈해서 축적한 부가 없었다면, 사업가들은 생산수단을 소유할 안정적인 자금을 확보하여 자본가가 되지 못했을 것이다.[4]

　　아무튼 식민주의를 자본주의가 발달하기 전에 없애야 할 원시적인 체제로 생각하면 곤란하다. 칼 마르크스 Karl Marx 는 자본주의하에서 '감독관의 벌칙 규정집이 노예 감독자를 대체한다'라고 말했지만 틀린 얘기였다.[5] 식민주의하에서 전 세계의 노동력을 조직하는 주요 수단인 노예제도는 산업자본주의가 성장한 기간(19세기)에 확장되었다. 예를 들면 이 시기에 미국 남부에서 노예 농장이 대대적으로 확장되었다. 한편 영국은 노예를 불법화했지만 영국 경제(예컨대 브리스톨과 리버풀 같은 항구 도시들)가 노예제의 결과로 생산량을 올리는 행위를 금지하지 않았다. 경제학자 토마 피케티 Thomas Piketty 와 게이브리얼 주크먼 Gabriel Zucman 은 19세기 미국에서 교역과 노예 소유로 얻는 가치가 공장과 수송을 합한 소득 이상이었다고 주장한다. 요즘 역사학자들은 식민지의 생산 방식이 체계적으로 후퇴하기는커녕 19세기 회계, 재정, 최대 규

모와 최저 비용으로 생산하기 위한 합리적인 인력 관리의 선봉이었음을 깨달았다.[6]

이 주장을 더 파고들 수 있겠다. 오늘날 세계 경제에서 지배적 지위를 차지하는 미국을 포함해 선진국에 엄청난 부가 집중된 것은 19세기의 불평등한 역사적 유산 그리고 20세기의 열강들과 분리해 설명할 수 없다. 그 유산이 각국 경제에 불평등한 기회를 지속시키는 근원이다. '새로운 국제적 분업(1960년대 이후 제조업은 후진국에 이전되고 선진국은 고부가가치 산업만을 담당하는 형태로 재편된 분업 구조: 옮긴이)'으로 저가 제조업의 상당 부분이 선진국에서 개발도상국으로 이전되었다.[7] 또 서구가 주도하는 세계은행, IMF(국제통화기금) 같은 다국적 기구들이 소위 '개발' 과정을 관리한다.[8]

보편적인 역사적 관점은 과거 5세기를 한 번에 렌즈 하나로 해석하지만, 실제로 식민주의와 자본주의라는 두 렌즈를 포개놓고 봐야 한다. 식민주의와 자본주의를 역사 발전에서 개별적인 시기로 봐서 식민주의(다행히 무자비한 시절이 끝나고)가 앞에, 자본주의(그 체제하에서 우리가 행복하게 사는)가 뒤에 온다고 보는 것은 오해다. 식민주의는 늘 거기서, 처음에는 장차 자본주의의 초석이 되고 이후에는 성장하는 세계 경제에서 산업자본주의를 부채질한다. 자본주의는 늘 식민주의 유전자를 품고 있었다. 이제 제국주의 식민지는 없지만(푸에르토리코, 팔레스타인, 미국령 사모아 국민들의 관점은 다르겠지만) 식민주의 유전자는 여전히 존재한다.

명확히 하자면 자본주의가 변장한 식민주의라는 얘기가 아니다

(자본주의는 실제 존재하고, 사회경제 구조에서 나름의 특징을 갖기 때문이다).
식민주의와 자본주의를 유사하고 연결된 과정으로 다루는 게 맞다. 실
제로 자본주의라는 이윤 발생 체계는 늘 자본주의보다 2세기 앞서 시
작된 식민지 토지 수탈에 의존했다. 식민지 토지 수탈은 19, 20세기에
도 지속되었고(석유와 희귀 광물의 수탈을 생각해보자) 오늘날도 계속된다.[9]
자본주의에 식민주의 영역이 있는 것은 우연이 아닌 의도된 일이다.

　식민주의와 자본주의(수탈과 생산)가 관련된다면, 요즘의 새로운
데이터 채굴 방식은 비슷한 과정이 계속되고 있다는 걸 보여 준다. 그
러므로 데이터 상황을 자본주의의 역학 측면으로만 해석하는 글만으
로는 현재 데이터 추출의 규모와 영향력을 파악하지 못한다. 우리가
데이터 자본주의, 정보 자본주의, 플랫폼 자본주의 혹은 《감시 자본주
의 시대 The Age of Surveillance Capitalism》의 저자인 쇼샤나 주보프 Shoshana
Zuboff 같은 학자가 유명세를 얻게 한, 감시 자본주의라는 새로운 형태
의 후기 산업자본주의를 경험하고 있다고 주장하는 다양한 이론들이
있다.[10] 그런 분석들이 유용한 측면도 있다. 자본주의 안에서 데이터가
생산과 소비 양상을 변화시킨다는 점을 알려주기 때문이다. 하지만 이
런 이론들이 간과하는 핵심이 있다. 데이터 수탈의 규모와 막을 수 없
는 사회문화적 역량을 역사적 맥락으로 설명하는 부분이 빠졌다.

　데이터 수탈을 이해하는 기준점은, 식민주의 역사를 통해 수탈된
자원의 대대적인 이동이다. 데이터 수탈은 주보프 같은 뛰어난 비평가
들이 지적하듯[11] 최근의 일탈(잘못된 기술 발전의 부작용)이 아닌, 옛이야
기 같은 과거의 식민지 수탈이 지금까지 이어진 것이다. 이 점을 무시

하고 오늘날 빅테크의 거대한 부가 과거 식민지 토지 수탈과 유사한 기류가 있음을 부인한다면 역사의 기억상실증에 걸린 셈이다. 자본주의의 여러 면이 식민지 수탈의 유산에서 비롯된다는 점을 인정하면, 현재 진행 중인 새로운 식민지 토지 수탈이 이해된다.

식민주의와 자본주의를 이런 식으로 생각해야만 트레이시의 걱정에 깔린 무서운 가능성이 드러난다. '그렇다. 새로운 식민지가, 새로운 수탈 구역이 있다. 데이터 식민주의가 그것을 착취한다. 그것이 강탈하는 것은 인간으로서의 삶이다. 우리가 어디 있든지 상관없다.' 수탈 대상은 모든 인간의 삶일 것이다. 그리고 이 수탈은 의도대로 작동하는 기기와 플랫폼의 일부일 뿐, 악행이나 잘못의 결과물이 아니다. 수탈은 기기가 정상적으로 작동할 때의 특징이다.

그러니 현재의 심각한 불평등이 과거 식민주의의 유산이니 문제없다는 얘긴가? 그렇지 않다. 신식민주의가 인종, 계층, 성별을 불문하고 모든 인간의 삶에 근본적인 위협을 가한다는 뜻인가? 맞다, 그렇다. 우리가 알아야 될 것은 지속적인 식민주의의 불평등과, 전혀 새로운 방식으로 삶에 영향을 미칠 도구의 수탈이 만나는 기묘한 조합이다. 카메룬 출신 사회 이론가 아쉴 음벰베는 바로 이것을 "세상이 블랙이 되었다"[12]라고 도발적으로 말한다. 이 구절은 5장에서 다룬다.

그런데 이것은 식민주의를 변화하는 역사적 현상으로 보는 관점에서 어떤 의미를 가질까?

자본주의처럼
식민주의도 계속 변한다

식민주의가 최근 자본주의와 데이터와의 관계를 해석하는 데 적절하다면, 식민주의를 장기적인 역사적 과정으로 이해하는 데 어떤 의미가 있을까?

식민주의와 자본주의는 대개의 역사 조류처럼 계속 변화하고 변주된다. 사회 변동, 과학적 이해, 문화 트렌드, 종교… 이런 것들은 시작과 끝이 없다. 고착되지 않으면서 계속 발전하고 변화한다. 자본주의도 마찬가지며, 식민주의도 마찬가지라고 주장하고 싶다.

식민주의에서 가장 뚜렷한 변화는 토지 수탈에서 데이터 수탈로 넘어갔다는 점이다. 비교적 최근의 변화지만 장기적으로 인간 삶의 구조를 바꿀 수 있다. 과거 식민지 토지 수탈의 여파가 현재까지 미치는 것처럼 데이터 수탈은 이미 점점 더 넓은 지역에서 교육, 건강, 직장의 경험을 바꾼다.

또 다른 변화는 신식민주의에서는 폭력이 다른 역할을 한다는 점이다. 과거 식민주의는 잔인하고 비인간적이었다. 하지만 앞장에서 봤듯이 직접적인 신체 폭력 없이도 폭력(주로 문화와 경제적 폭력)을 행사할 방법을 찾아냈다. 여기서 중요한 질문이 생긴다. 데이터 식민주의에 물리적 폭력이 없는데도 식민주의라고 부를 수 있을까?

여기 명심해야 할 점이 있다. 앞에서 말했지만 식민주의는 자본주의의 일환인 사회적 관계에 맞춰 변한다. 수 세기 전 식민자들은 토지와 금을 강탈하기 위해 두 가지 수단을 동원했다. 폭력과 거짓말 두 가지를 동시에 사용해 살상, 약탈을 하고 장신구를 금으로 교환했다. 그 당시 식민자들이 원하는 규모, 속도, 이익 면에서 자원 수탈이라는 목적을 이룰 다른 방도는 없었다. 식민자와 피식민자의 사회적 관계가 이전에는 없었기 때문이다.

식민주의 5세기, 자본주의 2세기가 지난 오늘날 그런 부류의 폭력은 더 이상 불필요하지만 더욱 발전하고 상징적으로 변했다. 우리는 기업에게 고용, 대출, 자녀 교육 등의 사적인 데이터를 수탈당하지만, 폭력이 동원되지 않아도 우린 '약관에 동의합니다'를 클릭한다. 그 클릭만으로도 자본가들은 폭넓은 법적, 실무적 인프라의 지원 하에 우리를 끝없는 데이터 추출 상태에 빠뜨릴 수 있다. 달리 말해 오늘날의 데이터 추출 과정에서는 마찰이 거의 발생하지 않지만, 그런 추출의 영향이 장기적으로 볼 때 완전히 비폭력적인 것은 아니다. 실제로 트레이시는 자신의 신체를 누군가 통제하려 할 때 임신 앱이 끼칠 영향에 대해 우려했다. 아무튼 핵심은 폭력적이든 아니든 수탈이라는 식민주의적 행위가 여전히 실행될 수 있다는 점이다. 여기서 식민주의와 자본주의의 연결고리에 관련해 관찰해야 할 사항이 더 있다.

식민주의의 핵심 의무는
여전히 존재한다

식민주의가 지속된다고 해도, 현재의 변화된 모습이 지난 5백 년간 봐온 식민지 관행의 이미지를 보여주진 않는다. 실제로 페이스북을 사용하면 예전 농장 일꾼들처럼 노예가 된다는 주장은 불쾌할 뿐 아니라 무의미하다. 당연히 그렇지 않고 그럴 필요도 없다. 이미 식민지 규모의 수탈이 진행되고 있기 때문이다.

5세기 동안 많은 것들이 변했고, 오늘날 데이터 식민주의는 과거 식민주의의 수탈 양상과 확연히 다른 윤곽을 드러낸다. 과거 식민주의의 형태, 내용, 기능을 구분해서 설명하는 게 최선이겠다.

식민주의는 수 세기간 지속되었기에 '형태'와 '내용'이 시대에 따라 적용되고 변화했다. '형태'는 어떤 시점에서 식민주의의 사회경제적 특징을 말한다. 예를 들어 농장주 식민주의(농작물을 재배하기 위해 토지를 수탈하지만 반드시 그 땅에서 거주하지는 않는다)는 이주자 식민주의(그 땅에서 거주하기 위해 토지를 몰수한다)와 매우 달랐다. '내용'은 전반적으로 지역이나 시대의 차이로 인한 특이점을 말한다. 스페인 치하의 멕시코 식민지는 영국 치하의 인도 식민지와 다르게 보이고 느껴졌다. 과거 식민지의 형태들은 모두 데이터 식민주의와 다르다. 그 차이를 부인하고 싶지는 않다.

하지만 더 중요한 것은 유사성이다. 양쪽 형태의 공통점은 그것들을 역사적으로 지속되는 식민주의의 형태로 만든다. 그게 식민주의의 기능 혹은 핵심 임무다. 역사적 식민주의의 기본 핵심 활동은 강탈하기, 빼앗기였다. 그 때문에 토지 수탈의 이미지는 오늘날의 데이터 상황을 이해하기에 적절하다. 언제 어디서나 식민주의는 타인의 소유물을 약탈하는 것, 권리를 무시하고 강탈하는 것이기 때문이다. 식민자의 국적, 식민지 지역과 시대, 법 구조를 불문하고 식민주의는 늘 식민자들이 강력한 수단을 동원해 남의 소유물을 강탈하는 것과 관련되어 있다.

단순히 데이터와 관련된 상황이 과거 식민주의와 엇비슷하다거나 표면적으로 비슷하다는 얘기가 아니다. 이 책에서 하려는 말은, 디지털 플랫폼과 관계를 통해 확장된 신식민주의 체제가 구축된다는 점이다. 데이터 추출에 기반한 신식민주의 체제는 결국 대다수의 판단 능력을 빼앗을 것이다. 트레이시가 걱정한 그대로 일상생활에서 추출된 데이터가 그 토대다.

지금까지는 격한 저항 없이 이런 일이 벌어지고 있다. 실상을 위장한 변명들을 듣기 때문이다. 그중에는 자원을 값싸게 취급하는 식민주의적 시각을 되풀이하는 논리가 있다.

값싼 자원의
식민지 경제

사업가들은 실시간으로 온라인에서 추출한 데이터가 '그냥 거기' 있는 것이라고 말하곤 한다. 이용자들이 온라인에서 돌아다니며 힘들이지 않고 만들어내는 것일 뿐이고, 기업들이 신중하게 데이터를 처리해서 활용하지 않으면 그 데이터는 버려진다는 것이다. 모든 문제를 해결할 수 있는 지식이 쓰레기가 된다면 너무 아깝지 않은가? 그러니 이 막대한 데이터 잔해의 통제권을 기업에 무상으로 넘기라는 논리다.

여기서 과거 식민자들이 토지 수탈을 합리화할 때 동원된 주장이 고스란히 드러난다. 그들은 징발하는 토지와 천연자원은 풍부하고 무료이며, 가져가라고 '그냥 거기' 있는 값싼 것이라고 주장했다. 새로운 세계가 식민자들이 개발해주기를 기다렸고, 그들은 찾아온 것만으로 땅을 독차지할 명분이 충분한 듯했다. 옛날 법이 되살아나 그 논리를 합리화했다. 징발된 토지는 '누구의 것도 아닌 땅terra nullius'이라 불렸다.

식민자들에게 불편하게도 일부 땅은 사람들이 살았다. 하지만 유럽 중심의 관점으로 볼 때 원주민은 충분히 문명화되지 않아서 대지를 최대한으로 활용하지 않기에 땅에 대한 권리가 없었다. 식민자들은 땅을 그들의 정의에 따라 더 생산적으로 사용할 게 확실하므로, 땅을 징발해 뜻대로 사용할 권리를 갖는다고 믿었다.[13] 후기 식민자들, 특히 영국인들은 통치하는 기질을 타고난 식민자들과 노예 근성을 타고난 피식민자들을 비교하는 개념을 펼쳤다.[14]

식민자들은 천연자원을 활용하려면 중요한 요소가 더 필요하다는 걸 깨달았다. 바로 인력이다. 그래서 값싼 천연자원과 똑같이 식민지의 노동력도 싸고 풍부하다고 표현했다. 일할 운명을 타고난 부류가 있다는 것이 식민자의 세계관이었고, 이 운명은 주로 인종으로 결정되었다. 원주민이나 식민지에 이주한 유색인들의 임금은 저렴했고, 적어도 그들을 통제하는 폭력 비용을 제하면 쌌다. 네덜란드 동인도 회사의 총독이자 바타비아(현재 자카르타)의 설립자인 얀 피터르스존 쿤Jan Pieterszoon Coen은 네덜란드의 원주민 착취를 이런 식으로 합리화했다. "유럽에서 주인은 소를 마음대로 다룰 수 있지 않나? 주인이 종을 다루는 것 또한 마찬가지다."[15] 이런 식으로 값싼 노동력은, 값싼 천연자원을 풍부한 부의 원천으로 탈바꿈시켰다.

식민주의의 시간대를 살펴보면 값싼 자원에서 값싼 노동력으로, 이제는 값싼 데이터로 전환되는 양상이 보인다.

값싼 데이터에도 값싼 천연자원과 노동력을 수탈하던 논리가 똑같이 적용된다. 우리가 온라인 활동으로 얼마나 많은 데이터를 만드는지 생각해 보자. 콘텐츠 업로드와 태그, '좋아요' 누르기와 공유, 직접 만든 콘텐츠 게시 등 모든 과정에 시간과 노력이 들고, 때로 과할 정도다. 하지만 플랫폼 입장에서 데이터는 지불하는 비용 없이 완전히 무료로 도착한다. 그런 데이터가 충분하다고, 주인이 없다고, 가져가라고 '그저 거기' 있다고들 말한다. 그렇다. 우리는 각자 데이터를 만들지만, 그것이 모이면 주인 없는 잔해나 부산물로 취급된다. 우리 이용자들은 그와 관련해 어떤 주장도 할 수 없다.

하지만 식민지 자원처럼 데이터도 처리, 정제 과정이 필요하다. 기술집약적인 작업이고 고도의 전문 장비가 요구된다. 노련한 대기업만 해낼 수 있다는 뜻이다. 우리가 할 일은 데이터를 만드는 것뿐인 듯 싶다. 그들은 처리 과정이 그런 거라고 말한다. 데이터가 이용자들을 더 잘 연결하고 더 나은 공동체를 세우고, 인류의 문제들을 해결할 AI를 가능하게 한다고 말한다. 그런데 지금까지 진짜 수익자는 우리가 아니다. 플랫폼과 이익의 극대화를 돕는 AI 모델들을 소유한 기업들이 수익을 얻는다.

데이터에 의해 일어나는
식민지 폭력

앞에서 21세기 경제의 식민주의 데이터 수탈은 폭력 없이 자행될 수 있다고 말했고 그 이유를 설명했다. 하지만 데이터 식민주의에 폭력이 전혀 없다는 뜻은 아니다. 결코 그렇지 않다.

맞다. 데이터 식민주의는 과거에 접했던 폭력과는 다른 형태의 폭력을 보인다. 알다시피 피식민자 수백만 명이 쫓겨나거나 몰살되었다. 하지만 물리적인 잔학성을 보인 과거 식민주의와 달리 데이터 식민주의는 새로운 상징적인 폭력을 보인다.[16] 차별, 기회 박탈, AI와 알고리즘의 악의적 카테고리 분류가 거기에 속한다. 이런 형태의 상징적 폭력이 더해져 실제로 물리적인 영향력을 오랫동안 미칠 수도 있다. 자동화 시스템이 우리를 일자리 지원이나 복지 혜택에서 누락시키는 것이 처음에는 상징적 행위지만, 건강과 복지에 구체적이고 물리적인 결과를 초래할 수 있다.

달리 말해 데이터 식민주의는 나름대로 명확한 형태의 억압을 가

한다. 과거 식민주의에서 폭력은 인종적 우위를 통해 체계화되었고 잔인한 완력을 통해 영향력을 행사했다. 데이터 식민주의의 폭력은 덜 잔인하고 새로운 수단과 기술을 쓰지만, 어떤 집단에게 영향을 미치는 것은 여전하다. 또 자주 과거 식민주의와 함께 시작된 인종차별주의, 성차별주의, 계급 폭력의 전통이 답습된다. 그 안에서 약자들은 직장이나 학교에서 더 감시받거나 불안한 임시직에 의존한다. 혹은 신분이나 지위 때문에 알고리즘이 이끄는 증오 발언에 노출된다.

알고리즘의 차별을 데이터 식민주의의 상징적 폭력으로 치부하면 곤란하다. 사회 체계로서 데이터 식민주의는 남다른 사고와 존재 방식을 공격하고 훼손한다. 간단치 않은 얘기지만, 이 책의 뒤로 가면서 차츰 명확해질 것이다. 아무튼 이 책의 기본적인 주장은 이렇다. 빅테크와 디지털 플랫폼들이 인간의 습성을 식민화하면서, 약탈하는 플랫폼들이 등장하기 이전에 다른 생활 방식이 있었다는 사실을 잊기 쉽다. 스마트폰에 앱을 설치해야 한다고 생각하는 이유가 뭔지, 스마트 자동차나 가전제품이 생성하는 데이터를 누가 수집하는지, 왜 아무도 묻지 않는지 잊기 쉽다. 결국 남들도 다 그러니까. 소외되고 싶은 사람은 없다. 빅테크 전도사들이 비관론자(신기술의 부정적인 면만을 보는 사람)라고 부르는 존재가 되기 싫다. 하지만 이 생산물의 수익자가 누구인지 묻지 않으면, 왜 새로운 질서에 저항해야 하는지 잊을 가능성이 크다.

그러면 데이터 식민주의가 우리에게 미치는 구체적인 해악은 무엇일까?

왜 데이터 식민주의의 영향은
공평하게 분배되지 않을까

개인 정보를 보호할 수단을 더 가진 이들이 있다. 애플 기기를 구입할 형편이 되는 사람들일 것이다. 애플 기기는 더 비싸지만 다른 브랜드 기기보다 데이터 추출량이 적다(혹은 적어도 데이터를 제삼자에게 양도하지 않고 애플 내에 보존한다). 혹은 광고 차단이나 VPN 서비스 앱을 설치하는 법을 아는 사람들이다. 또는 맞춤형 광고로 좋은 가격이 제시되거나, 원하는 서비스를 알고리즘이 제시해서 득을 보는 부유층 등 말하자면 긱 워커(배달원이나 차량기사 등 플랫폼 기업의 단기 계약 근로자: 옮긴이)가 아니라 긱 워커의 고용주이다.

이런 불평등이 새로운 일이 아님은 말할 필요도 없다. 과거 식민주의는 거액을 버는 일이 아니라, 어떤 부류가 세계의 자원에 접근할지 결정하는 일이었다. 데이터 식민주의도 같은 양상을 보인다. 현재도 미래도 데이터 식민지 특권층이 있고, 그 구성은 과거 식민지 특권층과 흡사할 것이다.

하지만 빅테크와의 거래를 이익으로 느끼는 이들이라도 플랫폼과 알고리즘이 다른 모든 이들에게 이득이 되는 것은 아님을 인식해야 한다. 그렇다면 '다른 모든 이들'은 누굴까? 데이터 식민주의에서 우리만큼 이익을 얻지 못하는 이들은 누굴까? 거기에 해당하는 이들은 식민주의 시대에서도 늘 큰 대가를 치른 계층인 빈곤층, 유색인종, 여성들이다. 식민주의는 발전할지 몰라도, 식민주의가 만든 불평등과 부당함이라는 유산은 영원히 지속된다.

식민주의의 주요 특징이 사회적 차별임을 기억하면 그 지속성이 잘 이해된다. 차별은 사회의 일반적 특성이고, 자동화된 의사 결정을 통한 새로운 차별은 모두에게 영향을 미친다. 데이터가 사물과 사람을 구분하는 도구이므로, 수집된 데이터가 약자들의 복지 결정 시스템에 입력될 때 편견과 선입견이 반복되기 마련이다. 실제로 이 시스템의 차별은, 어떤 집단이 나머지 집단을 분류하고 통제하게 하니 무척 식민주의적인 발명품이다. 식민자들의 갈라치기와 통제는 수 세기 동안 사회를 계층, 성별, 인종으로 나누었다. 부자 아래 빈자, 남성 아래 여성과 성소수자, 백인 아래 다른 모든 이들(또 위계는 경쟁을 촉발시키므로 모든 이들이 서로 맞선다)을 두었다. 이 구조는 과거에도 현재도 한 존재가 정점을 차지한다. 이성적인(백인, 남성) 식민자의 우월적 권위가 그 존재다. 미국의 짐 크로 법Jim Crow laws(1880년대 남부 11개 주에서 시행한 공공장소의 흑백 인종 분리법: 옮긴이), 남아프리카의 아파르트헤이트, 영국 제국의 인종 분리 정책(식민지에서 완성된 후 다시 본국으로 역수입되었다)의 배경인 인종 분리는 백인 남성이 최고의 위상을 차지하는 체계의 예다.

따라서 계층, 성별, 인종은 늘 서구의 합리성이 서로 다른 인간들을 관리하고 통치해야 한다는 신화를 만드는 도구였다. 또 어떤 형태의 데이터는 오래전부터 이 프로젝트의 일환이었다. 인구 조사 데이터, 감시 데이터, 인구 통계 데이터[17] 등은 차이를 수치화하고 관리할 수단을 제공한다. 이런 면에서 데이터 식민주의는 더 정교하고 추적이 어려운 새 수단인 알고리즘 의사 결정, 디지털 플랫폼 디자인을 통해 과거 식민주의의 책무를 새롭게 단장한다. 결국 데이터는 늘 차별하기 마련이다. 이게 Y나 Z가 아닌 X라고 이미 결정하지 않으면 X, Y, Z의 데이터베이스를 만들 수 없다.[18]

식민주의가 계속되는 데이터 차별

데이터 추출에 기반한 알고리즘 차별은 빈곤층에게 더 불리하게 작용한다. 이미 부유한 국가에서 벌어지는 일이고, 알고리즘을 결정하는 기술을 기업과 정부가 도입하면서 더 넓게 퍼질 것이다. 버지니아 유뱅크스Virginia Eubanks는 2018년 발간한 저서 《자동화된 불평등 Automating Inequality》에서 미국의 메디케이드(저소득층과 장애인을 위한 국민 의료 보조 제도: 옮긴이), 노숙자, 식량 원조, 아동 보호와 관련된 공공 지원 시스템을 분석한다. 여러 시스템에서 서비스 대상자가 알고리즘으로 자동 결정되는데, 알고리즘의 작동은 투명하지 않고 임의대로인 것으로 보인다. 그녀는 보조 대상자로 선정받지 못한 이들이 겪는 가혹한 폐해들을 설명한다. 여기서 계층이 인종, 성별과 교차하고, 빈곤층(빈곤층 흑인 여성은 훨씬 더)이 당하는 수치스럽고 과도한 양의 데이터 감시를 폭로한다.[19]

결과적으로 사회 구조의 바닥에는 싸구려 스마트폰과 고용이 불안정한 이들이 있다. 다음 비정규직 자리를 구하기 위해서는 스마트폰과 앱에 의존해야 하기에, 이 앱과 고용주가 제시하는 개인 정보 이용 약관을 거부할 기회는 없다. 데이터 시스템 개발자들의 좋은 의도와 달리 이런 결과가 일어난다. 광범위한 사회 권력의 불평등과 플랫폼 자체의 대대적인 정보 불균형 때문이다.

성별로 눈을 돌려도 역시 고통스럽다. 데이터를 약탈하는 플랫폼들의 폭력은 똑같이 폐해가 크다. 영향력의 범주는 광범위하다. 우선 SNS 알고리즘이 십대 소녀들과 그들의 몸에 대한 인식에 파괴적인 영향을 미칠 수 있다(페이스북 같은 플랫폼은 이미 사정을 알고 있지만, 페이스북의 내부 고발자인 프랜시스 호건Frances Haugen이 2021년 10월 미국 국회에서 한 증언에 따르면[20] 그들은 이윤의 극대화를 위해 규제를 거부했다). 디스토피아적인 직장에서 여성들과 소수계 근로자들이 감내하는 감시, 플랫폼들이 기본적인 보호 조치를 하지 않아[21] 여성들이 온라인에서 경험하는 희롱과 괴롭힘까지 영향력이 파급된다.

포르노를 보자. 데이터 식민주의와 직접적인 관련은 없어 보이지만, 데이터화는 2020년 월간 방문자 수가 45억 명인 폰허브Pornhub처럼[22] 큰 수익을 얻는 기업들이 여성의 안위보다 콘텐츠의 현금화를 우선시하게 한다. 폭력적인 콘텐츠(때로 미성년자가 관련된)를 당사자의 동의 없이, 게시물의 삭제 청구권도 없이 익명 게재를 허용하는 것이 일반적인 관행이다. 또 딥페이크 포르노는 AI를 이용해서 여성의 동의 없이 얼굴을 포르노물에 실제처럼 합성한다.

하지만 여성이 당하는 디지털 폭력은 성 콘텐츠를 동의 없이 유포하는 정도에서 그치지 않는다. 매일 평균 열 명의 여성이 살해당하는 멕시코에서 글을 쓰는 그레시아 마시아스Grecia Macías는 여성들이 여러 방식으로 겪는 다양한 디지털 폭력을 폭로한다. 그중엔 권한 없이 기기에 접근, 디지털 협박, 인신공격, 정보 조작, 감시, 스토킹이 포함된다.[23] 전 세계의 데이터를 보면 사례가 넘쳐난다. 가나, 케냐, 베트남의 젊은 여성들을 대상으로 한 연구를 보면, 70%가 건강과 관련해서 도움을 구하거나 건강 정보를 공유할 때 검열, 언어폭력, 스토킹, 왜곡, 폭행을 당했다.[24] 영국에서 여성의 73%는 원하지 않는 성적 이미지를 받은 경험이 있고,[25] 미국에서 백인 여성보다 두 배의 유색인종 여성이 거짓 혹은 허위 정보를 받았으며, 온라인 피해자가 될 확률은 유색인종 여성이 네 배 높다.[26] 대부분의 이런 폭력은 실제로 남성 개인들이 저지른다(감시와 검열의 경우는 국가도 주요 공격자이다). 하지만 동의하지 않는 성 콘텐츠의 경우, 플랫폼은 자사의 기술과 비즈니스 모델이 여성들에게 주는 위험을 극소화하거나 무시한다(최근 예를 보면 두 여성이 위치 추적용 기기인 에어태그가 스토킹에 이용될 수 있다고 주장하며 애플을 고소했다).[27]

이런 영향력들은 성소수자들의 경우에 더 복잡해진다. 위에서 말한 폭력들에 더해, 데이터 추출 기업들이 성별을 남녀로 양분하는 개념 때문에 피해를 입는다. 정보학자 안나 로렌 호프만Anna Lauren Hoffmann 은 이 처리 과정을 '데이터 폭력'이라고 부르며, 자신을 양성 중 하나로 규정하지 않는 이들은 자동적으로 이 폭력에 시달린다.[28]

이런 이유들이 있지만,《데이터 페미니즘Data Feminism》의 저자인 캐서린 디냐치오Catherine D'Ignazio 와 로렌 F. 클라인Lauren F. Klein 의 주장처럼 디지털 기술의 설계, 제작, 평가는 데이터 과학의 정보로 이루어지며, 이것은 페미니즘의 가치와 관행을 따른다. 그것들은 불평등을 밝히고 권력 분배에 변화를 가져올 수 있다.[29]

최근 더욱 명확해졌지만 인종 역시 데이터 식민주의에서 수혜자와 비수혜자를 나누는 핵심 요소다. 유색인종이 보험률부터 맞춤형 광고, 법정 선고, 경찰 감시 등에서 알고리즘 차별을 겪는 예들이 많다. 직접적이지 않은 영향들도 있다. 예컨대 최근 〈프로퍼블리카ProPublica (미국의 비영리 인터넷 언론: 옮긴이)〉는 미국에서 임대인이 임차인의 인종에 따라 임대료를 다르게 받는 식으로 주택 시장의 위기를 조장하는 알고리즘을 적발해 보도했다.[30]

미국 병원과 보험사가 환자들이 받는 건강관리의 수준을 정할 때 사용하는 알고리즘을 살펴보자. 2019년 학술지 〈사이언스Science〉에 게재된 논문에서[31] 연구자들은 2억 명 이상의 건강 관련 알고리즘이 인종적 편견을 보인다고 밝혔다. 유사 질환자들을 비교할 때, 알고리즘은 흑인 환자보다 백인 환자가 더 많이 관리받도록 결과를 냈다. 간단히 말해, 흑인이 백인과 같은 수준의 건강관리를 받으려면 병세가 더 심해야 했다.

어떻게 이런 일이 생길 수 있을까? 알고리즘은 보험사의 지급액을 토대로 환자의 위중도를 정하고, 그 위중도를 기준으로 추가 치료를 추천했다. 하지만 제도적인 인종차별과 흑인들이 건강보험 제도를 불신하는 배경 때문에 백인들보다 의료 자원을 덜 소비한다. 그런 데이터 기반만으로도 흑인이 백인보다 병세가 위중한데도 위중도가 더 낮게 나온다. 그래서 흑인들에게 추가 치료를 덜 추천하는 결과가 나왔다.

인종차별주의 공학자들이 시스템을 인종차별적으로 작동하도록 설계했을까? 그렇지 않을 것이다. 이런 시스템들이 백지 상태에서 작동되는 게 아님을 고려해야 한다. AI 시스템을 학습시키려면 현실의 많은 예들을 교육해야 한다. 그런 예들이 현실의 편견과 차별을 반영한다면 어떤 상황이 벌어질까? 그런 예들에서 나온 예측은 근본적인 차별을 재생산할 것이다. 따라서 데이터 기반 시스템이 도출한 결과의 차이는 선호나 의도가 아니라, 인종차별처럼 더 심각한 사회 구조의 작용일 수 있다.

반론의 여지 없이 모든 데이터 시스템은 고정관념과 차별을 굳힌다. 실제로 데이터 과학은, AI 윤리의 편협한 개선만으로는 알고리즘 결과를 좌우하는 구조적인 영향력이 반영되지 않는다는 것을 증명했다. 그렇기에 알고리즘이 정의로우리라 기대할 수 없다.[32] 더욱이 이런 복합적인 시스템들의 설계와 배치는 소수 백인 특권층에 의해 좌지우지되니(그 자체가 식민주의의 오랜 유산이다), 나머지의 목소리는 반영되지 않기 마련이다. 적어도 큰 폐해가 생길 때까지는 그렇다.

사람들은 계층, 성별, 인종차별이 데이터 시스템에서 어떤 기준으로 작동되는지 물어볼 생각도 못한다. 그게 식민주의 세계관이 우리 안에 단단히 박혀 있다는 증거다. 더욱이 데이터 추출의 타당성과 빅테크의 합리성에 대한 신뢰는 의심을 접게 만든다. 그래서 컴퓨터 공학자들이 인간의 삶을 개선하기 위해 제안하는 문명의 이기가 무엇이든 우리는 믿게 된다.

데이터 자체는 나쁘지 않다. 질병, 하늘의 별, 주변의 동식물군, 인간 집단이 지구에 입히는 해악에 대한 데이터와 정보는 당연히 필요하다. 하지만 문제는 데이터가 어디서, 누구에게서, 어떤 조건에서 어떻게 추출되는가이다.

추상적으로 데이터의 개념에 반대하는 것은 무지한 사고방식이다. 하지만 일부에게 특혜가 돌아가는 수익 구조를 바탕으로, 인간의 삶에서 데이터를 추출하는 사회 체계는 그것과 전혀 다른 문제다. 그것이 데이터 식민주의다.

AI에 숨겨진
식민주의의 뿌리

오늘날 삶에서 지속되는 데이터 추출을 편하고 자연스러운 현실로 만드는 사회 구조는 수백 년 전부터 발전되었다. 빅테크와 AI가 선호하는 비즈니스 모델과 과학 이론은 갑자기 등장한 것처럼 보인다. 하지만 그것들은 오랫동안 잘 구축된 과정 속에 단단히 뿌리내렸다. 앞서 값싼 데이터 이야기에서 봤듯이, 식민주의 야망은 어느 날 갑자기 사라지지 않는다. 변형해서 새로운 과정에 다시 초점을 맞출 뿐이다.

이런 지속성을 추적하려면 자본주의뿐 아니라 서구 과학도 식민주의와 함께 발전했음을 알아야 한다. 이 주제를 다룬 책들이 많으니 여기서는 간략하게 지적하겠다. 식민주의 시대에 식민지 관리는 다양한 지식의 발전에 힘입어 가능했다. 지식은 식민지 경영을 더 효율적으로 만들었다. 식물학, 지리학, 인류학, 동물학 같은 현대 서구 과학은 기업들의 세계 지배를 돕는 기술 혁신을 낳았다. 이 과정이 전개되는 양상을 상세히 살펴보자.

스티븐 해리스Steven Harris는 식민주의에서 기업이 원격 경영을 위해 과학에 막대한 투자를 해야 했다고 말한다.[33] 인도 무역 거래소나 동인도 회사 같은 사업체들은 식민지를 원격 관리해야 했다. 수기나 인쇄물이 주요 소통 수단이었던 시대에 멕시코는 멀리 마드리드에서, 델리는 런던에서 관리했다. 그러니 이런 기업들이 멀리서 효율적인 식민지 관리를 위해 고용한 과학자들과 발명가들은 새로운 수단을 개발해야 했다.

과학을 천재 남성 개인들(갈릴레오, 베이컨, 뉴턴 등)이 기여한 결과물로 보는 게 흔한 역사관이다. 해리스는 식민주의로 인해 무명의 과학자 집단이 발전시킨 거대과학이 도입되었다고 말한다. 그들은 유명 과학자들만큼 기여했지만 별로 주목받지 못했다. 전 세계 과학자들과 의사들은 고용주나 소속 기관을 위해 협력해서 연구했다. 식민지들에서 그런 상황이 많았다. 예를 들어 1717년부터 1738년까지 스페인은 아메리카 대륙에서 약용 식물을 연간 45톤 수입했다. 1747년부터 1778년까지 그 양이 연간 155톤으로 증가했다. 원주민들이 약재 사용법을 알려주었지만, 식민지의 약재상 선교사들이 사용법을 체계화하고 상품화했다. 그 예로 당시 해열에 쓴 약초인 기나나무는 유럽에서 '예수회의 나무껍질Jesuit's bark'로 알려졌다.[34]

17세기 말 약용 식물학, 천체 관측, 지리학, 자연사, 기상학, 항법 등의 거대과학은 현대화해서 오늘날 소위 '분산 팀 또는 가상 팀(여러 지역으로 흩어져 일하는 집단이나 개인들을 지칭하는 용어: 옮긴이)'이 되었다. 이런저런 분야를 이끄는 왕립협회나 왕립 아카데미는 신기술과 도구들을 발명했다. 때로 의학, 건축, 천문학, 운송 등은(케이블 현수교부터 주사기, 경구피임약까지) 콜럼버스 신대륙 발견 이전의 발명에서 영감을 얻거나 응용했다.[35] 그들은 보고서, 도표, 지도, 안내서에 축적된 방대한 데이터를 생성해 암스테르담과 라이덴의 식물원들, 런던의 큐 왕립 식물원(커피, 코코아, 옥수수 등 토속 작물로 적합한 과일들을 개발)[36] 같은 거대한 표본 저장소를 관리했다.

달리 말해 식민지의 확장과 관리는 글로벌 기업들(일종의 빅테크)이 맡았다. 이들은 이익 창출을 위해 식민지를 정치, 군사, 문화적으로 종속시키고자 지식과 기술을 발전시킬 과학자들과 기술자들(거대과학) 수백 명을 고용했다. 그러기 위해 식민지에 있는 엄청난 양의 정보(빅데이터)를 수집하고 분석해야 했고, 이것은 식민지를 운영하기 위한 주요 자산이 되었다.

식민자들이 수집한 많은 정보는 원주민들의 감시와 통제에 이용되었다(빅브라더). 이것이 정치적 관리로 확장되어 집단을 분리하는 안전 울타리, 지속적인 감시를 위한 원형 교도소, 원시적인 형태의 다양한 생체 데이터 수집 같은 수단이 만들어졌다. 모두 유럽 도시에서 시행되기 전 식민지에서 흔하게 벌어진 일이었다.[37]

따라서 이런 과정들이 통합되는 양상을 파악하려면 지난 몇십 년의 디지털 혁명이 아니라, 식민주의의 오랜 역사에서 시작해야 한다. GAFA(구글, 애플, 페이스북, 아마존), 이에 맞서는 중국 업체들인 BATX(바이두, 알리바바, 텐센트, 샤오미)와 오늘날 데이터 식민주의 특권층인 나머지 업체들이 출현하기 전부터 현대화 속에서 축적된 거대과학의 발명품들 덕분에 빅테크는 빅데이터를 이용해 빅브라더로 활약하게 되었다. 데이터와 관련해 현 상황은 손봐야 할 최근 자본주의의 문제가 아니라는 뜻이다. 플랫폼을 운영하기 위해서든, 생성형 AI를 위해서든 대규모의 데이터 추출은 세계의 경제, 사회, 권력관계를 극히 불평등하고 독점적으로 형성해 장기간 지속시킨다.[38] 장기적인 맥락에서 보면, 오늘날 새로운 데이터 추출의 놀라운 규모와 영향력은 과거의 역사와 확실히 비슷한 점이 많다는 것을 알 수 있다. 역사적 식민주의의 시작인 셈이다.

데이터 식민주의의
집요함

식민주의의 틀로 보면, 빅테크가 주기적으로 맞닥뜨리는 스캔들과 시장의 불확실성의 이면이 드러난다.

빅테크의 무임승차가 끝날 거라는 최근의 주장을 살펴보자. 아마존, 애플, 페이스북, 구글, 마이크로소프트는 팬데믹 기간인 2021년 1조 4천억 달러로 이미 상당히 높은 수준에서 55% 더 증가한[39] 기록적인 수익을 거두었지만, 최근 빅테크의 여러 문제뿐 아니라 이익이 감소하는 경향을 보인다.

이 주장을 뒷받침할 증거는, 세계적으로 개인 정보 보호법이 발효되어 데이터 추출을 어느 정도 방지하기 시작했다는 것이다. 유럽의 GDPR(개인 정보 보호 규정)이 좋은 예다. 더불어 미국 50개 주 중 35개 주가 적어도 어느 정도의 개인 정보 보호 법규를 고려 중이다.[40] 실제로 메타(페이스북)와 알파벳(구글)이 디지털 광고 시장에서 차지하는 비율은 감소 추세를 보여, 2017년 54.7%에서 2024년 43.9%일 것으로 추정된다.[41] 여전히 상당한 비율이지만 감소세임은 분명하며, 이것은 건전한 경쟁의 신호다. 거기에 법적 수난이 시작되어 최근 메타는 케임브리지 애널리티카 스캔들로 인해 7억 2천5백만 달러를 지불했지만, 이후 추출한 데이터를 광고에 사용한 일을 두고 유럽에서 법정 싸움에 시달렸다.[42] 모든 메이저 테크 기업은 경쟁, 개인 정보, 오보, 허위 정보, 성 착취를 포함한 폭력 행위, 알고리즘 차별 같은 부분에서 세계적으로 법적 분쟁을 겪고 있다.[43]

스타트업들도 최근 벤처 자본이 고갈되어 불리한 채무 합의를 종용받으면서 어려움을 겪고 있다.[44] 대체로 전문가들은 이 분야가 계속 성장할 것이라고(여전히 큰 이익을 거두는 업체들이 있지만) 예측하지 않는다.[45]

빅테크가 위축되어 사라지고, 데이터 식민주의가 최대 규모에 도달하기 전에 붕괴한다는 뜻일까? 그렇지 않다. 기업들은 근로자 해고를 위기 대응책으로 삼는 듯하다. 미국 기반의 테크 업체들은 2023년 근로자 13만 천 명을 해고했다(3월 수치이기 때문에 이후 증가했을 것이다).[46] 물론 빅테크 기업의 실직자들은 일반 기업에 취업한다.[47] 일론 머스크 Elon Musk는 트위터 인수 후 인력의 50%를 해고했다.[48] 기업들이 사업을 확장했다가 하향세에 접어들면, 전면에서 공격받는 것은 주주가 아닌 근로자들이라는 것을 잘 보여주는 예다. 멕시코 티후아나 같은 지역의 아마존 창고 주변에 형성된 빈곤한 슬럼가만 봐도 알 수 있다. 기막히게 멋진 아마존 시설들 옆에 양철, 골판지, 플라스틱으로 지은 근로자 숙소가 있다. 아마존이 입주한 선진국의 공동체마다 유사한 광경이 펼쳐진다. 티후아나보다 임금과 주거 조건은 양호하지만 상황은 비슷하다. 아마존은 공장을 지으면 새 일자리를 창출한다는 전제하에 세제 혜택을 받는다. 하지만 아마존이 만드는 일자리는 저임금이고(티후아나의 경우 시급이 약 2.60달러이다) 비정규직 근로자들보다도 복지가 나쁘다.[49]

이들 기업의 또 다른 위기 대처법은 현재의 추출 관행을 강화해 두 배로 늘리는 것이다. 그래서 근로자뿐 아니라 소비자와 시민도 대가를 치른다. 이것을 나오미 클라인은 '자본주의 재난'이라 부른다. 기업과 정부가 자연재해나 경제 위기 기간을 이용해 더 압박하는 정책들을 시행한다는 개념이다.[50] 코로나19 유행이 이런 상황의 좋은 예다. '비영리 법을 위한 유럽 센터', '시민 자유 단체 국제 네트워크', '국제 프라이버시'의 연구를 보면, 팬데믹 기간 동안 정부들은 감시 기술을 오용했다. 개인 정보를 남용하고, 반대하는 의견을 억누르고, 대 테러 수단을 남용하여 민간인을 사찰하는 정책을 팬데믹 이후까지 확장했다.[51] 네 가지 경향 외에 한 가지가 더 있었다. 이런 추출 기술의 제공자로서 민간 부분의 영향력이 확대되었다는 점이었다.[52]

여기서 우리가 알 수 있는 교훈은 이렇다. 어떤 경제적인 침체기를 겪든 기술 분야는 정부와 협조하는 과정에서 위협을 외면화해 대중에게 전가할 방법을 모색한다. 데이터 추출이 증폭되어 근로자와 소비자가 영향을 받는 경우도 잦다. 그런 이유로 오늘날의 경기 침체는 데이터 식민주의의 종식을 부르지 않을 것이다. 메타 같은 대형 SNS 플랫폼들의 실패나 일부 예상처럼[53] 감시자본주의가 붕괴된다고 해서 데이터 식민주의가 끝나지는 않는다는 뜻이다. 앞으로 살펴보겠지만 데이터 식민주의는 그런 것보다 훨씬 광범위하기 때문이다.

일방적인 피해자가 될
필요는 없다

아직 1장이지만 데이터 식민주의의 문제가 산적해서 벌써 난공불락으로 느껴진다. 겁먹어 지레 포기하고 전처럼 사는 것 외에 방법이 있을까? 아무튼 우리의 데이터가 이미 기업들의 수중에 있지 않은가?

흔한 반응이다. 결국 인류가 식민주의 5백 년간 문제를 해결하지 못한 마당에, 신식민주의에 저항해봤자 가망이 있을까? 이 책은 몇 장에 걸쳐 데이터 식민주의의 심각하고 때론 절망적인 영향을 세세히 다룬다. 그러므로 안타깝게도 나쁜 소식이 더 남아 있다. 하지만 이 떠오르는 중인 사회 체계에 저항할 시작점을 알려주고 싶다.

역사적 식민주의가 시작될 당시에도 의심하고 저항하는 이들이 있었다. 피식민자들은 늘 이런 힘을, 결국은 식민주의 정치 체계를 전복시키는 힘을 가졌다. 마찬가지로 우리도 그런 힘을 갖고 있다. 식민자는 피식민자가 없으면 존재할 수 없으므로, 후자는 늘 저항력을 갖는다(때로 생명을 포함해 대단히 큰 희생을 치루더라도 말이다). 이 저항력을 생각하며 이 체계 속에서 우리의 역할을 살펴보도록 하자.

식민주의가 전개되면서 유럽 중심의 세계관이 엄청난 영향을 미쳐, 원주민들의 의식을 형성하고 서구의 능력을 무소불위로 믿게 했다. 서구 과학만이 세상을 합리적으로 설명할 수 있고, 서구 종교만이 영혼을 구원할 수 있으며, 서구 문화가 가장 발전된 인간의 표현이라고 믿게 했다. 달리 말해 식민주의는 원주민들에게 열등감을 심어주었고, 그것을 극복하는 데 많은 노력과 시간이 필요했다. 이 현상은 지금도 진행 중이다.

마찬가지로 데이터 식민주의에서 새 체계를 수용하는 것 말고는 어떤 자유나 기회도 없다고 느끼기 쉽다. 우리는 '동의합니다'를 클릭하는 것 외에 선택지가 없다고 느낀다. 하지만 그 버튼을 클릭하게 하기 위해서는 많은 기만과 수탈이 동원된다. 또 생계 때문에 클릭해야 하는 이들도 있지만, 우린 무력하지 않다. 간단히 말해 뭔가를 수용할 수 있다면 거부할 수도 있다.

바로 그것이 명확한 이유다. 결국 데이터 식민주의는 우리를 필요로 한다. 이용자의 데이터가 없으면 작동하지 않기 때문이다. 대부분의 데이터는 이용자의 동의 없이는 추출되지 않고, 따라서 우리는 추출 행위에 참여한다. 동의를 중단하면 앞으로의 추출을 막는 데만 도움이 될 뿐, 이미 추출된 데이터의 영향은 막지 못한다. 그래도 여전히 빅테크는 이용자의 동의를 필요로 한다. 우리가 추출 시스템에 가담하는 줄 모르고 동의했다 해도, 우리는 상황에 따라 다양한 형태의 공범이다. 변화를 일으키려면 현재 벌어지고 있는 일에 대해 우리 내면의 복잡한 사정을 먼저 깨달아야 한다.

식민 역사를 짚어볼 때 '원주민 정보 제공자'의 역할이 언급된다. 이들은 식민지 초창기에 누가 승자일지 간파하고 그쪽에 협조하며 언어뿐 아니라 문화 통역자로도 활동한 식민지 특권층이었다. 라 말린체 La Malinche가 좋은 예다. 그녀는 나후아 노예 여성으로, 스페인의 멕시코 정복기에 정복자 에르난 코르테스 Hernán Cortés에게 선물로 바쳐진 후 통역관이자 배우자, 참모 역할을 했다. 그런 정보 제공자를 배신자로 보기 쉽지만, 그들의 현실과 의도는 좀처럼 짐작할 수가 없다. 아마도 자신들의 세계가 몰락하고 이상한 신세계가 출현하는 와중에 생존하려고 버둥된 이들일 것이다. 문화적으로 보면(적어도 라틴아메리카에서는) 이 정보원들은 유럽인 남자들과의 사이에서 새로운 혼혈 인종을 낳은 원주민 어머니들로 보인다(사랑이 아닌 폭력으로 인한 임신도 많았다).

하지만 데이터 식민주의에서는 우리 모두가 정보 제공자들이다. 우리는 플랫폼에서 활동하며 식민자에게 우리 삶을 고스란히 통역해서 보여 준다. 이것이 트레이시가 자신을 되돌아보며 깨달은 괴로운 사실이다. 하지만 이야기는 거기서 끝나지 않는다. 역사의 이 지점에서 우리는 식민주의 시스템이 무엇이며 어떻게 작동하는지 알게 되는 특혜를 누린다. 식민주의에 저항한 다양한 예들이 있으니, 상황을 명확히 파악하면 저항할 수 있다.

하지만 먼저 우리 삶에서 어떻게 수탈이 이루어지는지 더 상세히 살펴보자.

DATA GRAB

2장

데 이 터 가
넘 쳐
흐 르 는 땅

40대인 마이클은 체중을 감량하여 더 건강한 생활을 하겠다고 자신과 가족들에게 약속했다. 그래서 회사 측이 건강 프로그램 등록을 제안하며 스마트 밴드를 무료로 제공하자, 마이클은 망설이지 않았다. 멋진 디지털 기기가 손목에 착 감겼고, 친구들에게 긍정적인 반응을 많이 들었다. 주치의는 반기면서 혈압을 체크할 좋은 기회라고 말했다. 흑인 남성이니 혈압에 더 신경 써야 했다. 마이클은 정보 혁명이 일어났다고 생각했다.

그는 곧 자기도 모르게 몇 분마다 스마트 밴드를 보면서 운동 활동, 수면 습관, 열량 소모율, 혈압 등을 확인했다. 기기에 하루 할당량이 미달되었다는 표시가 나타나면 짜증이 났다. 일 할당량, 운동 할당량. 할당량의 연속이었다. 그는 좋은 일이라고 자신을 다독였다. 건강을 유지하도록 도와주는 거니까.

하지만 그는 이상한 일들을 감지하기 시작했다. 왜 산책하면서 지나갔던 건강 음료 매장의 광고가 온라인에 뜨기 시작할까? 또 그의 고용주는 직장 내 스트레스를 해소하기 위한 계획안을 발표했는데, 인용된 데이터에서는 그가 특정 사무실에서 일할 때 스트레스가 증가하고 있음을 보여주었다. 데이터라니? 회사가 내 스마트 밴드의 데이터를 이용하는 건가?[1] 한 번은 그가 전날 과음한 후(나중에 후회했다) 스마트 밴드에 많은 열량이 소모되었다고 표시되었다. 동료인 프레드는 "그래, 나도 알아차렸지. 음주가 심박수를 증가시켜서 그럴 거야. 그러니까 과음하면 스마트 밴드가 아는 거지"라고 말했다. 마이클은 소름이 돋았다. 또 그는 페이스북에서 그가 쓰는 스마트 밴드가 인종차별적이라는 글을 읽었다. 기기가 초록색 빛으로 혈류를 측정하는 과정에서, 피부가 검은 이용자들의 혈류를 정확히 읽지 못하는데도 제조사는 제품의 결함에 신경을 쓰지 않는다는 것이었다.

하지만 이것은 문제의 시작에 불과했다. 그는 제대로 읽지 않았던 사용 약관의 어딘가에 있는, 건강 관련 데이터 전부를 공유한다는 내용에 동의했다. 스마트 밴드가 수집하는 건강과 무관한 데이터(그의 위치나 활동 같은)가 회사뿐 아니라 마케팅 업체나 당국에 공유되고, 해커들에게 도난당할 수 있다는 뜻이었다.[2]

마이클의 이야기가 보여주듯, 데이터가 수집되고 사용되는 방식에 문제가 있다는 것은 새로운 얘기가 아니다. 보안이 미약한 데이터 보관으로 인해 데이터가 유출되는 사건을 생각해보자. 2017년 미국 신용 평가사 에퀴팩스Equifax가 미국인 1억 4천7백만 명과 영국과 캐나다의 수백만 명의 기록을 노출시킨 데이터 유출 사건이 일어났다. 이 사건은 과거 10년간 여러 나라에서 발생한 데이터 유출 사건들 중 한 건일 뿐이었다.[3] 하지만 조악하게 설계된 알고리즘이 이용자에게 불리한 차별을 한 이야기를 통해 데이터 마이닝(대량의 데이터에서 유용한 정보를 추출하는 과정: 옮긴이)의 문제도 알 수 있다. 심지어 〈파이낸셜 타임스 Financial Times〉 같은 주류 경제 매체들도 우리와 우리의 데이터를 추적해 돈을 버는 빅테크들의 감시 모델을 비판한다.

이것은 어떤 주요 신생 산업이든 당하는 초기 문제에 불과할까? 아니면 규제가 필요한 못된 관련자들의 수탈일까? 페이스북에 사적인 내용을 게재하지 않고, (형편이 되면) 안드로이드 폰에서 아이폰으로 교체하고, 정부가 빅테크에 적합한 개인보호 통제 정책을 부과하리라 믿는 게 올바른 대책일까?

답은 '아니다'. 그런 단편적인 수단들은 중요한 사실을 간과한다. 그것은 오늘날 사회에 훨씬 광범위한 데이터 수탈이 있다는 점이다.

과거 식민주의는 토지 통제권이 없으면 무의미했다. 바로 이 토지 통제가 세계적인 규모로 새 자원을 수탈하고, 대규모 신생 시장을 만들어 식민자들에게 이익을 안겼다. 현재 남아메리카, 중앙아메리카, 카리브해, 북아메리카로 불리는 지역들은 유럽 식민자들에게 신세계로 보였다. 하지만 그 지역이 보기에 새로운 것은 바로 유럽이었고, 그 땅에 원주민이 살았다. 원주민은 식민지 수탈 과정이 시작되면 쫓겨나야 했다. 새 토지를 대규모로 수탈하는 데 노동력이 필요했고, 그것을 얻는 방식은 다양했다. 카리브해, 일부 남아메리카와 북아메리카의 농장에서 노예 노동력을 수입하거나 그 대신 유럽에서 식민지에 정착민들을 보냈다. 영국이 인도를 차지하면서 진일보한 식민지 모델이 개발되었고, 군사력으로 인도와 교역 조건을 완전히 통제하고 지역 경제를 관리했다. 이런 모델들이 아시아, 아프리카, 태평양 연안에 전파되었다. 하지만 어떤 노동 모델이든 식민주의의 핵심은 토지 통제였다.

식민자들이 획득하고 통제하는 토지의 크기는 방대했다. 식민지 확장이 최고조일 때 국외에서 스페인은 1,370만 km^2, 영국은 3,550만 km^2을 통제했다.[4] 평가는 다양하지만 유럽 국가들이 식민지 수탈로 얻은 경제적 효과는 엄청났다. 어떤 학자는 유럽 열강들의 1인당 토지가 여섯 배 증가했다고 주장한다.[5] 이 영토 확장은 경제 수탈뿐 아니라 식민지의 일상을 완전히 변화시켰다.

하지만 데이터는 토지와 다르다. 만질 수도, 걸어 다닐 수도 없다. 그러니 식민자들의 물리적인 토지 수탈처럼 데이터 수탈을 다루는 게 이상할 것이다. 실제로 데이터는 무한히 복사되고 재활용될 수 있다. 기본적으로 경제학자들이 비경합재라고 부르는 개념이라 여러 곳에서 동시에 사용할 수 있으니, 땅이나 인체처럼 물리적인 사물과 아주 무관해 보인다.

그러니 데이터가 오늘날 새로운 식민지 자원이라면, 토지를 어떻게 창출해야 통제할 데이터를 최대한 추출할 수 있을까? 간단히 말해 코드를 만드는 것이다. 더 정확히 말하면 특별한 코드를 만들어 새 컴퓨터에 접근할 공간을 만들고, 그 안의 상호작용이 계속 데이터를 추출하는 방식으로 전개되도록 한다. 그 공간을 '데이터 영토'라고 부른다.[6]

일상에서 그런 데이터 영토라고 하면 페이스북과 아마존 같은 디지털 플랫폼을 떠올린다. 하지만 다른 유형의 데이터 영토도 많다. 구글 같은 검색 엔진의 인터페이스는 다른 형태의 데이터 영토이며, 무수한 스마트 기기와 앱도 마찬가지다. 이들 모두 상업적으로 통제되는 공간에 접근하고, 거기서 데이터를 독점적으로 계속 추출할 수 있다. 지금 얘기하는 것은 단일한 영토가 아니라 데이터 영토들의 네트워크들이다. 소프트웨어를 통해, 물리적 제약 없이 어떤 데이터 영토든 무수한 영토와 연결되어 광활한 군도를 형성할 수 있다. 그런 연결된 영토들이 증가하면 사회적 삶 전체가 결합된 데이터 추출로 겹겹이 쌓인다.

데이터가 땅은 아니지만 데이터 영토는 과거 식민지 통치자들만큼, 아니 그 이상의 완벽한 권력으로 통제될 수 있다. 그러므로 데이터 영토 확보는 경제와 사회 모두 대변혁의 출발점이 될 수 있다. 이 새로운 관계에서 전환이 일어난다. 식민지 영토가 원주민에게 새 법을 부과했듯이, 데이터 영토도 플랫폼을 운영하기 위해 코드를 기초로 한 법을 행사한다.

이 세상이
데이터 영토로 변할 때

데이터 식민주의의 새로운 영토 획득은 어떻게 시작되었을까? 물리적인 신대륙 발견만큼 드라마틱한 일은 없었다. 데이터 영토는 소프트웨어에 기반한다. 우리가 사용하는 기기들, 또 그런 기기로 접속하는 비물리적인 공간(앱이나 플랫폼이나 웹사이트) 내부 깊숙이 소프트웨어가 박혀 있다.

그럼에도 데이터 영토의 출현은 신속하고 극적이었다. 그렇게 데이터 수탈의 신세계가 열렸고, 이것은 데이터만 제공하는 게 아니다. 사회를 구성하는 관계들을 완전히 새로 개편, 아니 문자 그대로 재편하는 새로운 방식을 제공한다. 어떻게? 우리의 활동을 기업들이 완벽하게 통제하는 SNS로 이끄는 것이다. 데이터는 비경합재이지만 데이터가 획득하는 인간의 삶은 유한한 자원이고, 근본적으로 수탈하는 과정을 만든다.

디지털 서비스의 소비자인 우리는 데이터 영토 이면에서 일어나는 데이터 처리 방식에 대해 잘 모른다. 하지만 그 영토를 떠나려 하거나 영토의 규칙에 어긋나는 행위를 하면 온갖 법적, 물리적 제한이 가로막는다. 그런 점에서 데이터 영토는 물리적인 영토처럼 제한을 가한다.

데이터 영토가 되는 세 단계는 서문에서 언급한 4X 모델의 개척, 확장, 착취라는 세 과정을 따른다. 뒤에 나오지만 네 번째인 말살도 나타난다. 4X 모델을 적용해 과거의 식민주의와 현재의 데이터 식민주의를 연결해보자.

데이터 획득의
신세계 개척

과거 유럽 개척자들이 수탈할 자원의 보고를 발견할 줄 몰랐듯이 (콜럼버스는 이미 알려진 인도로 가는 새 항로를 발견할 것이라 믿었다) 데이터 식민주의의 영토 또한 우회로를 통해 발견되었다.

모든 것은 컴퓨터의 아주 기초적이고 평범한 특성에서 시작되었다. 바로 컴퓨터가 데이터를 획득한다는 점이다. 컴퓨터의 데이터 획득 방식을 설명하려면, 지난 30년의 인터넷 역사를 기술 혁명보다 사회변화의 관점에서 검토해야 한다. 컴퓨터는 이 페이지를 노트북에 입력해 문서로 작성하는 것처럼, 동적이고 조정 가능한 형태로 체계화된 정보를 획득하고 저장하여 작동한다.

겉보기에는 이 과정이 해롭지 않아 보인다. 하지만 미국의 정보과학자인 필립 에이거 Philip Agre 는 1994년 발표한 글에서, 이 신종 정보 도구의 사회적 중요성을 간파했다. 컴퓨터가 추상적으로 정보를 획득하는 게 아니기 때문이다. 컴퓨터는 나름의 조건으로 정보를 획득한다. 특정 규칙에 적합한 특정 방식으로 컴퓨터와 상호작용하지 않으면 아무 일도 생기지 않는다. 키보드를 보고 웃기만 하면 되는 것이 아니라, 키보드 위에서 특정한 방식으로 손가락을 움직여서 컴퓨터에 기반한 규칙에 따라 입력해야 한다. 그는 이것을 컴퓨터의 행동 문법이라고 불렀다.[7] 컴퓨터는 이 특정한 상호작용 방식을 사용자에게 부과하며, 그 문법에는 늘 데이터 획득이 포함된다는 뜻이다. 이것이 자주 나오는 '코드가 법이다'라는 개념의 바탕이다.[8] 요컨대 플랫폼 코드가 데이터 영토의 법을 결정한다.

실제로 컴퓨터는 행동 문법에 맞으면, 즉 컴퓨터의 사용 규칙에 맞게 코드화하면 어떤 상호작용의 기록이든 획득할 수 있다. 그러므로 노트북의 내장 카메라에 전원이 켜지면, 내가 미소 짓는 얼굴이 찍혀서 저장될 수 있다. 하지만 그는 개인의 컴퓨터 활동 기록보다 광범위한 범주를 다루었다. 그가 논문을 쓰던 당시, 컴퓨터들이 인터넷에서 더 쉬운 방법으로 연결되기 시작했다. 그 즈음 월드 와이드 웹의 설계가 발표되었고, 특정한 컴퓨터 기반의 위치(웹사이트)에 있는 특정 부류의 정보를 다른 컴퓨터들이 검색할 수 있게 되었다.

디지털 시대의 초입에서 그는 모든 컴퓨터가 연결된다면, 어떤 컴퓨터나 다른 컴퓨터가 획득한 콘텐츠를 추적할 수 있다는 점을 간파했다. 그 결과는 사람들의 컴퓨터 사용량이 증가하면서 영향을 미치고, 컴퓨터들은 인터넷을 통해 서로 연결되기 시작할 것이다.

그의 논문이 발표된 1994년, 최초의 상업용 브라우저인 넷스케이프Netscape가 출범한 지 1년째였고 그해에 넷스케이프 직원인 루 몬툴리Lou Montulli가 '쿠키'를 발명했다. 원래 쿠키는 특정 웹사이트에 방문할 때마다 같은 데이터를 입력하는 수고를 더는 장치였다. 특정 웹사이트가 지난번에 입력한 주소와 전화번호를 기억하지 못해 일일이 다시 입력하려면 짜증이 날 테니 말이다. 그런데 곧 광고 업체들이 이 기술의 데이터 획득 잠재력을 알아봤다. 웹사이트를 클릭하면 쿠키가 생성되고, 쿠키는 내 컴퓨터에 보내진 후 어떤 정보를 저장한다(내 컴퓨터에, 하지만 웹사이트와 연동된 다른 컴퓨터에서도 접근할 수 있다). 이것이 판매자들이 웹과 스마트폰에 설치한 추적 장치의 시작이었고, 이 장치는 최근 애플과 타 업체들의 반발을 샀다.

에이거가 논문을 쓰던 1990년대 초에는 인터넷과 월드 와이드 웹이 고도로 상업적인 길을 걷게 될 줄 아무도 몰랐다. 하지만 이미 1990년대 말, 기업들의 이윤 추구에 지배될 신종 온라인 집단이 출현했다. 이 목적을 달성하려면 개인들은 연결된 컴퓨터를 통해 대부분의 삶을 살아가고, 업체들은 개인들의 컴퓨터에 저장된 기록을 이용해야 했다. 지금이야 그 둘이 워낙 흔해서 다른 생활방식은 상상도 안 되지만, 여기가 오늘날 데이터 영토의 시작점이다. 이제 데이터 식민주의의 개척기가 시작되었다.

데이터
영토 수탈

현명한 법률과 통신 전문가들은 이미 1990년대 후반에 우리에게 경고했다. 그들은 사기업들이 대규모 컴퓨터 연결을 관리할 경우, 장기적으로 민주주의와 사생활 보호 같은 기본 가치에 부정적으로 작용할 새 권력이 될 것이라 예측했다. 어째서일까? 상업성이 지배하는 네트워크화된 컴퓨터 공간은 컴퓨터들이 광고를 위해 서로 정보를 영원히 추적하게 허용할 것이다. 또 그로 인해 인간은 지속적인 데이터 추출에 영원히 무력할 것이다.[9] 전문가들은 일상의 공간 전체가 소위 데이터 영토로 변할 수 있음을 간파했다.

이 가능성이 현실이 된 이야기는 많이 회자되었다. 우리가 바로 그 이야기의 일부로 살아가고 있다. 데이터 추출을 위해서는 다양한 장치가 필요한데 그중 하나가 구글 검색 알고리즘이다. 이것은 세계를 지배하는 검색 엔진인데다 구글의 거대한 광고 사업에 투입되는 개인 데이터의 원천이 되었다. 구글은 더 적합한 검색 결과를 보여주기 위해 축적했던 이용자 정보가, 검색이 아닌 다른 것을 예측하는 데 쓰일 가능성을 알고 있었다. 하지만 검색 엔진과 비슷한 장치 뒤에는 완전히 새로운 경제적 수탈이 있었다.

이 기회를 가장 명료하게 설명한 사람은 구글의 수석 경제학자 할 배리언Hal Varian이었다. 중요한 게 구글의 데이터 영토만은 아니지만, 그를 언급하는 이유는 그가 학회에 발표한 논문 때문이다. 그는 데이터 영토에서 일어나는 수탈의 논리라 할 만한 내용을 밝혔다. 기업들은 어떻게 데이터를 이용해 고객들을 독점적으로 추적하고 영향을 미치는가에 대해서다. 이 영토(바로 그 개념)는 20년쯤 전에야 존재하기 시작했다.

그의 설명은 간단하게 시작됐다. "이제 모든 업무의 중심에 컴퓨터가 있다."[10] 물론 '연결된' 컴퓨터를 말한다. 인터넷 연결이 안 된 컴퓨터는 구글에게 무용지물이기 때문이다. 이어지는 내용은 그가 중시한 새로운 발전 과정이었다.

- 데이터 추출과 분석
- 개인화와 맞춤화
- 지속적인 실험들
- 고객의 활동을 더 잘 감시할 신종 계약들[11]

데이터를 추출하는 과정은 뻔하다. 익히 알듯 연결된 컴퓨터들이 할 수 있는 기본적인 일이다. 개인화 역시 익숙하다. 광고사들과 SNS 플랫폼들은 이용자와 관련된 데이터를 많이 모을수록 더 적합한 서비스를 할 수 있다고 계속 말한다.

그런데 여기서 말하는 실험들이란 뭘까? 그가 말하는 실험은 가격 책정이나 다른 신호들이 효과적인지 시험하기 위해 플랫폼이 거래를 통제할 가능성을 뜻한다. 신종 계약의 경우, 이제 온라인 거래 내역을 볼 수 있으니 예전에 업체가 접하지 못한 정보들이 갑자기 유입되었다. 그로 인해 업체와 고객의 권력관계가 급변했다. 기업이 임의로 (플랫폼 이용을 대가로 이용자가 개인의 권리를 양도하는 방식으로) 상호작용을 주도할 수 있기 때문이었다. 그런 방식으로 고객은 기업의 영토에 붙잡혔고, 거기서 지속적인 데이터 추출이 이루어졌다.

모든 것들이 합쳐져 일상의 한복판에 새 상권의 공간이 생겼다. 데이터 추출에 기반한 새 권력관계가 등장한 것이다.

하지만 그는 구글이 장기간 모색한 비즈니스 모델의 영향을 구현하기 시작했다. 구글은 실시간 데이터를 동원해(구글은 검색 이력을 계속 추적했기 때문에) 이용자가 클릭할 만한 광고를 경매하는 시스템을 설계했고, 그 배경에 그도 있었다. 그는 시간이 지나면 모든 상거래가 추적에 기반한 기업의 권력에 힘입어, 즉 데이터 영토의 수탈을 통해 이루어지리라 예측했다.

그는 다른 점도 포착했다. 이 경제 착취 모델은 데이터 추출을 덜 하는 경제적 상호작용을 없앨 가능성이 있었다. 여기서 데이터 식민주의 중 제 4단계의(4X 모델에 따라) 씨앗이 보인다. 바로 말살이다. 우선 데이터 식민주의가 이전의 사회경제적 상호작용 모델들을 없애는 징후부터 살피고 말살 단계로 돌아오자. 그가 사례로 제시한 보험 계약 관례부터 살펴보자. 그는 묻는다. 보험사가 계약자의 행동을 계속 추적할 수 있다면 어떤 일이 벌어질까?

'차를 렌트할 때, 서류 어딘가에 차를 안전하게 조작하겠다는 문구가 있다. 하지만 보험사가 어떻게 그걸 확인할 수 있을까? 예전에는 방법이 없었지만 이제 차에 모니터링 시스템을 설치할 수 있다. 보험사는 이 시스템을 이용해 이용자가 계약을 이행하는지 확인할 수 있다. 사고율이 낮으면 보험료가 낮게 책정된다.'[12]

마치 제도화된 감시와 같다. 또 오늘날 널리 이용되는 모델이기도

하다. 사용량 기반 보험이 대세이며 자동차 보험은 특히 그렇다. 하지만 그는 인터넷의 연결성이 우리를 지속적인 기업의 감시 공간으로 몰아갈 수 있다는 점을 간과했다. 그 공간을 통해 보험사는 기업이 만든 데이터 영토에서 새로운 방식으로 고객 관련 데이터 전부를 이용할 수 있다.

보험금 미청구 시 특혜를 받는 과거 방식보다는, 운전 실력이 세밀하게 반영되어 더 안전 운전을 한 운전자가 보험료를 적게 내야 하지 않을까? 물론이다. 하지만 운전자는 누구나 실수를 하고 운이 나쁜 날도 있다. 그런 날은 데이터 영토에서 무척 다른 결과가 나온다. 예전에는 실수하면 자책하면서 들키지 않았기를 바랐지만, 이제 스마트 보험 가입 차량이라면 차가 보험사 대신 실수를 파악해 데이터를 저장한다. 이것이 운전 평가에 어떤 영향을 미치는지 운전자는 잘 모른다.

데이터
식민지 확장

데이터의 확장 방식은 기술적이고 소프트웨어 기반이다. 데이터 영토의 규모를 가차 없이 확장하고, 그 과정에서 우리가 살고 일하는 공간들을 완전히 재편성한다. 여기서 입증된 중요한 기술은 세 가지다.

첫 번째는 일상에서 사용하는 컴퓨터의 범위를 확장하는 기술이다. "모든 업무의 중심에 컴퓨터가 있다"라는 배리언의 말을 기억하자. 몇십 년 사이 온라인에 연결되는 휴대용 소형 컴퓨터인 스마트폰의 사용자가 증가하면서 이 말은 사실이 되었다. 이후 노트북의 휴대용 버전인 태블릿이 등장했다. 적어도 부유한 국가들에서는 유비쿼터스 컴퓨팅이 컴퓨터 전문가의 영역에서 일상의 현실로 옮겨왔다.

두 번째는 플랫폼을 만드는 기술이다. 플랫폼은 컴퓨터 기반으로 상호작용하는 특수 목적을 가진 공간이다. 여기서 미리 결정된 유형의 처리와 상호작용이 진행되면서 계속 데이터가 추출된다. 바로 페이스북이 그렇다. 모든 앱이 마찬가지다. 배리언이 논문을 쓰던 시기에 이미 플랫폼들이 번성했지만, 21세기 초 구글이 검색 데이터로 돈벌이를 하려던 당시는 플랫폼이 막 시작되려는 참이었다. 플랫폼은 소유주의 데이터 관리를 통한 독점적인 통제하에[13] 소프트웨어 기반의 영토를 구축한다. 그걸 통해 경제적 가치를 추출하는 방식과 경제적 권력이 작동하는 방식을 바꾼다. 플랫폼을 확장하려는 시도들이 전부 성공하지는 못할 것이다. 현재 메타버스를 활성화시키려는 메타의 시도들은 투자자, 주주, 심지어 자사 직원들의 호감도 사지 못하는 것으로 보인다.[14] 이 글을 쓰는 지금, 애플이나 마이크로소프트의 방식이 더 성공적일지는 알 수 없다. 그렇다고 플랫폼 경제를 지향하는 트렌드에 영향을 주진 않는다. 오늘날 경제와 사회에서 데이터를 추출할 영토는 계속 확장되고 있다.

세 번째는 플랫폼을 활용하기 위해 컴퓨터가 접근하는 영역을 확장하는 기술이다. 이것은 가정이나 직장처럼 우리에게 선택지가 없는 물리적인 공간들을 바꾸고, 앱을 사용하면 스마트 기기에서 데이터가 자동으로 수집되면서 공간을 데이터 영토로 전환한다.

스마트홈은 기본적으로 데이터 영역으로 재편된 가정이다. 집에

구비된 스마트 기기들은 각각 제2의 데이터 영토로 작용한다. 스마트 설비는 사용자보다 제조사에 더 수익을 준다. 이용자가 제품과 상호작용하는 양상을 파악해서 데이터를 획득해 제조사에 주기 때문이다. 이것이 IoT(사물 인터넷)으로, 비즈니스 이론가들은 이것이 계속 연결되는 새 시대를 만든다고 인정했다. 광고사들이 우리를 목표로 할 때만 추적했던 예전과 달리, 스마트 제품은 우리가 사용할 때 계속 모니터링하면서 개인의 습관을 더 다채롭게 파악할 수 있다.[15] 스마트홈에서 추적을 피하는 것은 선택사항이 아니다. 가정은 데이터 영토가 되었고, 추적은 데이터 영토의 기본 특징이다. 오늘날 부동산을 임대하거나 주택을 매입한다면, 빌트인 스마트 기기들을 받아들여야 될 것이다. 데이터 영토에 갇히는 것이다.[16]

스마트홈에서는 데이터 추출 앱을 쓰지 않으면 아무 것도 작동되지 않는다(전등이 안 켜지고 현관문도 열리지 않는다). 아마존이 2022년 스마트 진공청소기 룸바Roomba 제조사인 아이로봇iRobot을 17억 달러에 인수한 사건은, 상황이 어떻게 흘러가는지 보여 준다. 결국 룸바(혹은 최소한 아이로봇이 판매한 고가 룸바 모델들)는 문자 그대로 집 평면도를 데이터 영토에 넣어야만 작동하고, 거기서 외부 업체는 데이터를 체계적으로 추출하고 모니터링할 수 있다. 획득된 데이터를 압축해서 정리할 필요도 없다. 아마존의 가정용 로봇 아스트로Astro는 자동화된 경비원처럼 출구를 확인하는 등의 행동을 하면서 데이터를 수집하고, 스마트 초인종인 아마존 링Ring과도 연계할 수 있다.[17] 아이로봇의 CEO가 인수 후 "미래의 가정은 로봇"이라고 선언한 것도 그 때문이다.[18] 2018년 10월 아마존은 개인의 생체 정보 데이터에 기반해 감정을 추적하는 음성 비서 알렉사Alexa의 특허를 신청했다. 더 큰 야심을 보이는 사건이다.[19] 3장에서 스마트홈에 대해 다루겠지만, 아마존의 새 데이터 영토에 대한 계획의 한계가 어디일지 누가 알겠는가?

과거 식민주의가 영토 확장을 시작한 때처럼, 데이터에서 얼마만큼 가치 있는 정보가 추출될지는 아무도 모른다. 예컨대 룸바의 데이터를 다루는 시장이 있다거나 그런 데이터가 아마존의 대차대조표에 나온다는 걸 주장하는 게 아니다. 요점은 데이터 영토의 구축은 대세이고, 거기서 가치가 추출될 가능성이 있다는 것이다. 그게 식민주의의 추세다. 그 결과, 사적이고 친밀한 것(일상생활의 공간)을 외부 기업이 약탈해 우리의 모든 활동을 비즈니스화하는 영토로 바꾼다.[20] 〈MIT 테크 리뷰MIT Tech Review〉의 기자가 밝혔듯, 심지어 진공청소기도 개인 공간에 있는 우리의 이미지를 세상에 노출할 수 있다.[21] 냉장고도 해킹될 수 있다. 실제로 기기에서 데이터를 추출하는 전문가들이 개입된 'IoT 포렌식'이라는 새 영역이 등장했다.[22]

데이터 영토를 만드는 기기, 서비스, 시스템에 더 의존하도록 가정과 공간들이 재편되면 어떻게 될까? 시간이 지나면 데이터 식민지 사회가 된다. 각 사회는 데이터 영토가 주인에게 준 특별한 권력의 통제를 받고, 무수한 데이터 영토들의 네트워크가 형성된다. 비즈니스 사상가들은 사회적 의미를 해석하지 않은 채 이런 트렌드를 찬양한다. 빅데이터 전문가인 토머스 데이븐포트Thomas Davenport는 "모든 센서 데이터는 이곳으로 모인다"라고 말했다. 실리콘밸리 사업가 토머스 시벨

Thomas Siebel은 클라우드 컴퓨팅, 빅데이터, AI와 함께 IoT가 지식과 비즈니스를 개혁할 디지털 변혁이라고 말한다.[23]

워낙 대담한 계획이라서 처음에는 식민주의의 렌즈로 보지 않으면 믿을 수 없을 것이다. 인간이 사는 공간이 상업적으로 이용되고 데이터의 형태로 수탈되도록 거기에 있다는 개념이다. 이 영토에서 비즈니스는 배리언의 표현대로 계약서를 쓸 수 있다. 물론 주요 기술을 구축하려는 노력 없이는 일어날 수 없는 일이다. 신식민주의 영토는 적절한 코드를 써서 탐험이 되어야 한다. 일단 확인되면 확장과 약탈이 일어날 것이다. 간단히 말해 배리언이 과거 식민주의의 핵심 자산이었던 '수송관'이란 단어를 써서 표현한 '데이터 수송관'을 만들어야 한다.[24] 이 수송관은 어디 꽂혀 있을까? 바로 일상생활의 흐름 안이다.

데이터 식민주의가 일상으로 맹렬히 영토를 확장하는 과정을 특혜나 선물로까지(서문에서 전기를 선물로 가장한 대목을 상기하자) 가장하는 경우도 많다. 초기에 스마트 비서 알렉사를 무료로 지원한다는 아마존의 결정도 명분이 충분했다. 하지만 그런 제안을 들여다보고, 이 선물이 어떤 결과를 초래할지 긴 안목으로 주목해야 한다. 달리 말해, 신식민주의의 거래를 총체적으로 살필 필요가 있다. 새 데이터 영토의 의미를 사회 권력의 측면에서 파악하면 용어들의 의미가 더 선명하게 보인다.

새로운 데이터 관계는
새로운 권력관계로

모든 데이터 영역은 데이터 추출을 극대화하기 위해 우리를 새로운 사회관계인 데이터 관계로 끌어들인다. 이것은 전적으로 데이터 추출의 극대화에 초점을 맞춘 사람과 기업, 정부의 관계를 말한다. 우리가 데이터에 대해 알던 모르던 데이터 관계는 작동한다.

사회적 관점에서 보면 데이터 관계의 첫 번째 특징은 불균형이다. 역사적 식민주의의 관계는 늘 불균형했다. 식민지의 토지가 몰수되면 식민자와 피식민자의 거래는 자유롭게 이루어지지 않았다. 금, 은, 설탕, 차 등이 일방적으로 수탈되는 결과가 따랐다. 오늘날 디지털 플랫폼에 가입하면 데이터의 흐름도 똑같이 불균형해진다. 플랫폼은 이용자의 모든 행위를 알 수 있는 반면, 이용자는 플랫폼의 행위를 알 수가 없다. 실제로 이용자의 데이터는 무한히 분석되어 플랫폼과 관계를 개인화한다. 아마 우린 신경 쓰지 않을 것이다. 원하는 게(틱톡 영상을 보고 싶었다. 나 같은 사람이 보고 싶을 만한 영상들이다) 그거였으니까. 하지만 권력관계로 보면 이것은 분명히 불균형하다. 수년간 저항과 법정 투쟁을 해야만 페이스북과 인스타그램 같은 플랫폼들이 막후에서 뭘 하는지 조금이나마 파악되었다. 인스타그램 데이터 엔지니어인 프랜시스 호건과 페이스북 데이터 공학자 소피 장Sophie Zhang 같은 내부 고발자들이 없다면 우린 아는 게 없을 것이다.

요컨대 데이터 영토는 불균형한 감시 권력의 형태로 작동한다. 공공 장소부터 노예 농장까지 그런 관계가 식민지 사회의 특징이었다는 사실을 기억하자. 식민지는 민주주의가 없었고 식민지 권력은 자원 수탈의 합법성을 유지하는 데 필요한 정도로만 피식민자에게 권력을 주었다.[25]

데이터 관계는 불균형할 뿐 아니라, 새로운 권력과 통제가 개입된다(이것이 식민주의의 두 번째 특징이다). 과거 식민주의도 사람들을 통제할 기법들을 확장했다. 낙인, 지문, 통행증이 식민 정부의 산물이다. 하지만 데이터는 토지, 광물, 농작물과 달리 그 자체가 정보 형태이므로 데이터 식민지는 특별한 가능성을 갖는다.

다시 구글을 보자. 쇼샤나 주보프의 설명처럼, 구글은 검색을 추적해 축적한 막대한 양의 데이터로 이용자의 다음 행동을 상당히 정확히 예측할 수 있었다. 그런 예측은 이용자의 다음 행동을 알고 싶은 다른 사업자들(광고회사 같은)에게 가치가 있다. 예를 들면 그런 예측에 기반해 광고 판매로 수익을 얻을 수 있다. 하지만 플랫폼 영토를 완전히 통제할 경우, 설계자들이 더 파고들어 배리언의 지적처럼 이용자들을 실험할 수 있다.

이것은 실제로 무슨 의미일까? 플랫폼의 소유주가 이용자를 어떤 방향으로 '넛지 nudge (강요 없이 부드럽게 개입해 선택을 유도하는 방식: 옮긴이)'해서 특정한 길을 따라가는지 테스트할 수 있다. 그 길로 가지 않으면 다르게 넛지해 새 결과를 추적하면 된다. 결국 특정 부류의 이용자들에게 가장 효과적인 넛지 방법이 파악된다. 플랫폼에서 이것이 수백만 배로 늘면, 법률학자인 카렌 융 Karen Yeung 이 '하이퍼넛지 hypernudge'라고 부르는 상황에 다다른다. 공간의 영향력이 너무 커서 이용자가 자유의지로 그 일을 하는지 알기 어렵다.[26]

이 과정은 위축되기는커녕 가속화되고 있다. 틱톡은 절대 이런 방식으로 보여주지는 않겠지만, 틱톡이 없더라도 우리가 선택한 것이 정확히 우리가 보고 싶어 했던 것임을 확신시키는 것이 바로 틱톡의 알고리즘 기술이다.[27]

한편 2021년 애플이 아이폰 이용자에게 다른 광고사의 추적을 거부할 권한을 부여하자, 페이스북은 압박을 받았다. 그래서 자체 AI를 이용해 실험적인 광고 테스트 서비스인 '어드밴티지+Advantage+'를 광고 업체에 제공했다.[28]

플랫폼 소유주들이 독재 정부처럼 삶을 문자 그대로 지배하려 한다는 말이 아니다. 하지만 디지털 플랫폼의 영토는 업체가 목적을 위해 특별한 방식으로 이용자의 행동을 관리하도록 해준다. 업체들은 이 과정을 최적화라고 부른다. 플랫폼의 사업 목적을 달성하기 위해 플랫폼에서 일어나는 과정은 모두 최적화된다. 우리를 최적화 쪽으로 몰아가는 것은 플랫폼과 앱뿐만 아니라, 상업적 목적으로 계속 데이터를 획득하는 인터넷 전 분야의 특징이다. 플랫폼들이 늘 최적화하고 싶은 것은 추출하는 데이터의 양이다. 그러려면 플랫폼이나 앱이 이용자의 행동을 항상 감시해야 한다.[29] 행위의 몇 부분을 감시하는 정도로는 부족하다. 모든 적절한 부분들을 감시해야 한다. 특수용어로 'N=all'의 가능성이 데이터 영역의 식민주의 특성에서 나온다. 데이터로 추적된 것 외에는 거기서 아무 일도 일어날 수 없다.

데이터 영토의 세 번째 식민주의 특성은, 실제 토지에서 행사되는 권력은 제한적이지만 데이터 영토에서는 무제한이라는 점이다.

데이터 영토는 크기가 무한하다. 물리적인 토지와 자원은 지구상에 있기에 본래 제한적인 반면, 플랫폼이 통제하는 영토는 이용자들을 상호작용하게 할 수만 있으면 무제한 생성될 수 있다. 확장하기 위해 새 앱이 필요하지도 않다. 존재하는 플랫폼들과 앱들 사이에 연결을 만들면 된다. 플랫폼을 다른 플랫폼들이나 앱들과 연결하거나 접속 가능한 주소를 온라인 영토에 집어넣는 방식에는 아무런 제한이 없다. 인터넷 전체가 이제 플랫폼화되었다.[30] 데이터 영토가 효율적으로 관리된다는 뜻이다. 대형 플랫폼들이 웹사이트나 소규모 플랫폼의 문지기 역할을 하는 경우가 그렇다. 이용자들은 그런 곳에서도 페이스북이나 구글 아이디로, 중국에서는 위챗 아이디로 가입하라는 요청을 받는다. 새 플랫폼으로 생기는 데이터는 페이스북, 구글, 위챗의 데이터와 결합되고, 이 업체들이 이익을 얻는다. 그 뒤에는 더 복잡한 구조가 있다. 빅테크들은 규모가 더 작은 웹사이트와 플랫폼에게 데이터 관련 서비스를 제공하고, 그로 인해 더 큰 플랫폼을 구성한다.[31]

플랫폼화가 무해한 기술 용어로 들리지만, 식민주의 역사의 시각으로 보면 열린 온라인 공간을 통제와 추출을 위한 데이터 영토로 바꾼다는 신호다.

실제로 일부 플랫폼의 영토는 너무 커져서 벗어날 수가 없다. 중국에 산다면 위챗 플랫폼에 머물면서 식료품 구입, 대출, 정부 웹사이트 접속, 최근 건강 상태로 외출해도 되는지 확인 등 거의 모든 일을 처리할 수 있다. 한편 위챗과 위챗 아이디에 대한 위챗의 절대 권력에 대한 의존도는 커진다. 다른 업체들이 이용자와 접촉하고 싶다면 위챗에 남아 있어야 한다. 실제로 중국 정부도 위챗에서 특별 프로그램을 시행한다. 이용자들이 앱을 통해 정부와 직접 접촉할 수 있는 도구인 셈이다. 일론 머스크가 슈퍼 앱(차량 호출, 음식 배달, 결제 등이 모두 결합된 앱: 옮긴이) '프로젝트XProject X'를 언급할 때 이런 원스톱 앱을 염두에 두었을 것이다. 그의 계획이 뭐든 중국의 슈퍼 앱들은 경제, 사회, 행정을 아우르는 권력을 제공한다. 영국 동인도 회사를 제외하면 어떤 과거 식민자들도 그런 권력은 못 누렸다.

또 데이터 영토들은 깊이에 제한받지 않는다. 이용자가 플랫폼과 상호작용을 계속하면, 데이터가 추출될 수 있는 깊이에 한계가 없다. 유일한 제한은 플랫폼 설계자들이 쓰는 코드와 설치된 데이터 수집의 항목 수다.

이것은 일상생활에 큰 의미를 남긴다. 하나는 업무가 플랫폼의 형태로 옮겨져서, 관리자들은 직원의 업무 처리 시간을 포함해 업무의 전 과정과 양상을 지켜보고 추적할 수 있다. 또 하나는 인체다. 온라인에서 이루어지는 모든 일의 추적에 익숙하더라도 인체 추적은 좀 다르다. 안면 인식에 대한 논란이 많지만, 인체 추적은 시작에 불과하다. 온라인이나 전화로 대화하는 방식을 추적하고 분석하는 신생 산업이 등장하고 있다. 콜마이너CallMiner는 음성 처리 분야의 전문 업체로, 대표는 "조직들이 고객의 대화에서 유의미하고 이용할 만한 정보를 추출하도록 한다"라는 계획을 발표한 바 있다.[32]

데이터 영토와 데이터 생산 역시 제한 없이 양도 가능하다. 데이터 영토에서 어떤 데이터가 수집되던 수익을 제한 없이 타인들에게 양도, 공유, 매도할 수 있다. 내가 오늘의 날씨 정보를 이용할 때 동시에 남들도 같은 정보를 이용하듯이, 판매자들도 나를 쇼핑객으로 규정하는 데이터세트dataset(데이터를 여러 개 모아놓은 집합: 옮긴이)를 취급할 수 있다. 업체들이 그들의 데이터에 대해 인위적인 부족 현상을 만들기도 한다. 하지만 이용자의 입장에서는 중단한다는 규정이 없으면 데이터를 플랫폼에 양도할 때 백지수표를 써주는 셈이다. 장차 데이터가 어디로 넘어가든 이용자는 통제권이 없다.

이런 데이터 영토의 특징은 기술적인 부분으로 보이지만, 사회적 관계를 수정하거나 혹은 적어도 데이터 영토에서 이루어지는 사회적 관계들(이미 아주 많다)을 수정한다. 그런 영토에서 우리는 겉보기에는 스스로의 의지에 의해 일련의 불균형한 권력관계로 들어간다. 플랫폼이 발명되기 전에 알던 것보다 더 심하고 흔한 불균형한 권력관계 속에서 업체들은 제한 없이 목적을 최적화한다. 이 새로운 사회적 관계의 핵심에 신식민주의의 현실이 있다. 극소수의 통제와 이익을 위한 대규모 사회적 영토의 획득이 그것이다.

3장에서 더 살피겠지만, 사회의 변화는 기업들이 우리 이용자들에게 늘 원하는 것을 제공한다는 느낌을 준다. 더 편리하고, 사회적 유대가 강하고, 과학에 도움이 되거나 적어도 우리를 더 잘 아는 것 같다. 하지만 엔지니어들은 인정하지는 않아도 그 과정이 부자연스럽다는 건 안다. 그래서 페이스북의 선임 엔지니어이자 현재 메타의 CTO인 앤드루 보스워스Andrew Bosworth는 "세계가 자연스러운 상태라면 서로 연결되지 않았을 것이다"라고 인정하자 테크 업계의 주목을 받았다.[33] 물론 사람들은 늘 교제하고 일을 체계화했다. 하지만 페이스북에 접속하고 비즈니스 모델에 맞는 방식으로 행동하는 것은 부자연스럽다. 더 큰 영토를 획득하는 과정에 들어맞는 양상이다.

데이터,
AI, 환경

데이터가 가치를 가지려면 처리가 되어야 하고 거기에는 에너지가 소비된다.

플랫폼의 이용과 네트워킹 기능을 위해서는 거대한 컴퓨터들의 집합인 데이터 센터의 처리가 필요하고, 이 센터들은 넓은 땅 외에도 전기를 사용하고 열이 발생하기 때문에 냉각도 필요하다. 그런 처리 과정은 비용이 들고, 대규모 AI 같은 초강력 데이터 처리에는 훨씬 큰 비용이 소요된다. 이런 사실을 알기에 많은 빅테크 업체들이 환경보호에 열을 올린다. 애플은 탄소 중립을, 마이크로소프트는 2030년까지 탄소 네거티브(이산화탄소를 배출량 이상으로 회수하는 것: 옮긴이)를 목표로 삼는다. 하지만 일반적으로 디지털 생활에서 발생하는 환경 비용은 대중적으로 중요하게 다루지 않는다.[34]

데이터 센터를 보자. 그것들은 전 세계 곳곳에 지어졌다. 흔히 데이터 센터를 대수롭지 않게 여기지만, 지구 환경에 미치는 영향이 뉴스가 되기 시작했다. 몇 년 전까지 필자 중 한 명이 거주했던 런던 서부의 다인종 주거지는 주택이 부족하지만 적어도 2035년까지 신축이 제한된다. 전기 공급이 부족해서다. 어째서일까? 그 지역의 데이터 센터가 대대적으로 확장되면 공급해야 할 전력이 충분하지 않기 때문이다. 2030년까지 세계적으로 데이터 센터들이 소비하는 전력은 총 사용량의 3%에서 13% 사이로 추정된다.[35]

사정이 악화되고 있다. 데이터 서버는 전력 사용량이 커서 과열되고 냉각시키려면 담수가 필요하다. 최초 발표 한 달 후 런던 시민들은 도시의 상수 공급원인 템스강의 수자원이 고갈될 위기라는 사실을 알았다. 한 가지 이유는 데이터 센터였다. 영국 의회는 수자원 부족과 관련해 데이터 센터가 주는 장기적인 영향을 조사해야 했다.[36] 그런데 런던은 세계의 주요 데이터 센터 15곳 중 한 곳에 불과하며, 가장 빨리 확장되는 지역(뭄바이, 상하이, 버지니아 북부가 런던을 능가한다)도 아니다.[37]

막대한 전력이 사용되는 가상 화폐 채굴이 무모하게 일어나지만, 환경 비용에 대한 고려는 거의 없다. 여기서 채굴은 과거 식민지의 지하자원처럼 실제로 캐내는 게 아니다. 하지만 비트코인같은 가상 화폐를 채굴하려면 컴퓨터를 사용하기 위해 막대한 전력이 소요된다. 비트코인은 암호 화폐일 뿐이며, 현재 재정적 쇠퇴에 놓였다. 하지만 2020년 비트코인 채굴의 소비 전력은 오스트리아나 포르투갈의 소비량을 능가했다.[38] 양국 다 보통 규모의 부유한 국가인데도 말이다. 그렇다면 환경 비용으로 볼 때 비트코인은 과거 식민지 수탈과 다를 바 없다.

하지만 컴퓨터 사용과 데이터가 환경에 미치는 영향은 추상적이거나 은유적인 표현에 가려진다. 예컨대 데이터를 저장하는 클라우드는 천연자원의 보존을 돕는 저수지가 아니라, 천연자원을 고갈시키는 데이터 센터의 대형 네트워크다.[39] 그리고 이것은 데이터 처리에 불과하다.

우리가 데이터 영토와 상호작용하는 실제 기기의 환경 비용도 있다. 모든 컴퓨팅 기기는 칩이 필요하고, 칩은 일반적으로 실리콘, 인을 포함해 여러 광물로 만든다. 이런 기기의 원료는 아프리카, 아시아, 라틴아메리카에서 나오며, 세계 주석의 36%와 은의 15%가 전자제품 제조에 소비된다.[40] 기기가 작동하려면 코발트와 리튬 같은 희귀 광물이 필요하고, 이것들은 아프리카와 라틴아메리카에서 힘들고 폭력적인 방법으로 채굴된다.[41]

일부 소재들을 채굴하려면 막대한 양의 다른 천연자원이 필요하다. 예를 들어 배터리를 만들 때 사용되는 리튬은 소금 호수에서 엄청난 양의 물을 수면에 퍼 올린 후 증발시키는 방법으로 추출된다. 칠레의 아타카마 사막에서 리튬을 채굴하면서부터 리칸 안타이 원주민들은 물 부족에 시달렸다. 그들이 수 세기 동안 거주한 땅에서는 채굴이 계속되고 있다.[42]

처리 과정의 다른 끝에는 환경 쓰레기 문제가 있다. 전자기기는 너무 금방 구식이 되고 환경 쓰레기로 변한다. 2019년 〈세계 전자 폐기물 보고서 Global E-Waste Monitor〉를 보면 세계 인구 1인당 버린 전자기기 쓰레기가 7.3kg이었다.[43] 주로 선진국에서 배출하지만, 대부분 개발도상국에서 폐기되어 그것을 처리하는 이들을 포함해 인체에 유해한 영향을 미친다.

데이터 영토의 환경 비용, 디지털 소통을 가능케 하는 자원을 통제하려는 식민주의적 노력에 대해 할 말이 더 있다. 또 빅테크의 권력 쟁탈을 위한 비밀 환경 전략(예를 들면 인공위성을 더 쏘아올리거나 해저 케이블을 설치하는 것)[44]에 대해서도 할 말이 있다. 하지만 우린 더 큰 그림이 또렷하게 드러나길 바란다. 데이터 영토의 확장은 사회적 삶을 빼앗고, 그 자체가 자연환경, 특히 개발도상국에게 막대한 비용을 부과한다. 이것은 값싼 자연을 유린한 식민 역사의 반복이다. 그 유린은 나오미 클라인이 말한 '추출 지대'에 특히 집중된다.[45]

데이터 수탈은
당신 바로 옆에서 일어난다

삶의 어떤 영역이든 데이터 영토가 설치되어, 어떤 정보든 수탈할 수 있다. 익숙한 데이터 영토는 광고업자들이 우리를 불러들이려는 공간이다. 그들은 우리가 어디로 가든 추적해서 데이터를 취합해, 적당한 시점에 적절한 광고나 정보를 화면에 띄운다. 그런 개인화된 마케팅은 필립 에이거가 30년 전 주목한 추적 가능성의 초기 신호였지만, 이제 약간의 도전을 마주하게 되었다. 마케팅과 관련된 사람들 모두가 그 방법을 효율적으로 보는 것은 아니다. 이용자가 스크린에 뜨는 광고들을 전부 클릭할까? 아니면 5% 정도만? 게다가 앞에서 언급했듯이 애플과 구글 같은 막강한 업체들은 광고사들이 의존하는 쿠키 기반 추적을 불법화하기 시작했다. 마치 이타적이고 개인 정보를 보호하려는 조치 같지만, 애플과 구글의 목적은 자사의 광고와 광고 관련 데이터의 가치를 높이려는 것이다. 광고사들이 아이폰 이용자들에게 확실히 동의를 얻어야 추적할 수 있게 된 지 1년 후, 애플이 디지털 광고 인력을 두 배 늘린다고 발표한 것은 우연이 아닐 것이다.[46] 페이스북이 오래된 수익 모델인데도 동의 없는 추적을 방지하는 조치를 취한 것에 감동해서, 마치 감시 자본주의가 끝난 것처럼 보는 견해도 있다.[47] 하지만 실제로 데이터 식민주의는 맞춤형 광고보다 더 많은 곳에서 작동한다.

예를 들어 개인 금융을 보자. 온라인 신용 평가사들에 대한 대중의 불신과는 별개로, 알고리즘으로 작동되는 개인 금융 플랫폼들과 앱들은 크게 성장했다. 은행 담당자와 대면 면담하려고 한없이 대기하는 것보다 이런 앱들이 한결 편리하다. 스마트폰으로 다 처리할 수 있기 때문이다. 하지만 업체들은 이용자가 제공한 최초의 데이터만 보는 게 아니다. 대출 전후에 이용자의 동의로 본인과 제삼자가 쏟아낸 각종 데이터에 앱이 접근하여 계속해서 신용 점수를 매긴다.[48]

광고와 개인 금융은 빙산의 일각에 불과하다. 데이터 추출과 무관해 보여도 사실은 계속 추출되고 있는 일상의 기본 영역이 있다. 농업, 교육, 건강이 그 세 영역이다.

식량에 맞는
데이터

오늘날 세계 곳곳의 논밭을 누비는 트랙터에는 컴퓨터뿐 아니라, 클라우드의 온라인 데이터 분석을 위한 시스템이 연결되어 있다.

'정밀 농업(정보통신기술을 활용해 투입 자원을 최소화하면서 생산량을 최대화하는 농업 방식: 옮긴이)'을 향한 대규모 움직임이 있다. 미국 장비 제조사 '존 디어John Deere'와 미국 농업 기술 회사 '몬산토Monsanto'가

(이제는 독일 바이엘 그룹 소속) 이 분야의 주요 기업이다. 지금도 농부들이 들판에서 자유롭게 농기구를 운전하고 있지만, 그들의 작업은 장비에 연동된 소프트웨어 관리 프로그램의 지시를 받는다. 그 목적 때문에 유전자 변형 종자도 장비로 간주된다. 몬산토의 기술 관리 협약에 있는 FAQ를 인용하면 몬산토의 종자를 구입하고 파종하려는 농업인은 반드시 유효한 TSA(서비스 동의 약관)가 있어야 한다.[49]

정밀 농업에 대한 기대는 축산업을 변화시킨다. 중국은 세계의 수요를 충당하기 위해 몇 년째 양돈업을 확장하려 애쓴다. 물론 AI 없이도 산업 규모의 농업이 생겨났지만, 중국의 빅테크 거인인 알리바바의 클라우드 비즈니스는 기회를 포착했다. 알리바바는 독점적인 'ET 농업 브레인' 플랫폼을 제공해 대규모 농장에서 돼지 수백만 두의 상황을 모니터링할 수 있게 했다. 하지만 먼저 돼지의 행동과 건강 상태를 정확히 분류하기 위해 알고리즘을 학습시켜야 했다. 그 작업을 위한 소위 '디지털 타운'이 있다. 여기서 이주민 시골 노동자들이 컴퓨터 앞에 앉아 종일 그런 노동을 한다.[50] 이것은 알리바바가 관여한 여러 식량 생산 방식 중 한 가지에 불과하다.[51]

새로운 식량 생산 계획이 데이터 분석을 중심으로 떠오르는 중이다. 2013년 몬산토는 이것을 '농업의 다음 주요 성장 전선'이라고 불렀다.[52] 농부들은 알고리즘을 학습시킬 토양과 잡초의 이미지를 업로드하면서, 직접 열심히 일하기도 한다. 이때 정보는 일방통행인 경우가 많다. 예를 들어 존 디어 트랙터가 수집한 데이터에 트랙터 사용자는 접근할 수 없다.[53] 실제로 농부는 개인적으로 수리할 권한이 없기에 존

디어의 수리 서비스에 의존할 수밖에 없다. 이런 형태의 영토 획득은 최근 미국 콜로라도주의 입법으로 난관에 부딪쳤다. 이 법은 수십 년간 사용자가 자신의 기기를 직접 수리할 권리를 금지했던 애플에게도 곤란한 것이었다.[54] 기업들은 처리 과정에서 막대한 양의 데이터와 권력을 축적하는 반면, 농부들은 바이엘, 몬산토의 '필드 뷰Field View' 플랫폼(원래는 더 클라이밋 코퍼레이션이 만든) 같은 관리 소프트웨어에 더욱 의존하게 된다. 예상하듯 그런 서비스들은 주로 대농을 목표로 삼지만, 식량 생산업 전체를 재편하고 있다. 그리고 수익을 얻는 쪽은 대형 업체들이다. 농업 보험사는 이제 계속되는 개인화 기반 서비스로 대농장의 위험 요소들을 모니터링할 때 데이터 플랫폼과 위성 사진을 사용할 수 있다.[55] 할 배리언이 소소한 자동차 보험 계약에 대해 예견한 상황이 현실이 되었다.

농부들과 대대로 농사를 지은 땅의 관계가 AI 기반의 플랫폼 때문에 변하고 있다. 그 현상은 소형 목초지까지 확장된다. 예전에 아일랜드 기업인 몬포드Monford가 제작한 기기 '그로스미터Grassometer'는 여러 다른 부분과 함께 목초의 성장을 측정한다. GPS와 센서들을 통해 대지의 형태를 그리고 목초의 높이를 측정해 목초지 농부에게 정밀 농업을 안겨준다. 이 회사의 설립자는 "데이터는 새로운 땅이다. 오늘날 농장에 트랙터가 중요하듯 미래에는 데이터가 중요하다"라고 선언했다.[56]

이런 발달은 아직 갈 길이 멀지만, 과거의 식민지 토지 같은 데이터 영토에서 데이터 통제를 최고의 자산으로 삼으려는 기류가 보인다. 농장과 들판이라는 물리적인 영토가 데이터 영토로 융합되고 있다.

데이터 영토로서의
교실

에듀테크의 최대 주자들 중에는 익숙한 이름들이 있다. 전 세계의 많은 교실이 구글의 교육 앱에 의존하는 반면, 마이크로소프트 역시 대형 주자다. 세계 유수의 교육 회사인 피어슨_{Pearson} (2016년 IBM과 주요 파트너십을 맺었다)은 '디지털의 바다'를 만들 계획을 갖고 있다. 에듀테크가 가능한 교실은 교육 데이터를 계속 얻을 수 있는 무한한 공간이라는 뜻이다.[57] 세계의 에듀테크 시장 가치는 2021년 2천 5백억 달러 이상이었고, 2027년까지 최소 두 배가 될 것으로 예측된다.[58]

그 가치의 중심에 데이터가 있다. 데이터는 새로운 대규모 AI 서비스와 함께 원활히 작동된다. 피어슨의 CEO 앤디 버드_{Andy Bird}는 ChatGPT가 위협적이냐는 질문에 이렇게 대답했다. "우리는 대단히 순수하고 풍부한 데이터의 주인입니다. 그것들을 생성형 AI 모델에 입력하면 더 나은 결과를 얻을 것입니다."[59] ChatGPT는 피어슨 같은 대형 에듀테크 업체를 압도하는 것은 물론 축적된 데이터로 훨씬 높은 가치를 창출하게 해준다.

현재 이에 대한 정부의 규제는 없다시피 하다. 실제로 여러 나라에서 교육 데이터 분야는 정부의 지원을 받아 성장하고 있다. 브라질과 나이지리아는 정부 지원으로 에듀테크 분야가 전국적으로 성장 중인 예다.[60] 코로나19 팬데믹이 성장을 이끌었다. 예를 들어 대한민국에서는 팬데믹이 시작되자 모든 수업을 온라인으로 진행했다. EBS가 주도했지만, EBS는 오라클의 블루카이_{BlueKai} 같은 상업용 데이터 추출

업체와 거래했다.[61]

　실제로 에듀테크 확장의 기반은 여러 정부의 기금을 받는 다국적 단체들이 열었고, 그들이 비즈니스 가치에 비판적이었다면 좋았을 것이다. 하지만 세계은행과 유엔부터 그 아래까지 다국적 단체들은 전 세계에서 진행되는 데이터 수탈의 치어리더가 된 것 같다.

　2019년 유네스코 사무총장 오드레 아줄레Audrey Azoulay는 "AI가 교육을 대대적으로 혁신할 것이다"라고 주장했다. 같은 해 유네스코가 낸 보고서에서는 학생들이 AI로 꽉 찬 미래에서 잘 자라나도록 대비하는 법에 대해 다루었다. 이것은 AI를 무조건 긍정적으로 보는 미사여구다. 유럽연합의 AI 상위 전문가 집단은 "AI는 인간의 번영을 증진시킬 유망한 수단이므로, 진보와 혁신을 가져올 뿐 아니라 개인과 사회의 행복과 공동의 선을 진작시킨다"라고 발표했다.[62] 하지만 그것은 AI가 어떻게 실행되느냐에 달려 있지 않을까? AI가 사용자의 통제하에 있다면 괜찮겠지만, 데이터 식민지의 지배를 받는다면 그 영향력은 완전히 달라진다.

　빅테크가 정부들, 특히 교육 예산이 많지 않은 정부들과 거래를 도모하면서, 교육 분야의 공공-민간 데이터 파트너십은 기본이 되고 있다. 마이크로소프트의 '4아프리카4Afrika'는 그런 민관 파트너십의 한 예다. 구글 클라우드 역시 아프리카 8개국에서 고등교육을 지원한다. 한편 페이스북도 최근에 아프리카를 목표로 '사비Sabee'라는 교육용 앱을 개발했다.

　교육에서 상업적 가치를 막을 수단이 부족하다는 점은 2021년 마이크로소프트의 교육 부서에서 발표한 보고서 〈새로운 교육 배경의 이해 Understanding the New Learning Landscape 〉에 잘 드러난다.

   'AI를 이용하는 소매점들은, 상품을 다른 진열대로 옮겼을 때의 반응을 보고 24시간 내에 구매 행동에 미친 효과를 알 수 있다. 교육 시스템도 학생의 복지와 교육 정책, 도구, 프로그램의 변화에 미친 효과를 반드시 빠르게 알아야 한다.'⁶³

   이것은 피어슨의 '디지털의 바다' 개념과 비슷해 보인다. 하지만 소매점의 비유에서 가장 중요한 질문이 생긴다. 교육에 필요한 요소도 감자칩을 다른 진열대로 옮겼을 때의 판매량 상승처럼 쉽게 측정될 수 있을까? 그렇지 않다면? 교사, 학부모, 학생들이 데이터 식민지라는 불균형한 권력관계에 지속적으로 노출되면 어떤 일이 벌어질까?
   최근 영국의 '디지털 미래 위원회'와 '5원칙 재단'이 발표한 중요한 보고서가 경종을 울렸다. 위원회는 에듀테크 플랫폼의 선두주자인 구글 에듀케이션과 영국 학교에서 주로 사용되는(2021년 영국에서 총 2백만 회 이상 다운로드되었다) 클래스도조 ClassDojo 의 데이터 정책을 검토했다.
   외교적인 언어로 구사된 보고서를 살짝 번역하면 네 가지 문제가 명확히 부각된다. 불투명성: 이 플랫폼들이 수집한 데이터로 무엇을 하는지 알기가 무척 어렵다. 확장주의: 플랫폼들은 학교와 가정의 데이터, 핵심과 부가 서비스의 경계를 계속 흐려지게 만든다. 무책임: 플랫폼들은 거대 권력을 갖고 있지만 학교, 부모, 학생들에 대한 책임은 아직 불분명하다. 불확실한 준수: 플랫폼들이 너무 불투명해서 데이터 관련 법규를 준수하는지 파악되지 않는다(예를 들면 이미 네덜란드에서 이와 관련된 법적 문제가 제기되었다).[64] 구글 클래스룸이나 클래스도조를 활용하는 어느 학교에서도 교사들이 이런 논의를 할 기회가 없는 듯하다. 학교나 결정권이 있는 윗선이 구글 클래스룸이나 클래스도조와 계약을 협의하는 상황에서 교사들이 무슨 수로 끼어들 수 있을까? 학부모들은 자녀를 학교에서 데리고 나올 각오가 없다면 말을 못 한다. 짐작하다시피 수집되고 저장되는 데이터의 주인인 학생들의 목소리는 어디에도 없다.[65]

디지털 미래 위원회의 조사가 진행된 시기, 국제인권감시기구 Human Rights Watch는 9개국 163개 에듀테크 플랫폼들을 평가했다. 팬데믹 동안 정부 지원을 받은 에듀테크의 경우, 브라질 같은 주요 시장을 포함해 제삼자의 동의 없이 데이터가 양도될 위험성이 두 배에 달했다.[66]

한편 디지털 교실에서는 교육에 대한 연구가 빠르게 진행되고 있다. 시선 추적도 그중 한 영역이다. 연구자들의 표현으로 '확장 가능한 시선 인식 시스템'을 구축할 목적이다.[67] 그런 시스템들은 특이하게 이동하는 시선에 주목한다. 시선의 움직임은 마음의 움직임의 증거다. 임상 연구자들은 그것이 내면의 생각과 관련이 있기 때문에 두려워한다.

어쩌면 학생의 시선 이동을 통제하기 위한 행동 관리가 각광받는 것도 우연은 아니다. 일부 영국 교사들은 정부의 지지를 받아 SLANT라는 접근법을 옹호한다. 머리글자가 의미하는 어휘로 모든 게 설명된다. Sit up(바르게 앉기), Listen(경청하기), Ask & answer(묻고 답하기),

No talking(잡담 금지), Track speaker(말하는 사람 찾기)이다.[68]

에듀테크의 성장 이전에 교실이 이상적인 공간이었다고 주장하는 사람은 없을 것이다. 교실은 예전부터 문제가 많았고, 저소득층 지역의 경우는 더 심했다. 하지만 우리가 말하려는 것은, 교실이 데이터 영토로 전환되면 이전의 권력을 제한하는 수단들이 많이 사라진다는 점이다. 교육이든 다른 목적이든 데이터 영역은, 대면 교사들은 모를 규모와 깊이로 작동하는 절대적인 규칙의 공간이다. 기술의 격차를 메워야하는 대규모 공동체의 통치자에게는 매력적일 것이다. 에듀테크 분야에서는 공격적인 마케팅과 지속적인 데이터 추출을 기반으로 제국들이 건설되고 있다. 인도의 학습 앱 바이주스Byju's 는 실리콘밸리(챈 저커버그 재단)와 중국(텐센트)의 기금을 포함, 10년 미만의 기간에 220억 달러 이상을 지원받았다.[69] 하지만 바이주스는 학교와 다른 교육기관에서 기업이 데이터를 추출하는 세계적인 현상의 한 예에 불과하다.[70]

개인 정보와 교육의 중요성을 강조하는 사람들은 데이터의 다다익선을 믿는 기업들에 맞춰 아이들의 삶을 감시하는 세상을 무척 두려워한다.[71] 우리는 교육 자체가 받는 장기적인 영향을 고려해야 한다. 교육은 점점 에듀테크의 평가를 받고 현금화하기 쉬운 기술들에 의해 이루어지게 될까?[72]

건강 데이터와
나

마이클의 사연에서 봤듯이 건강 데이터야말로 가장 사적인 데이터다. 부적절하게 이용되거나 어설프게 저장되면, 생사를 가를 수도 있고 적어도 큰 불편을 가져온다. 그래서 건강 데이터가 본인 동의 없이 돌아다니면 뉴스가 된다. 한 예로 알파벳의 자회사 딥마인드DeepMind는 영국의 '로열 프리 런던 NHS 재단 신탁'과 공동으로 환자 당사자들의 동의 없이 대규모의 환자 데이터세트에 접근한다.[73] 정신 건강과 관련된 데이터가 SNS 업체에 공유되는 경우는 더 나쁘다. 2023년 3월 미처 의식하지 못했지만 정신 건강 스타트업 '세레브럴Cerebral'에서 그런 일이 벌어졌다.[74]

따라서 여러 나라가 EU의 '일반 데이터 보호 규정GDPR' 같은 건강 데이터 특별 보호법을 제정한 것은 다행이다. 하지만 예컨대 개인의 유전자 같은 일부 건강 데이터는 워낙 민감해서, 저장과 접근을 특별히 규제해야 한다는 철학자들의 주장도 있다.[75] 논란의 여지가 많은 영역이어서, '23앤미23andMe' 같은 미국 유전자 추적 앱들은 개인 정보 보호가 부족하다고 비난받는다.[76] 성장 중인 정신 건강 데이터 업계도 같은 부담이 있다. 이 업계에서는 2020년 이후 80억 달러 이상의 자금을 유치했다.[77]

개인 유전자 데이터를 둘러싼 논란은 건강 데이터 수탈이라는 배경의 일부에 불과하다. 사회와 공동체가 질병을 막으려면 건강 데이터가 필요하다. 코로나19 팬데믹은 질병이 국경을 넘어 전파되고, 발병 지역이나 경로와 관련된 데이터는 치료법을 찾거나 치료약을 개발하는 데 큰 도움을 준다. 실제로 건강관리의 불평등함을 감안할 때, 익명으로 국내외 건강 데이터를 더 강력하게 수집해도 된다는 주장이 설득

력 있다.[78]

하지만 모든 것은 건강 데이터가 어떻게 수집되고 저장되어 이용되느냐, 또 누가 이용하느냐에 달려 있다. 건강 데이터가 민감한 사안임을 고려하면, 직접 치료받는 경우 외에는 익명성 보호 원칙이 지켜져야 하는 게 당연하다. 그런데 여타 분야에서 건강 데이터가 다른 요소와 결합되면서 익명성이 사라질까봐 전문가들은 걱정한다. 데이터를 수집하는 개인 기기들이 해킹에서 안전한가는 차후 문제다.[79]

과연 건강 데이터가 무엇이냐는 문제도 있다. 건강 데이터로 규제받지 않는 대규모 건강 관련 데이터로 넘어가면, 익명성의 문제에서 그치지 않는다. 건강 관련 데이터가 뭔지 정확히 알기 어려운 게 문제다. 건강 관련 데이터란 상업적 주체가 누군가의 건강과 관련되었다고 생각하는 모든 것이라고 정의할 수 있을 것이다. 하지만 그게 필요한 이유는 뭘까? 건강 보험을 제공하는 보험사는 가입자가 뭘 먹고 마시고 어떻게 운동하는지 알려고 할 것이다. 어쩌면 정신 건강과 거기에 영향을 줄 상황들(예를 들면 불행한 결혼 생활)과 관련된 데이터를 원할 수도 있다. 정신 건강 문제는 결국 신체 건강에 영향을 주기 때문이다. 또 정밀 의학의 범주에는 개인 유전자 데이터도 포함된다.[80] 데이터의 홍수가 따로 없다. 건강 IoT 시장의 가치는 2025년까지 최소 3천억 달러에 이른다는 전망도 있다.[81]

지난 10년 사이 건강 데이터와 건강 관련 데이터를 모두 수탈하는 거대 산업이 떠올랐지만, 법적 규제는 건강 데이터만 받는다. 무수한 앱 개발자들과 기기 공급자들은 스마트 기기들(가장 유명한 예로 핏빗과 애플 워치)을 통해 건강 관련 데이터를 추출하기 위해 경쟁한다. 이 확장은 선진국에 국한되지 않는다. 이제 인도는 스마트 워치의 세계 최대 시장이다.[82] 빅테크 기업들은 건강 분야로 옮겨가고 있으며 빅데이터, AI, 클라우드 컴퓨팅 자원에 투자한다. 아마존 헬스, 구글 헬스, 마이크로소프트 클라우드 포 헬스케어가 그런 분야다. 아마존은 미국 제일의 건강관리 업체 '원메디컬One Medical'의 매입가로 37억 달러를 제안했고, 덕분에 가치 기반 건강관리 시장의 강력한 주자가 되었다. 이 시장은 치료뿐만 아니라 환자의 건강과 관련해 업체들에게 이익을 안겨준다. 그런데 그 이익은 지속적인 데이터 추출 외에 어떻게 측정될까?

2019년 한 업체의 인수는 다른 두 세계의 통합으로 큰 관심을 끌었다. 구글이 핏빗을 21억 달러에 인수한 것이다. 구글은 왜 그런 고액을 지불했을까? 핏빗의 데이터 가치를 높게 매긴 것이었겠지만, 더 중요한 점은 핏빗이 건강 데이터 수집의 통로가 될 가능성을 기대했다는 게 경제와 테크 매체들의 예상이었다. 〈월스트리트 저널Wall Street Journal〉은 '핏빗은⋯ 중개인을 건너뛴다'라고 했다. 이제 의사나 병원은 필요 없다. 데이터는 핏빗을 통해 직접 건강 데이터 업체로 전달된다. 매수 기사에서 신문은 식민주의식 은유를 동원했다. '건강 서비스는 미개척지로 남아 있다.'[83]

교육 분야처럼 이것은 데이터만의 문제가 아니다. 건강 분야의 권력 변동과 관련된 문제들이다. 기업이 얻은 막대한 건강 데이터 영토에 접근할 수 있는 권력을 중심으로 건강 사업이 구성된다. 아마존, 애플, 구글 같은 빅테크 주자들의 목표는 바로 그 권력이다.[84]

하지만 보험사와 고용주 같은 제삼자들의 역할 때문에 권력 싸움이 복잡해진다. 앞서 언급한 마이클이 깨달았듯이 보험사들은 건강 관련 데이터에 무척 관심이 크다. 또 근로자들의 건강보험 비용을 지원하는 고용주들도(미국은 근무하는 회사에서 건강보험을 제공하는 경우가 많다: 옮긴이) 보험사와 마찬가지로 관심을 갖는다. 보험료를 줄여야 하기 때문이다. 그래서 고용주들은 보험사들이 계속 건강 데이터를 수집하도록 직원들이 스마트 밴드를 착용하기를 바란다(예를 들면 영국 보험사 '바이탈리티라이프VitalityLife'는 애플 워치에서 직접 데이터를 받는다). 이런 상업적인 압력은 건강 데이터의 익명성 보호라는 주요 원칙과 대립하는 관계에 있다. 또 개인 정보 보호를 위해 데이터 유출을 제한하는 원칙과도 충돌한다. 데이터로 수익을 얻는 업체들이 건강 산업에 많이 뛰어들수록 긴장은 더 커진다.

한편 건강 데이터를 보호받지 못하는 위험은 매우 불공평하게 분포되어 있다. 빈곤 취약층은 데이터를 보호할 법적 조치에 돈을 쓸 수가 없다. 세계적으로 개발도상국 국가들은 선진국의 빅테크와 협상할 때 건강 데이터가 마음대로 빠져나가도 제지하기 어렵다. 빅테크가 투자하는 건강 분야는 IT 인프라뿐만 아니라 건강관리까지 포함된다. 그 분야에서 기업은 예전에 건강 자원이 불공평하게 분배된 것에 대한 해답을 제시하기도 한다. 중국의 빅테크 플랫폼 텐센트를 보자. 이 회사는 정밀 의학의 기치하에 건강 분야에서 대형 주자로 발돋움 중이다. 텐센트는 AI 기반의 진단과 스마트 병원 프로그램을 통한 건강관리 지원 분야에서 성장하고 있다. 이 프로그램은 위챗이 주요 연결고리 역할을 한다.[85] 한편 팬데믹 기간에 중국 기업 BGI는 코로나19 검사 시약과 개인 맞춤형 약 분야에서 선두로 떠올랐다. 2022년 8월 틱톡의 모기업 바이트댄스ByteDance는 대형 민간병원 체인을 15억 달러에 매수했다.[86]

개인의 데이터 보호 요구와 공동의 이익을 위해 건강 데이터 공유라는 사회적 의무를 조율할 새 원칙이 필요하다. 최근 〈파이낸셜 타임스Financial Times〉와 〈랜싯Lancet (영국의 의학 저널: 옮긴이)〉의 후원으로 열린 '건강 미래 관리 위원회Commission on Governing Health Futures'에서는 이것을 '데이터 연대'라는 용어로 정리했다. 위원회는 '동시에 개인의 권리를 보호하고, 데이터로 공공 이익을 증진하고, 데이터 정의와 공정의 문화를 세우는 것'[87]으로 정의한다. 이 원칙을 건강 데이터 분야의 정책을 수립하는 국제 NGO들이나 정부들이 채택할지는 의심스럽다. 다행히 독일에서 Hippo AI 같은 혁신적인 사회 기구가 연대의 원칙하에 건강 데이터를 관리하는 모델을 개발 중이다.[88] 그 외에는 빅테크의 건강 데이터를 변경하는 식의 수탈을 막을 방법이 없다.

데이터 영토와
업무 환경의 변화

농업, 교육, 건강 분야에서 데이터 영토는 여전히 많은 이들의 삶과 무관해 보인다. 하지만 이 혁신과 관련된 이들은 현실에서 압박을 받는다. 데이터 식민주의의 혁신이 사람들에게 직접적인 영향을 주는 분야가 있다. 직장, 특히 지위가 낮은 근로자들의 직장이 그렇다.

직장은 데이터 식민주의의 한복판에서 똑같은 원리로 변하고 있다. 데이터가 계속 추출되고 수탈되는 새 영토가 생겨난다. 특히 디지털 플랫폼과 다양한 인터페이스는 저숙련 일자리를 관리자가 철저히 통제하는 데이터 영토로 탈바꿈시킨다. 그 결과 근로 방식 전체가 위협받는다.

자본가나 식민주의 고용주들이 피고용인의 모든 정보를 수탈하는 것은 새삼스럽지 않다. 칼 마르크스의 지적처럼 감시는 자본주의 경영의 기본 도구다.[89] 한편 부단한 감시와 인원수 확인은 자본주의 이전 노예 농장과 식민지 수탈 현장의 주요 특징이었다.[90] 그래서 법학자인 이

페오마 아준와Ifeoma Ajunwa가 말한 '수치화된 근로자'는 새로운 일이
아니다.[91] 하지만 계속 집중적으로 데이터 감시를 할 수 있는 데이터 식
민주의 때문에 상황이 더 악화될 수 있을지 물어본다면, 답은 '그렇다'
이다.

가장 단순한 사례를 보자. 직장 내에서 컴퓨터를 사용한다면 고용
주의 지속적인 감시에 노출될 수 있다. 고용주가 천 km쯤 떨어져 있든
같은 건물에 있든 상관없다. 테라마인드Teramind, 베리아토비전Veriato
Vision, 클레버컨트롤CleverControl 같은 '보스웨어bossware' 플랫폼들은
직원들을 탈출구 없는 데이터 영토에 가둔다. 직원이 입력하는 단어
를 일일이 추적하고, 특정 키워드(고용주가 사용 여부를 확인하고 싶어 하
는)를 찾는다. 간간이 데스크탑의 스크린샷을 찍고 영상 및 음성을 저
장하면서 직원을 감시하거나, 직원의 시간 낭비 여부를 확인하는 프로
그램을 모니터링한다. 이런 시스템은 직장 내 이메일과 채팅 메시지도
모니터링할 수 있다. 코로나19 팬데믹은 이런 기술들의 사용을 부추겼
다. 한 조사를 보면 2021년 미국 고용주의 60%가 보스웨어를 사용하
고 있었다(마케팅과 IT 분야는 더 큰 숫자일 것이다). 다른 조사는 2025년까
지 미국 대기업의 70%가 보스웨어를 사용하리라 추정한다.[92]

하지만 컴퓨터 기반의 감시는 더 교묘하게 실행된다는 걸 알아두
자. 청소 노동자나 가정부처럼 불안정한 저임금 근로자들은 주로 여성
이다. 이들은 문자메시지나 왓츠앱으로 다음 일거리를 구한다. 스마트
폰이 통신망이나 와이파이Wi-Fi에 연결되어야 일자리를 얻을 수 있다
(통화가 안 되는 경우가 많으면 구직 플랫폼이 인식해 일을 소개해주지 않는 결

과가 생길 수도 있다).[93]

　오늘날 많은 저임금 일자리가 데이터 영토에서 생겨난다. 여기서 발생한 데이터 기반의 감시가 더 문제가 되었다. 데이터 식민지의 권력과 거리가 먼 나라들에서 지난 40년간 일자리의 격변이 일어났기 때문이다. 생산 및 공급 과정이 길어지고 대기업들이 직접 고용의 책임을 줄이려 하면서, 경영 전문가들은 '균열 일터(비용 절감을 위한 아웃소싱 등으로 업무가 분산되는 노동 시장: 옮긴이)'를 언급한다. 짐작하듯 저임금 업무를 개발도상국 업체들에게 넘기는 관행은 과거 식민주의의 유산이다.[94] 일자리 공급망의 아래층에 불안정한 환경에서 일하는 근로자가 많아진다. 이런 환경에서 일자리 공급을 보장한다는 것은, 중소기업이 품질, 시간 등에서 특정 기준을 준수해야 한다는 뜻이다. 그런 기준을 누가 정할까? 짐작되고도 남는다. 애플, 월마트, 테스코 같은 공급망의 꼭대기의 있는 대기업이다. 그러면 그 기준은 어떻게 모니터링될까? 공급망의 위아래에서 나오는 데이터가 기준이 된다. 여기서 물류 분야가 나온다. 주로 SNS에 집중되는 빅테크의 감시를 논할 때 자주 무시되는 분야다.

　물류를 배송하는 창고들이 좋은 예다. 누구나 아마존 택배가 제시간에 도착하기 바라지만, '배송 추적'을 클릭하면서 계속 추적당하는 근로자들에 대해서는 얼마나 생각할까? 여기서 데이터 추출의 주체는 우리가 접속하는 플랫폼이 아니라 기업 IT 시스템이다. 물류 창고에서 상황과 작업자들의 움직임을 모니터링하는 시스템은 특이하게 개입할 수 있다. '보이스 피킹voice picking(음성을 통해 원격으로 업무를 지시하는 방식)'은 GPS를 이용해 인체나 제품의 위치를 판독해서 작업자의 활동과 상황을 모니터링하는 과정이다. 10년 전 영국의 GMB 유니온GMB Union 은 이 시스템을 근로자의 건강에 위험을 끼치는 요소로 주시했다. 제한 없는 강력한 감시가 근로자들을 몰아붙여 사고와 부상이 증가하는 결과가 나왔기 때문이다.[95] 인체 데이터 수집은 그렇다 쳐도, 덜 거슬려 보이는 워크플로우 시스템용 스캔 업무 방식도 가차 없이 사용된다. 영국 아마존의 코벤트리 창고에서 일하는 가필드 하일톤Garfield Hylton 은 말했다. "'스캐닝 준수'라고 합니다. 신속하게 계속 물건의 바코드를 스캔하고 있다는 것을 보여줘야 하기 때문에 1분에 하나씩 스캔해야 하죠." 안 그러면 노트북으로 지켜보고 있던 매니저가 와서 지적을 한다고 말했다.[96] 하지만 모니터링하는 감시 시스템이 오판을 해도 근로자들은 보상을 받지 못한다. 노동조합이 특히 걱정하는 부분이다.[97]

인체 데이터를 수집하더라도 추적기를 인체에 부착할 필요는 없다. 작업자가 다루는 기계나 차량에 장착하기만 하면 충분하다. 운행 과정을 기록하여 사주에게 보고하는 기기를 트럭 운전석에 장착하면서 트럭 운전 방식이 완전히 달라졌다. 이제 미국의 모든 트럭에 전자 운행 기록계ELD 장착은 필수다. 트럭에 이런 기기를 설치하는 것만으로도 권력관계에 큰 변화가 생긴다. 미국 사회학자 카렌 레비Karen Levy 의 지적처럼, 지금까지 트럭 기사는 도로를 주행하면서 겪은 경험담을 늘어놓는 이야기꾼이었지만 이제는 회사 데이터베이스의 정보원 신세가 되었다.[98] 이것은 운전자의 자존감에 큰 영향을 미쳤다. 정기적으로 상담을 받는 한 운전자는 이렇게 표현했다. "어린애 취급을 당하면서 일하지요. 언제 자고 깰지 스스로 판단 못하는 아이 말입니다."[99]

레비의 보고서에 따르면, 트럭 업체들은 트럭에 장착한 기기 말고도 다른 곳에서 데이터를 얻는다. 운전자의 SNS를 모니터링하는 것이다. 결국 SNS는 사측에 운전자의 고용 적합성이나 지속적인 건강 상태를 확인할 수 있는 증거를 제공한다.[100] 그 과정에서 근로자의 업무와 사생활의 경계는 무시된다. 하지만 직장 기반의 데이터 영토에서 생겨나는 새로운 규칙은 훨씬 극적인 영향을 미칠 수 있다. 직장 환경 전체를 변화시킬 수도 있고, 전에는 불가능했던 새 형태의 일자리를 만들 수도 있다. 모든 것이 데이터의 흐름을 통해 일어난다.

데이터 영토로서 긱 경제

이제 '긱gig(임시 계약: 옮긴이) 경제'를 살펴보자. 아마존 터크Turk, 리모태스크RemoTasks, 업워크Upwork 같은 온라인 업무 플랫폼들, 우버와 디디DiDi(중국) 같은 운전자 플랫폼들, 딜리버루Deliveroo(영국)와 메이퇀美团(중국) 같은 음식 배달 플랫폼들이 있다. 상위 빅테크 업체들은 구글의 레이터헙Raterhub, 마이크로소프트의 UHRS 같은 자체 플랫폼을 두기도 한다. 이런 서비스의 정확한 명칭은 주문형 업무일 것이다. 이런 방식으로 일하는 근로자의 비율은 10% 이하로 상대적으로 낮다. 적어도 미국과 영국(곧 미국 노동 인력의 절반이 프리랜서라는 추산도 있다) 같은 부유한 국가에서는 그런 양상이다.[101] 서구 이외 지역에서는 믿을 만한 수치를 얻기 어렵다. 하지만 비율이 급속히 증가하는 추세다. 주문형 업무 경제에서 플랫폼들은 업무와 작업을 배분하고 모니터링한다. 그 결과 플랫폼들은 비즈니스 구역 전체를 바꾸거나 새로운 구역을 만든다. 인도의 디지털 인권 운동가 아니타 구루무르티Anita Gurumurthy와 난디니 샤미 Nandini Chami의 표현대로, 플랫폼들은 시장을 지배할 뿐만 아니라 그들이 시장이 된다.[102]

긱 앱들은 플랫폼들이 사회에 이익을 준다고 말한다. 예를 들어 운송과 자동차 공유 플랫폼들은, 운전자의 임금을 올려주고 차량을 운행하면서 발생하는 환경 문제를 줄여준다고 주장한다. 사실은 그 반대라는 증거가 있다.[103] 한편 관리자들에게 긱 플랫폼의 진짜 장점은 균열 일터에서 전통적인 구인 방식을 무너뜨린 것이다. 긴 공급망에서 고용주의 역할이 점점 분화될 뿐만 아니라, 빅테크 플랫폼에서 공급망 하단의 중소 업체까지 모든 업체가 회사 내에서 처리하지 못하는 업무를 아웃소싱한다. 전 세계의 주문형 근로자들을 업무별로 고용하면 된다. 그런 근로자들은 엠터크Mturk, 클라우드팩토리Cloudfactory, 크라우드플라워CrowdFlower, 리드지니어스LeadGenius 같은 플랫폼을 통해 구할 수 있다. 이런 플랫폼들은 업체가 대규모 인적 자원에 접근할 수 있게 해준다. 개발도상국(예를 들어 콜롬비아, 인도, 필리핀)에서 까다로운 과제를 정해진 시간에 정해진 기준에 맞춰 수행해야 하는 근로자를 구할 때도 많다. 그런 지역에서 우버 기사들은 외모가 변하면 시스템의 질문을 받고, 사진이 들어간 신분증을 증빙해야 한다. 또 그런 지역에서 업체는 소소한 금융 데이터도 제공받아 심사를 한다. 주문형 플랫폼들은 블루칼라와 화이트칼라를 망라한 광범위한 업무를 취급한다.[104]

그런 일의 기본 특징은 앞서 설명한 데이터 영토의 특성을 답습한다. 관리자는 늘 상당한 권력을 누리고 때론 폭군 같을 때도 있지만, 주문형 업무 플랫폼은 그저 모든 상황을 기록하기만 한다. 플랫폼의 소유주는 원하는 방식으로 규칙을 바꿀 수도 있다. 근로자의 플랫폼 접근 금지나 일방적인 임금 삭감이 거기에 포함된다.[105]

플랫폼에서 누군가의 노동을 막으려면 데이터베이스에서 글자와 숫자 몇 개만 바꾸면 된다. 주문형 플랫폼의 근로자들은 이름과 얼굴이 아닌 글자와 숫자로만 등록되기 때문에,[106] 그건 합법일 가능성이 크다. 우버 같은 플랫폼들은 오랫동안 데이터베이스만 관리한다고 주장할 뿐 직원 고용에 대해서는 부인해왔기 때문이다. 다행히 여러 나라에서 법원이 그 주장을 인정하지 않기 시작했다. 직원을 고용한 적 없다는 우버의 주장은 영국 같은 국가들에서 뒤집혔다. 미국에서도 그런 방향으로 옮겨가는 중이다.[107] 하지만 그게 데이터 영토에서 권력관계의 형태를 바꾸지는 않는다. 쇼핑 앱에 대한 한 연구에서 저자들은 이것을 '알고리즘 폭정'이라 부른다.[108]

전 세계 근로자 수억 명은 그런 불균형한 권력관계에서 일한다. 투명하지 않은 시스템 때문에 겉으로 드러나지 않는 근로자들은 존엄성을 누리지 못한다. 긱 플랫폼들이 재빨리 업무를 수락하는(그만큼 사정이 급하다는 증거로 보기에) 근로자의 임금을 낮추고, 천천히 수락하는(사정이 덜 급하니 유도할 필요가 있기에) 근로자의 임금을 올린다면, 어떤 식으로 기획되는지 알 수 있을 것이다. 가장 경제적으로 취약한 이들에게 손해를 입혀 이윤을 극대화하는 방식이다.[109] 그 결과 사회적 지위가 낮은 근로자들은 더욱 소외된다.

플랫폼들이 만든 일의 '잔인한 알고리즘'이 점점 드러난다. 그 일을 만드는 것은 근로자의 현실과 동떨어진 먼 곳에서, 인간의 개입 없이 작용하는 플랫폼이다.[110] 이제까지 이것이 근로자의 삶에 미치는 양상은 중국이나 다른 나라의 논문과 언론에서 다루었다. 하지만 영국의 영화감독 켄 로치 Ken Loach 는 〈미안해요, 리키 Sorry We Missed You〉로 침묵에 가까운 상황의 드문 예외를 보여 준다. 영화는 운전자 리키의 이야기를 들려준다. 그는 배송회사의 안정된 자리를 포기하고 배송 플랫폼에서 일한다. 일자리는 불안정하고, 데이터 기반 업무는 가족과 정신 건강에 한없는 혼란을 일으킨다. 그 결과는 신경쇠약이다. 자동화된 착취라는 폭력이 개인의 삶의 방식을 통째로 망가뜨린다.

긱 경제는 선진국과 개발도상국 모두 공평하게 분배되지 않는다. 적어도 미국에서는 과거 식민주의의 피해 집단(소수 인종과 이민자들을 포함해)이 '유령 노동자들(긱 근로자들은 그렇게 불리기도 한다)'로 변하는 경향이 크다.[111] 따라서 긱 경제의 상세한 실상은 상당히 식민주의적이다. 하지만 전반적인 구조도 마찬가지다. 지역에서 자원을 관리하는 방식(물론 착취하지만 적어도 지역적으로 협상해볼 수는 있다) 대신 대규모 글로벌 관리 체계가 들어선다. 이 체계의 중심에 절대적인 통제하의 데이터 영토라는 새로운 현실이 있다.

세계적인 불평등이
재현되다

한 가지는 매우 명확하다. 옛 식민주의 체제의 불평등이 계속 살아남아 있다는 점이다. 세계 최대 플랫폼들과 클라우드 서비스 업체들의 지형에서, 혹은 인터넷 접속 시 신호가 전송되는 해저 케이블의 소유권에서 그 양상이 보인다.[112] 혹은 선진국에 기반한 빅테크 기업들이 개발도상국 정부의 특혜를 받는 정치적 관계에서, 오늘날 선진국의 데이터 추출 약관을 개발도상국에게도 부과하는 데에서 그렇다.[113] 식민주의 지형에서 중국은 신생 주자지만, 세계에서 가장 오래된 제국인 중국은 빅데이터 시대에 서구 못지않게 식민주의 방식으로 대처한다.

결과적으로 데이터 식민주의는 전 세계의 과거 식민지 후손들에게 최악의 영향을 주어 가장 고통받게 한다. 과거 식민주의와 데이터 식민주의 영향력의 교차점은 추적하기 어렵다.

현대의 데이터 식민주의와 과거의 역사적 식민주의라는 두 강이 평행으로 흐르는 것 같다. 지금 우리는 두 강의 흐름을 추적해서, 세월

이 지나면 어떻게 합류하는지 봐야 한다. 하지만 더 주시해야 할 점은 새로운 강의 유입이다. 결국 그게 더 중요해져서가 아니라(누가 알까?) 그것이 지금 당장 식민 역사의 흐름을 강화하기 때문이다.

DATA GRAB

3장

데 이 터 의

새 로 운

문명화 임무

"면접이 잘 진행됐다고 생각했기에 더 당혹스러워요." 안젤라가 마닐라의 집에서 말했다.

애틀란타의 사무실에서 필이 대답했다. "그랬을 거예요. 그런데 그 말이 사실이라 해도, 매니저가 안젤라를 고용하는 걸 AI 시스템이 막았을 거예요."

안젤라는 합격을 확신했기에, 자동화 프로그램 같은 메시지로 불합격 통보를 받자 필에게 전화해 하소연했다. 필은 그녀의 사촌과 결혼한 사이로 미국에서 살았고, 인사 관리팀에서 오래 일한 경험이 있었다.

안젤라의 경력 부족이 이유는 아닌 듯했다. 그녀는 전 직장에서 SNS 플랫폼에 올라온 필리핀어와 영어로 된 악성 게시물을 데이터에 표시하는 업무를 했다. 쓰레기 같은 글을 읽어야 해서 스트레스가 많았다. 그다지 높은 임금은 아니었지만, 적어도 재택근무가 허용되었다. 그러다 회사에서 AI 시스템을 도입해 필리핀어로 된 악성 게시물을 찾을 수 있게 되면서, 그녀의 능력이 필요 없어졌다. 그녀는 시스템이 언어의 뉘앙스를 파악할 만큼 뛰어나지 않다고 상사를 설득해봤지만, 회사는 비용을 삭감해야 했다. 그래서 그녀는 일자리를 잃었다. 이제 그녀는 다른 회사들의 비슷한 채팅 욕설 관리 업무에 지원하는 중이었다.

"이해가 안 돼요. 면접한 매니저는 제가 무척 마음에 드는 눈치였거든요. 그가 알고리즘을 못 이기나요?" 안젤라가 필에게 물었다.

"이런 내용을 안젤라와 이야기하면 안 될 거예요. 우리 회사는 직원이 이런 세부 사항을 언급하는 걸 꺼려서요. 하지만 안젤라가 면접한 회사도 우리 하이어플러스 AI와 비슷한 시스템을 쓸 거예요.”

“그러니까 AI가 저를 싫어했다는 말인가요?”

“그런 것 같네요. 하이어플러스 AI 시스템은 지원 서류들을 읽고 면접 영상을 보면서, 지원자의 표정이나 사용한 어휘 등을 분석해요. 무척 공정할 거예요. 편견을 가진 인간이 판단하는 것보다 낫지요, 정말이에요.”[1]

“하지만 제 자격 요건과 증빙 자료가 뛰어난데요. 면접 중에도 무척 긍정적인 태도를 취하려 애썼고요.” 안젤라가 토로했다.

“그럼요, 그랬겠지요. 면접은 잘했을 거예요. 안젤라는 발표 능력은 좋으니까, 검사지 답변이 문제였을 거예요.”

“면접 전에 답한 질문들이요? 아주 이상하더라고요. 어떤 사람의 눈 사진을 제시하고는 그가 화나 보이는지 다혈질인지 판단하래요.”

필이 대답했다. “성격 검사예요. 지원자가 어떤 부류의 직원이 될지 평가하는 검사지요. 채용 담당 매니저가 받는 점수표에는 내성적-외향적, 완고한-유연한, 수동적-공격적 등의 항목에서 지원자가 어디에 해당하는지 나와요. 어떻게 점수로 환산하는지는 하이어플러스만 알지만, AI가 최종 추천을 하는 거죠. 인사팀이 동의하지 않아도 손쓸도리가 없어요.”

“너무 불공평해 보여요.”

“그럴지도 모르죠. 하지만 훨씬 효율적이에요. 제가 어떤 회의에 참석했는데, 최근에 AI가 노조를 결성하거나 급여 인상을 요구할 것 같은 직원들을 가려냈다고 하더라고요. 알다시피 현재 미국 기업들은 노조가 골칫거리거든요." 필이 말했다.

"최종 결정은 사람이 내려야 맞는 것 같아요." 안젤라가 너무 풀죽은 인상을 주지 않으려 애쓰며 말했다.

"저도 반대하진 않지만, 그게 요즘 세상이 돌아가는 방식인걸요. 거기 적응할 수밖에 없어요. 게다가 AI 시스템 덕에 회사는 전에는 면접할 기회가 없던 지원자들을 많이 만나게 됐어요. 그건 좋은 일이잖아요?"

"그야 그렇죠." 안젤라가 힘없이 대답했다.

필이 말했다. "제가 해주고 싶은 조언은, 다음에 면접 전에 성격 검사를 받을 때는 AI가 인정할 답을 하려고 애써봐요. 진짜 감정대로 대답할 필요 없어요. 아무튼 이제 가봐야겠네요, 안젤라. 행운을 빌어요. 계속 연락하고요, 알았지요? 운 좋은 회사가 안젤라를 고용할 거예요." 그 말과 함께 필이 통화를 끊었다. 안젤라는 텅 빈 화면을 멍하니 쳐다보았다.

벌거벗은 임금님의
'문명화'라는 새 옷

안젤라와 필의 이야기는, 데이터 수탈이 삶을 지배하는 권력관계를 극적으로 악화시키는 양상을 보여 준다. 하지만 흔히 듣는 데이터 상황에 대한 설명이나 합리화하는 말은, 한결 느긋하고 희망적으로까지 느껴진다. 필은 AI 기반의 고용이 편리하다고 말한다. 직접 면접할 수 있는 인원보다 훨씬 많은 구직자들과 연결하는 능력, AI의 인간을 능가하는 판단력도 지적한다. 이 장에서 그런 문명화에 대한 주장들을 더 상세히 펼쳐보겠다.

옛 문명화의 논리와 새 문명화의 논리는 전반적으로 비슷하고, 그 유사성은 식민 역사의 렌즈로만 명확히 보인다. 식민 역사에서 토지 수탈은 대중의 현실과 동떨어진 논리들로 합리화된다. 첫째, 기독교를 전파하려는 전도 목적이다. 식민자들의 무자비한 폭력은 이 개념과 배치된다는 사람들도 있었다. 둘째, 유럽이 인종적으로 우월하고 특히 지식과 과학이 뛰어나다는 개념이다. 셋째, 식민자들의 우월한 경제 능력과 합리성(특히 영국인들은 합리적이어서, 교황이 기독교 전파를 위해 토지 장악권을 가진다는 논리를 수용하지 않았다)이다. 그런 다음 세 가지를 교묘히 섞기도 한다. 서구의 '명백한 숙명', '백인의 부담', 군사적 정복, 사회경제와 문화의 변화로 세계를 바꾸는 유럽의 '문명화 임무' 같은 논리들이 그렇다. 이런 논리들은 토지 수탈을 통한 전 세계 권력관계의 새 변혁을 정당화하는 데 차츰 성공했다. 공정하게 말하면, 초기에는 식민자들 사이에서도 새로 발견한 부가 정당한가에 대해 논란이 있었다. 하지만 식민주의에는 큰 영향을 주지 않았고, 합리화를 위해 더 세련된 명분을 지어냈다.[2]

오늘날의 데이터 수탈은 시작 단계이고, 합법화하기 위해 둘러대는 핑계도 점점 발전할 것이다. 하지만 이미 명확한 형태들이 있다. 아니, 빅데이터와 AI 지지자들은 인류를 문명화하고 싶다고 말하지 않는다. 적어도 그런 용어로 표현하지 않는다. 이렇게 의심하는 이유는 식민 역사 자체 때문이다. 과거 식민주의의 정치 구조(예를 들면 인도에서 영국 제국, 동남아에서 프랑스 제국)를 붕괴시킨 저항기 때 문명화의 논리는 의심을 샀다. 간디는 서구 문명화에 대해 어떻게 생각하느냐는 질문에 아마도 "좋은 아이디어겠지요"라고 대답했다.

그러니 의심스런 문명화의 논리들을 대신할 적어도 새로워 보이는 논리들이 필요하다. 대규모 데이터 추출을 옹호하는 사람들은 다른 언어를 동원해서, 반대하기 힘든 목표를 선포한다. 그리고 업체나 정부라는 특별히 실질적인 권력이 목표를 실행한다고 주장한다. 다양한 조직에서 '공익을 위한 AI'의 개념을 말한다. '제 2의 기계 시대'니 '제4

의 산업혁명'이니 하는 역사 발전을 암시하는 명분들은, 역사가 늘 한 방향으로 움직인다고 가정한다면 이의를 제기하기 어렵다.[3] 그 개념과 현대화를 서구가 이끈다는 인식은 1장에서 봤듯이 과거 식민주의의 유산이다.

하지만 데이터 수탈이 내세우는 다른 문명화의 논리는 얼핏 식민 역사와 무관해 보인다. 편의성에 대한 논리와 연결, 즉 기술로 사람들과 사물들을 연결하는 가치에 대한 논리가 있다. 둘 다 설득력 있어 보이지만, 더 확장된 데이터 수탈의 현실을 위장한 것뿐이다. 또 사람들을 연결한다는 부분은 극심한 부작용을 숨긴다.

세부적으로 파헤치면 식민 역사의 울림이 또렷해진다. 마크 주커버그Mark Zuckerberg 같은 인물이 홍보하는 연결이라는 임무는 과거 식민자들의 선교 임무를 연상시킨다. 하지만 이 장의 마지막 부분에서 보겠지만, 빅데이터나 AI와 관련된 언어는 식민주의 과학의 목적을 계속 드러낸다.

가장 요란하게 포장된 변명은 문명화의 사명감을 표현해, 마치 데이터 수탈이 인심 좋은 식민자의 책임인 양 보이게 한다. 그런 대단한 변명은 파헤치기가 어렵고 너무 매력적이어서 논란의 대상이 되지 않는다. 하지만 그런 변명은 데이터 추출의 야심찬 논리적 근거를 보여준다. 또 세계에서 데이터 식민주의가 권력으로 작용하는 데 중요한 역할을 담당한다.

이 과정은 안젤라의 사연에서 식민주의가 계속된다는 증거로 작용한다. 현대 역사에서도 필리핀의 경제는 미국 기업들에게 의존하는 것이 현실이다. 이제 AI 같은 도구들이 데이터 기반의 경제를 통해 삶과 일을 관리할 강력한 방법을 지원한다. 그런 통제는 전 세계에서 일어나지만 여전히 선진국 기업들이 주도한다.

안젤라는 폭력적인 콘텐츠에 노출되는 불안정한 일을 하면서 적은 임금을 받는다. 그 일을 하다가 해고되면 구직하려 면접을 보기 시작한다. 거기서 AI 프로그램의 평가를 받는다. 그런데 AI는 안젤라 같은 사람들에게서 추출된 데이터로 학습한 시스템이다. 물론 여전히 그 과정에서 사람이 개입한다. 하지만 점점 사람은 부차적인 역할로 물러나고 블랙박스(기능은 알지만 내부 구조를 모르는 전자 장치: 옮긴이)의 추천을 수용한다. 필은 그 시스템을 의심 없이 받아들이고 안젤라는 그 시스템에 맞서지 못한다. 이 대대적인 변환은 오랜 식민주의의 불평등이 지속되는 양상을 보여 준다. 그뿐 아니라 어디서나 데이터 수탈을 정당화하는 새로운 문명화의 논리가 내놓는 증거이기도 하다.

데이터를 다루는 문명화의 논리들은 벌거벗은 임금님이 입은 투명한 옷의 다른 형태이다. 속 빈 강정이지만 현실에서는 놀랍도록 효과적이다.

문명화의 논리 1
:데이터를 주면 편해질 수 있어

빅데이터를 다루는 문명화의 논리에서 처음이자 가장 흔한 형태는 편리함의 추구이다. 어떤 삶의 방식과 관심사들을 유지하기 위해 요구되는 욕구들 사이에서 사회적으로 일어난 흥정이 편리성이다. 우리는 어떤 종류의 흥정을 해야 할까?

더 스마트한
생활?

우리는 원하거나 필요한 서비스를 받는 대신 데이터를 양도하라는 얘기를 자주 듣는다. 하지만 이 흥정에는 이상한 점이 있다. 내 데이터는 대형 플랫폼에 유입되는 수십억 개의 데이터 중 하나로, 필요하지만 그 자체로는 가치가 없다. 그러다 다른 이들의 데이터가 더해지면, 모든 데이터들 사이에서 연관성이 나타나기 시작한다. 이것은 우리가 하는 진짜 흥정과는 많이 다르다. 개인적인 흥정이 아니라 사회적인 흥정이다.[4] 사회의 구성원인 우리는 물을 자격이 있다. 모두가 그 체계로 들어가는 것은 좋은 흥정인가? 사회적인 차원에서 정말 좋은 흥정인가?

확실히 현대인의 삶은 더 복잡해졌다. 생활, 일, 공부를 위해 온라인과 현장을 누비고, 흩어져 사는 가족 친지들과 연락을 유지하려 애쓴다. 현대인이 살아가는 삶의 속도가 지난 20년 사이 빨라진 게 사실이다.[5] 그렇다면 SNS 플랫폼들이 제공하는 수많은 지름길은 무거워지는 압박감을 더는 데 도움이 된다. 왓츠앱이 클릭 한두 번으로 사진을 가족이나 멀리 사는 지인들과 공유하게 해주는 편리성을 생각해보자. 또한 바쁜 어머니는 페이스북 덕분에 자녀의 생일파티를 편지나 통화 없이 단번에 공지할 수 있다. 혹은 디지털 개인 비서(또는 스마트 스피커)는 다른 일을 하면서도 현관문을 열거나 전등을 켜 준다.

이런 압박감과 일부 유용한 해답이 있는 현실을 부정하진 않는다. 하지만 2장에서 밝힌 거대한 데이터 추출의 문제점을 고려하면, 해답이 개인적 편의성에 비해 사회적 규모일 때 드는 비용에 의문을 가질 만하다. 네 가지 유형의 비용을 따져봐야 한다.

첫째, 농사, 건강, 교육, 직장과 가정생활 같은 분야에서 대대적인 데이터 영토의 확장이 낳는 불공평한 권력관계라는 비용이 발생한다. 살펴봤듯이 데이터 관계는 늘 불균형해서, 플랫폼과 기업에게는 이용자를 추적할 권한을 부여하지만 그 반대는 허용하지 않는다.

둘째, 사회 시스템들의 데이터 수집으로 인해 더 크고 심각한 해가 될 수도 있는 비용이 발생한다. 2장에서 봤듯이 자동차 보험을 가입할 때 보험사는 공개된 통계 자료와 운전자가 제공하는 데이터만 획득하는 게 아니다. 운전할 때 모니터링되는 데이터가 보험사에 계속 유입된다. 보험료가 저렴하다는 장점이 있다면 그 보험에 많이 가입하겠지만, 다른 사람들처럼 가끔 운전하면서 사고를 낸다면 생각보다 큰 장점이 되지 않을 수도 있다. 아무튼 장기적으로 편의의 수혜자는 보험사다. 보험사가 부담하는 위험성의 본질을 데이터가 완전히 바꾸기(사실은 줄이기) 때문이다. 건강 보험사가 이전에는 얻지 못한 각종 데이터, 예컨대 SNS 데이터나 검색 데이터에 접근하기 시작한다면 어떻게 될까? 훨씬 극적인 파장을 미칠 것이다.

셋째, 체계적인 데이터 추출은 새로운 형태의 경제적 가치를 추출하고 서비스를 제공할 수 있게 해주는 위험이 있다. 이런 위험을 느끼는 주체는 서비스 이용자가 아니라(우버가 편리한 것은 두말하면 잔소리다) 그 분야 근로자들로, 이들의 근로계약 조건을 정하는 것은 플랫폼이고, 관리자들은 선진국에서 일한다. 이런 변화들은 공유 차량 분야뿐 아니라 배송, 잡일, 전통적으로 이주 노동자들이 주로 하는 저숙련 일자리에서 생긴다. 이런 경우 편의성은 일부, 어쩌면 다수에게 이득을 주지만 특정 집단에 손해를 입힌다. 다시 한 번 주목해야 할 것은 방대한 데이터를 가진 플랫폼들을 통해 만들어질 수 있는 지속적인 사회경제 체계이다.

넷째, 관련 비용이 발생하고 과거 식민주의의 유산인 불평등을 효과적이고 미묘하게 재생산한다. 예를 들어 홈 시큐리티(가정 내 안전을 담당하는 네트워크 시스템: 옮긴이)를 살펴보자. 돈이 많든 없든 누구나 원하고 필요한 장치고, 부유층은 기꺼이 돈을 지불한다. 그래서 빅테크 업체들이 매력적인 제안을 하는 분야다. 하지만 미국처럼 깊은 차별의 역사가 있는 사회에 그런 기술을 도입하는 것은 중립적이지 않을 것이다. 아마존의 스마트 초인종 시스템 '링'의 경우를 보자. 이것은 법 집행기관들의 넓은 네트워크와 연결되어 있다. 아마존은 링을 인수하면서 범죄 예방 네트워크 서비스(기본적으로 의심스런 행위 보고를 공유하는 플랫폼)인 '네이버스Neighbors'도 사들였다. 따라서 링은 안면 인식 앱을 비롯해 다른 기술들의 특허권을 갖는다. 안면 인식 시스템은 인권 문제가 있지만, 특히 식민주의하에서 가장 시달린 계층에게 위험하다고 알려졌다.[6]

편의란 명목으로 플랫폼들은 사회를 운용하는 시스템이 되려고 한다. 우리가 더 정기적으로, 더 집중적으로 이용하면 플랫폼의 광고 수입이 생긴다. 우리 삶에서 플랫폼의 권력이 커지면서, 플랫폼은 자초한 문제들의 편리한 해답을 제공하는 지위까지 오를 수 있었다. 노출 셀카 사진을 SNS에 권한 없이 공개하는 '리벤지 포르노'의 위협에서 자신을 보호하고 싶은가? 그렇다면 그 사진을 페이스북에 제출해라. 페이스북이 디지털 서명을(아마도 사람이 보지 않고) 분석해서, 사진을 타인이 올릴 경우 감지해 삭제할 수 있다.[7] 구글의 추적을 제한하고 싶다고? '철두철미하고 안전한', '개인 정보 보호로 설계된' 구글 픽셀폰을 구입하면 된다.[8]

빅테크 플랫폼들과의 거래에는 이상한 점이 또 있다. 기간이다(정말 장기적인 게 편리할까?). 그렇다. 처음 새 플랫폼을 다운로드할 당시에

140

는 서비스가 마음에 든다. 하지만 나중에 흥미를 잃기도 한다. 그런다고 내 데이터가 장차 무용지물이 되거나 가치가 떨어지지는 않는다. 우리가 거래했던 개인 데이터가 기업에게는 장기적인 목적을 위한 것이다. 기업에게는 편리하지만, 우리에게는 꼭 그렇지 않다. 그 결과 발생하는 사회 권력의 변화는 간단히 되돌려지지 않는다. 그러니 개인의 단기적 이익과 사회의 장기적 손해를 맞바꿀 위험성이 크다.[9]

편의성 문제는 플랫폼이나 데이터 추출의 영향을 넘어서 현대 삶의 변화를 좌우한다. 안정적인 장기 일자리의 몰락, 양육과 노부모 돌봄의 복잡한 형태에 맞는 유연 근무제의 필요성 증가, 사람들을 모으고 정보를 교환하는 편리한 장소(술집, 지역 센터)의 감소 등 논의할 사항이 있다. 인스타그램부터 알리페이, 위챗까지 다양한 SNS 플랫폼들은 점점 불안정하고 복잡해지는 삶에 적응하기 위한 자원을 제공한다. 하지만 그 일을 플랫폼들만 할 수 있을까? 왜 우린 데이터 추출을 줄일 대안을 궁리하지 않을까?

삶을 위한
인프라

편의 문제는 인프라가 제한적이거나 훼손된 개발도상국 경제에서 유독 심하다. 그런 상황에서 편의성은 필수가 될 수 있다. 아프리카 최대 부국으로 꼽히는 남아프리카공화국에서도 대다수가 스마트폰을 사용할 때 괜찮은 데이터 요금제에 가입하지 못한다.[10] 실제로 아프리카 인구 대부분은 메시지를 보내거나 전화를 할 때 페이스북이나 왓츠앱

외에는 사용할 수가 없다. 그 서비스 비용을 메타가 지원한 이후부터 그런 상황이다.

개발도상국에서 페이스북이 강제로 제공되는 편의에 가까워진 것은, 자연스러운 과정이 아닌 식민주의 유산에서 비롯되었다. 두 가지 이유에서 그렇다. 첫 번째 이유는, 수 세기 동안 적은 투자로 통신 수단이 부족하거나 없는 상황이 계속되었기 때문이다. 두 번째는, 방금 지적했듯이 사용자가 페이스북(그리고 페이스북이 결정하는 몇몇 다른 사이트)에 무료로 접속할 수 있도록 정부 및 통신사와 협상할 수 있는 페이스북의 특권이다. 페이스북은 아프리카 30개국 이상을 비롯하여 아시아, 라틴아메리카, 태평양 연안의 나라들과 '프리 베이직스Free Basics' 라는 거래를 했다. 이것은 페이스북의 자선사업이 아니라, 선진국에서 페이스북의 구독자 수가 급격히 감소한 것에 대한 현실적인 대응이었다. 실제로 그런 조치를 한 이후에도 페이스북의 총 구독자 수는 줄어들기 시작해, 통신 인프라가 훨씬 더 절실한 다른 지역에서 새로운 구독자를 구할 필요가 있었다.[11]

운송 수단이 부족하고 업체끼리 소통 채널이 빈약한 국가에서 경제 발전에 필요한 정보를 공유해야 한다면, 페이스북 같은 서비스의 편의성에 반대하기 어렵다. 오늘날 아프리카에서 페이스북이 시장 정보를 얻는 유일한 곳이라는 주장도 있다. 수단의 수도 하르툼의 시민인 발키스 아와드Balqees Awad의 말을 들어보자. 그는 수단 〈가디언 Guardian〉지의 네스린 말릭 Nesrine Malik 기자에게 가난했던 시기에 어떻게 페이스북을 이용했는지 이야기한다.

"제과점에 빵이 입고되거나 주유소에 연료가 들어오면, 언제나 누가 페이스북 그룹에 글을 올립니다. 심지어 언제 특정 지역에 경찰이 순찰을 강화하는지도 알려주지요. 가끔 경찰이 이유 없이 시민을 붙잡아 물건을 빼앗거나 감옥에 가두거든요."

서비스를 제공하기 위해 부족한 인프라로 안간힘을 쓰는 업체들도 비슷한 상황을 겪는다. 이집트에서 페이스북은 소규모 회사를 창업하고 수요를 테스트할 유일한 장소라고 말릭은 주장한다.[12] 물론 페이스북 같은 선진국 플랫폼에 의존하지 않고 정보 인프라를 제공하는 지역 네트워크들이 개발도상국에 등장하긴 했다. 인도의 '디지털 상거래를 위한 개방형 네트워크Open Network for Digital Commerce'가 그 예다.[13]

식민주의 여파로 붕괴된 국가에 기본 정보 인프라를 공급한다고 해서 페이스북의 편의성이 입증되는 걸까? 그렇다면 장기적인 역사적 관점에서 빅테크를 바라볼 필요가 있다. 서구 플랫폼 권력의 편의성과 관련해서 계속되는 사회경제적 불평등은 정확히 누구를 위함인가? 선진국의 빅테크인 페이스북의 이익이 개발도상국 국민들의 장기적인 이익보다 우선이다. 식민자들이 편리한 인프라를 구축해서 지배하는 것은 새로운 얘기가 아니다.

왓츠앱 같은 세계적인 미디어 플랫폼도 마찬가지다. 왓츠앱은 수억 명의 이주자들이 더 나은 삶을 찾아 위험 속에서 국경을 넘을 때 연락하는 수단이다. 혹은 페이스북과 트위터가 이란이나 사우디아라비아 같은 권위주의 국가에서 정치 활동과 정치 토론의 장인 것도 마찬가지다. 하지만 그런 주장들에 숨겨진 의미를 따져볼 필요가 있다. 통신 인프라가 부족한 권위주의 국가들에서, 과거 서구의 식민지였던 그 나라들에서 선진국의 플랫폼들이 최선의 역할을 할까? 그렇다면 식민주의 주장으로 회귀하는 셈이다.

한편 미국뿐 아니라 중국 기업들도 아프리카에서 점점 중요한 역할을 하고 있는 점도 주목할 만하다. 아프리카의 소비자가 바로 데이터 식민주의의 양대 세력이 손에 넣기 위해 경쟁하는 목표임을 쉽게 알 수 있다.

편의성에 대해서는 인정하고 싶더라도 현재와 과거의 식민 과정을 털어내기는 쉽지 않다. 또 요즘 사회와 경제의 특징인 일방적인 데이터 추출의 배경과 관련된 특수 비용도 마찬가지다. 하지만 이제는 새로운 문명화 논리의 두 번째 항목으로 넘어가자. 바로 연결성이다.

문명화의 논리 2
:우리는 모두 연결되어야 해

누구나 다른 사람과 연결되고 싶어 한다. 적어도 완전히 외톨이로 살고 싶은 사람은 없다.

이번에도 디지털 플랫폼들이 공통된 욕구를 실현할 최선책을 제시하겠다고 나선다. 무릇 인간들은 연결이 필요하다고 말한다. 메타나 텐센트 같은 기업들은 연결되려면 인스타그램, 왓츠앱, 위챗에 접속해야 한다고 우리가 믿게 해야 한다. 그 목적을 달성하기 위해 자사의 비즈니스 모델을 온갖 이타적인 말들로 포장한다.

예를 들어 마크 저커버그는 2017년, 페이스북이 도널드 트럼프의 성장에 기름을 부었던 것처럼 위험한 정치 발언의 장이 되고 있다는 우려에 대응했다. 저커버그가 성명에서 밝힌 페이스북의 새 목표(더 안전하고 많은 정보를 제공하고, 시민으로 참여하고, 포용하는 공동체)는 논외로 하자. 페이스북이 가속화했다고 비난받는 문제들을 반대로 적은 쇼핑목록 같으니 말이다. 대신 저커버그가 그 성명에서 제안한 전반적인 사상에 주목하자. 문명화의 논리로서 연결의 개념이 고스란히 담긴 문구다. 과거 식민주의를 정당화하려는 문명화의 논리들 중 종교 부분을 떠올리며 읽어보자.

"역사란 어떻게 부족부터 도시, 국가까지 여럿이 함께하는 법을 배워왔는지에 대한 이야기입니다. 단계마다 혼자서는 못하는 일을 해낼 힘을 주는 공동체, 미디어, 정부 같은 사회 인프라를 만듭니다.

오늘날 우리는 다음 단계에 가까이 있습니다. 가장 큰 기회는 이제 전 세계이고… 진보는 인류가 도시나 국가뿐 아니라 지구 공동체로서 함께할 것을 요구합니다.… 페이스북은 우리를 함께 더 가깝게 해주고, 지구 공동체의 상징입니다.… 이런 때 페이스북이 맡을 가장 중요한 일은, 사회 인프라를 개발해 모두에게 도움이 되는 지구 공동체를 세울 힘을 주는 겁니다."[14]

여기서 두 가지가 경악스럽다.

첫째, 메타처럼 착취적인 비즈니스 모델을 가진 플랫폼을 통해 지구 공동체가 안전하게 만들어진다는 주장이다. 그의 성명이 빈말임은 몇 년 후에 밝혀졌다. 인스타그램 직원이었던 프랜시스 호건은 미국 국회와 유럽 의회에 제출한 증언을 통해, 인스타그램이 특히 젊은 여성들에게 위험하다는 점을 자체 조사를 통해 알고 있었다고 폭로했다.[15] 나중에 호건은 말했다. "사람들, 특히 개발도상국 사람들을 구제하는 데 필요한 일을 한 겁니다. 페이스북이 추구하는 이익이 그들을 위태롭게 하니까요."[16] 인스타그램 CEO 애덤 모세리 Adam Mosseri 는 이 논란이 한창일 때 이렇게 대응했다. "자동차가 없었다면 교통사고로 죽는 사람도 없었을 겁니다. 하지만 결과적으로 자동차는 피해를 입히는 것보다 세상에 더 큰 가치를 만듭니다. 미디어도 마찬가지입니다."[17] 마치 메타가 특유의 비즈니스 모델과 그 파장에 아무 책임도 없다는 말투다.

아무튼 저커버그는 왜 세계적인 플랫폼이 가능하다고, 바람직하다고 믿을까? 하지만 그로서는 연결의 필요성에 대한 신념 때문에 달리 생각할 수가 없다. 메타가 통제의 주체여야 한다는 그 논리다.

그의 성명에서 이상한 두 번째는, 페이스북 같은 플랫폼들만 역사와 진보의 방향성을 대표한다는 개념이다. 인류가 늘 크고 작은 사회망으로 연결되어 살아온 점을 고려하면 그 주장은 터무니없다. 가족 친지와 연결되는 게 좋다는 말을 꼭 페이스북한테 들을 필요가 있을까? 인류가 그 역사를 이해하는 데 반드시 저커버그가 필요했을까?

빅테크만 인류를 연결할 수 있다고, 문명화 임무가 있다고 믿지 않는다면, 두 질문 다 답은 '아니오'이다.

연결이 구원이라는 논리는, 가족 친지의 일상적인 접촉이 아닌 비즈니스와 기기들의 접촉도 지배한다. 연결된 사물과 기기에서 추출된 데이터가 경제 활동의 핵심 요소이고, 그 기술적 추진력의 형태는 21세기에 들어서고 있기에 누구도 막으면 안 된다. 미국에서 말하듯 프로그램에 맞춰 나가야 한다.

그게 미국 서부의 기술 전도사이자 〈와이어드Wired〉 잡지 설립자인 케빈 켈리Kevin Kelly의 주장이다. 2018년 페이스북의 케임브리지 애널리티카 스캔들의 여파로 테크래시(빅테크에 대한 반발 현상: 옮긴이)가 시작되기 직전, 운 좋게도 켈리의 저서 《인에비터블Inevitable》이 출간되었다. 책은 미래를 형성할 기술적인 요소 12가지를 설명하면서, 현재 자본주의에서 감시 및 데이터 추출의 지배와 그것을 환영할 이유가 온화하게 묘사된다. '접근', '공유', '추적'이라는 세 장의 제목을 보면 전체 그림이 파악된다. 그는 모든 것이 인류의 미래에 대한 불가피한 차원이며, 그가 환영하는 미래라고 주장한다.[18]

하지만 빅데이터의 수탈이 필연이라는 개념은 일부 미국 서부의 전도사를 넘어 퍼졌다. 그게 실리콘밸리 동종 업계의 신념임을 보여주는 예가 있다. 토머스 시벨의 클라우드 컴퓨팅, 빅데이터, IoT, AI 집중이 낳은 디지털 전환에 대한 사상이다.[19] 그 영향을 받은 전 세계 비즈니스 공동체에서 이 사상은 종교와 다름없다. 스위스 기반의 세계 경제 포럼(WEF)에서 나온 빅데이터 관련 발표들은 그런 주장이 넘쳐난다. 데이터가 자본, 노동과 동등한 신종 원자재인 '새로운 석유'라는 진부한 발언으로 시작해, 초연결성과 데이터는 지식을 근본적으로 혁신한다고 결론 짓는다.

'ICT(정보통신기술) 생태계에서 모든 요소들의 상호작용과 공동 발전… 한 분야의 발전이 다른 분야들의 발전을 견인하는 선순환이 시작된다.… 개별적으로 할 수 있는 일은 한계가 있지만, 모이면 초연결성이 각각의 한계를 극복하고 다른 종류의 데이터를 발굴해 지식을 얻는다.'[20]

사람들과 기기에서 계속 데이터를 추출해야만 삶을 연결할 수 있다는 숱한 주장은 의심해보는 게 마땅하다.

이제 이런 논리들에 대해 더 상세히 알아보자. 둘 중 우리에게 덜 익숙한 사물 간 연결부터 시작해 보겠다.

모든 것의
연결

시벨이 제안한 디지털 전환은 사람들과 사물을 연결하는 데 의존한다. 그에게 IoT(스마트 기기와 시스템으로 이루어진 세계로, 모두 늘 인터넷에 연결되어 있다)는 마케팅 문구 이상이다. 그것은 새로운 사회와 경제의 건설이다.

그는 스마트 전력망이란 아이디어에서 시작해 모든 사물이 연결될 필요성, 아니 필연성으로 넘어간다. 뿐만 아니라 인간도 연결을 위해 사물을 몸에 부착한다. 그가 열광하듯 곧 인간도 수만 종의 초저전력 컴퓨터를 입거나 몸 안에 집어넣을 것이다. 혈액 속 화학 성분, 혈압, 맥박, 체온을 비롯해 대사 신호들이 계속 모니터링되어 조절된다.[21] 애플 워치와 다른 스마트 밴드들이 이미 그런 기능을 제공한다.

여기서 그는 빅테크 주도자들이 갖는 일반적인 생각을 보여 준다. IoT가 다음 인간-컴퓨터 인터페이스를 대표한다는 것이다. 2014년 시스코Cisco는 2022년까지 사물 간 연결이 세계 인터넷 연결의 45%를 차지하리라 예상했다.[22] 그 예측이 맞는지 몰라도, 현재 서로 연결된 기기의 수(131억 개)는 이미 지구 인구수를 넘는다. 2020년대 말까지 그 수는 최소 두 배가 되리라 추산된다.[23] 이것이 인류에게 좋다는(기업들만 좋은 것과는 반대로) 믿음은 문명화의 논리에서 주장하는 연결의 개념에서 나온다. 그 논리와 관련해 서구 지도자들은 점점 통제권을 유지하길 원한다. 권위적인 외교 협회 Council on Foreign Relations(미국의 외교, 국제 정치 연구 기구: 옮긴이)와 미국의 싱크탱크는 이렇게 말한다.

'장차 사물 인터넷 IoT이 확장되면서 진행될 네트워크의 다음 여정은 수백억 개의 기기를 연결하는 것이다. 심장박동 측정기부터 냉장고, 신호등, 농업에서 발생하는 메탄가스 배출까지 일상의 모든 면을 디지털로 통합하게 될 것이다.'[24]

이것은 자유가 아니라 체계를 위한 수단이며, 중국의 인터넷 정책이 그 특성을 고스란히 드러낸다. 실제로 중국은 10년간 사물 인터넷을 우선시해왔다. 2016년 중국 기업 하이얼은 미국 거대 가전사인 제너럴 일렉트릭을 60억 달러에 매입했다. 중국의 최근 국가 정보화 5개년 계획에는 중국과 중국의 영향권에 있는 국가들에서 시행될 IoT의 센서 인프라 구축에 대한 언급이 많다.[25]

그런 계획들이 얼마나 실행될지 두고 봐야겠지만, 이 이야기를 보면 전 세계가 데이터 식민지가 될 수밖에 없다.[26]

우리를
죽음과 연결하기

지난 20년을 돌아보면 칼 폴라니 Karl Polanyi의 저서가 떠오른다.

21세기 경제 역사가인 그는 기존의 사회관계들이 무너져야 산업자본주의에 필요한 새 경제 관계가 생겨날 자리가 생긴다고 말했다. 글은 1940년대에 썼지만, 그는 그보다 10년 전 오스트리아에서 우파가 떠오르자 비엔나를 떠나 런던으로 왔다. 그의 관심사는 19세기 자본주의 경제 변혁을 위한 사회 상황이었다. 그는 이 상황들을 입문용 마약으로 묘사했다. "고도로 인위적인 자극이 사회라는 몸에 투여되었다."[27] 이 인위적인 자극은 요즘 페이스북과 틱톡 같은 플랫폼들이 사회에 미치는 영향을 묘사하는 표현 같다.

그렇다. SNS 플랫폼들이 사람들을 연결하고 참여를 독려하는 것은, 단기적인 정치 동원을 포함해 많은 일을 편리하게 한다. 결과적으로 페이스북 같은 플랫폼들은 권위주의 국가들에 변화를 일으켰다. 2011년 초 아랍의 봄(2010년부터 중동에서 일어난 반정부 시위: 옮긴이) 시기, 페이스북은 사람들이 공통의 관심사를 안전하게 이야기하고 사람들이 모일 방법을 모색하는 장이 되었다.[28] 마찬가지 예로, SNS의 익명성 덕에 터키 여성들은 국가의 이슬람 복장 규율에 저항할 수 있었다.[29] 케냐 저술가 난잘라 냐볼라 Nanjala Nyabola 는 아프리카에서 디지털 정치를 폭넓게 연구한 후, 이렇게 주장했다. "언론의 자유가 없는 국가들에서 SNS는 의심의 여지 없이 정치 담론과 조직에 유용하다."[30]

어떤 종류의 디지털 네트워크는 부족한 통신 인프라를 비롯한 정치적 탄압 상황에서 그 가치를 인정해야 한다. 하지만 편의성의 논리처럼 연결의 논리도 다른 요소들과 견주어 평가해야 한다. 첫째, 디지털 시대 이전 정권에서도 사회 저항은 일어났다. 인류학자 제임스 스콧James Scott이 '약자들의 무기(농민이나 공장 노동자들이 관리인의 가혹한 규율에 맞서 어설프게 대항하는 것)'라고 표현한 저항의 예들이 차고 넘친다.[31] 둘째, 많은 평론가들이 아랍의 봄에 대해 지적했듯, 독재 정부는 SNS를 이용해 사상을 주입하고 저항하는 시민들을 직접 모니터링할 수 있다. 2011년 이후 아랍 국가들의 개혁이 줄줄이 실패한 것은, SNS 자체의 정치적 취약함을 비롯해 이런 감시와 관계가 있다.[32]

SNS 플랫폼의 부작용을 심각하게 따져봐야 한다. 식민 역사를 통해 부작용은 나중에 큰 문제로 돌아온다는 것이 드러났다. 과거 식민자들은 금을 약탈하기 위해 침입하면서 자신들이 유럽의 질병들을 같이 가져왔다는 걸 처음에는 몰랐다. 무기보다 질병에 의해 죽은 식민지인이 더 많았다. 오늘날 데이터 식민자들은 데이터 영토를 점령하고 데이터를 통제하려 한다. 그들이 플랫폼과 비즈니스 모델의 부작용을 계획은 고사하고 예상했다는 얘기조차 없다. 부작용이 일상생활에 독이 된다는 주장이 많은데도 말이다.

빅테크의 이윤 추구와 고객에 대한 배려 부족이 공적 영역의 분열을 일으킨다는 주장이 많다. 그 영역에서 '연결'은 불화를 일으키고, 감정을 소모시키고 상처를 준다. 하지만 전체적으로 보고 기억할 게 있다. 문화, 사회, 정치적 양극화는 빅테크가 등장하기 오래전에도 있었다는 사실이다. 디지털 플랫폼들이 양극화의 주 원인이라는 견해는 옳지 않다.[33]

그와 동시에, 관심사를 공유할 인터넷 커뮤니티에 가입할 수 있다는 점이(빅테크가 완전히 상업화하기 진인 인터넷 초창기, 다들 흥분했던 부분이다) 거짓 정보와 증오가 무성한 '필터 버블filter bubble'을 만든 요소다. 필터 버블은 2011년 엘리 프레이저Eli Pariser가 처음 제안한 용어로,[34] 기본적으로 인터넷 시대의 방음실과 같이 자신이 원하는 말과 생각만 듣는 공간을 의미한다. 검색 엔진과 SNS 플랫폼은 이용자가 보고 싶어 하는 콘텐츠만 보여주고, 그렇지 않은 콘텐츠는 삭제하면서 정보의 편식을 만든다. 이용자가 존재하던 세계관을 더 강화할 뿐, 그 세계관에 이의를 제기할 정보는 제시하지 않는다.

달리 말해 SNS 알고리즘이 운용하는 연결은 극단적인 목표를 만들었다. 다양성을 촉진하는 게 아니라 제한해버렸다. 어떤 연결이 기업에 득이 될지 사람이 아니라 플랫폼이 정하고, 이용자를 플랫폼에 머물게 할 만한 것을 선택한다. 틱톡이 당신에게 추천해주는 알고리즘이 그 예다. 우리가 플랫폼에 오래 머물수록 업체가 우리한테서 추출하는 데이터의 양은 커진다.

디지털 플랫폼들에서 정의를 향한 긍정적인 움직임(미국의 흑인 트위터 모임 같은)[35]이 나온 것은 부인할 수 없다. 하지만 데이터를 추출하는 SNS의 비즈니스 모델이 만드는 부정적인 결과도 점검해야 한다. 비평가들은 필터 버블과 방음실이 브렉시트부터 트럼프, 보우소나루, 두테르테의 선거, 백신 접종 거부 운동, 지구온난화 부정론자까지 양산했다고 주장한다. 필터 버블로 인해 플랫폼은 온갖 나쁜 발언들로 넘쳐난다. 반면 좋은 발언도 같이 활성화되는 게 이론상 맞지만, 늘 성난 목소리들에 가려진다. 미국 평론가 조너선 하이트Jonathan Haidt는, 그 이유를 '좋아요', 공유, 리트윗 버튼으로 무장한 사람들이 자기 분노를 담은 콘텐츠를 홍보하고 싶기 때문이라고 지적한다. 그 결과는 진정한 연결과 무관하다. 집단 괴롭힘과 군중심리는 미국의 법학자 줄리 코헨Julie Cohen이 말한 집단의 광기를 증폭시키는 것과 관계가 있다.[36] 하지만 이런 SNS의 특성('좋아요', 공유, 리트윗) 자체가 이용자를 자극해 참여와 관련된 데이터를 더 얻어내기 위한 기술이다.

SNS 플랫폼의 비즈니스 모델이 끼치는 영향에만 주목하면 놓치는 부분이 생긴다. 일반적인 생각과는 달리, 학자들은 필터 버블이 실제로 존재한다는 증거가 빈약하다는 걸 발견했다는 점이다. 최소한 널리 퍼진 사회적 현상을 보면 그렇다.[37] 온라인에서 시간을 보내는 사람들은 그렇지 않은 사람들보다 다양한 콘텐츠에 노출된다. 하지만 정보 흐름의 양극화만 문제일까? 서로 비슷하거나 달라 보이는 사람들끼리 겪는 감정의 양극화는 어떨까? 정치학자들은 이것을 '정서적 양극화'라고 부른다.[38] 결국 접하는 뉴스 콘텐츠에 대한 감정을 포함해서 이게 더 중요하지 않을까?

저널리스트이자 노벨 평화상 수상자인 마리아 레사Maria Ressa는, 사실보다 이익을 우선하도록 설계된 알고리즘이 다수의 '좋아요'로 양극화와 민주주의를 죽이는 위력을 체험했다. 세계에서 SNS 사용 시간이 가장 긴 국가인 필리핀의 온라인 뉴스 사이트 〈래플러Rappler〉의 대표이자 공동 창립자인 그녀는, 페이스북의 비즈니스 모델이 허위 정보를 상업화하는 데 이용될 수 있다는 사실을 밝혀내고 그 증거를 처음으로 페이스북에 제시했지만 무시당했다. 그녀는 이 경험에서 배운 교훈을 다음과 같이 적었다. '테크는 개인의 경험과 데이터를 흡수해 AI

로 체계화하고, 그것으로 우리를 조종하고, 최악의 인간성을 끌어내는 행태를 만들었다.'[39]

충격적인 결과가 일어날 수도 있다. SNS 플랫폼은 사회적 양극화의 일환인 극단적 급진주의에 직접적인 영향을 준다.[40] 한 예가 〈뉴욕 타임스New York Times〉 팟캐스트 시리즈에[41] 등장하는 미국 고교생 칼렙 케인Caleb Cain이다. 진보와 자유의 감성을 지닌 그는 2년간 수천 개의 유튜브 영상을 보면서, 극단적인 콘텐츠를 다루는 팟캐스트인 래빗 홀 Rabbit Hole에 점점 빠져들다가 결국 백인 우월주의자가 되었다. 다행히 이후 방향을 바꿔 다시 진보적인 콘텐츠를 시청하면서 극우 성향이 사라졌다.

이런 사례가 흥미로운 이유는, 이용자들이 극단주의에 쉽게 빠져드는 이유가 2015년 유튜브의 추천 알고리즘에 간단한 변화가 일어났기 때문으로 보여서다(정확히 말하면 다른 플랫폼들도 유사한 추천 알고리즘이 있으니 유튜브만의 문제는 아니다).[42] 그런 변화는 데이터 영토의 소유자들이 더 큰 권력을 얻는다는 걸 보여 준다. SNS 플랫폼들은 이용자들이 관심을 갖는 콘텐츠를 더 보여 주는 게 아니라, 플랫폼에 더 머물게 (그래서 광고에 노출되게) 할 방법을 찾아냈다. 바로 이용자들이 흥미를 가질 새 볼거리를 제시하는 것이다. 애묘인에게 더 많은 고양이 영상이 아니라(결국 몇 편이나 볼 수 있을까?) 같은 고양잇과인 호랑이의 영상도 보여 준다. 그런 식으로 이용자들은 새 콘텐츠를 발견하면서 플랫폼에 더 오래 머문다.

고양이와 호랑이만이면 좋겠지만, 플랫폼이 부추기는 알고리즘의 유사 콘텐츠(같은 부류끼리 모인다)가 온라인 공간에 올라오면서, 극우 및 극단주의가 쉽게 퍼질 수 있었다. 이미 존재하는 양극화가 온라인에서 집중되고 확장하기 때문이다.[43] 이런 예를 미국에서 2021년 1월 6일에 일어난 국회의사당 점거 사건에서 볼 수 있다. 급진주의 필터 버블에 갇힌 사람들이 의사당 건물을 급습하자고 집단적으로 결정했다. 하지만 전 세계에 다른 예들이 무수히 있다. 몇 곳만 꼽자면 브라질, 인도, 케냐, 미얀마, 스웨덴에서도 그런 사건이 있었다.

극우 사상과 의견은 인터넷 이전에도 존재했을까? 물론이다. 페이스북 같은 플랫폼이 마음 맞는 이들을 찾아 서로 더 급진적인 행동으로 몰아가서 더 급진적으로 변하게 만들까? 그렇다. 정치학자들은 그런 양극화와 급진주의가 계속되는 증거를 무수히 제시한다.[44] 더 나쁜 것은, 자사 비즈니스 모델의 결과를 메타가 알고 있었다는 내부 고발자 소피 장의 증언이다.[45] 그러면 메타와 구글 같은 기업들은 지구온난화 부정론자, 백신 접종 거부자, 투표 거부자, 음모 이론가들이 플랫폼에 광고하도록 허용하는 것으로 수익을 얻을까? 맞다, 그렇다.[46]

우리가 연결되고 싶은 것은 분명하다. 하지만 꼭 이런 방식일 필요는 없다. 연결은 비즈니스 모델들이 결정한 제한적인 인간관계가 아니다. 연결이 이익을 위해 데이터를 더 추출하고, 기기를 계속 감시해서 그 정보를 이용해 쓰레기를 더 파는 것이 아니다. 연결이 실제는 반대의 의미가 아니다. 더 넓은 현실이나 우리와 의견이 다른 사람들을 외면할 수 있는 쉬운 길을 뜻하지 않는다. 연결을 위한 기반, 간단히 말해 소통이 의미를 공유하는 것이 아니라 의미를 게임처럼 만드는 것이 아니다. 플랫폼에서 소위 진실은 토의나 토론, 정치적 협상이 아닌 콘텐츠에 대한 입소문으로 생겨난다.[47]

플랫폼에 엄격히 책임을 부과하는 입법 움직임이 여러 나라에서 생겨나고 있다(예를 들어 영국의 온라인 안전 법안, 브라질의 가짜 뉴스 법안,[48] 미국에 제안된 여러 법안들). 하지만 아직 데이터 추출 플랫폼들의 기본 비즈니스 모델을 막는 움직임은 없는 듯하다. 그 결과 때로는 디지털 플랫폼이 재미난 곳으로 느껴지지만, 우리를 갖고 노는 알고리즘과 대형 시스템의 이면은 여전히 존재한다.

이제 알고리즘과 마지막 중요한 문명화의 논리를 살펴보자. 추출 과학과 AI 관련 지식에 대한 논리다.

문명화의 논리 3
: AI가 인간보다 더 나으니까

우리는 AI가 인간에게 이롭다는 개념에 노출되어 산다. AI와 인간처럼 생각하는 기계의 이야기는 공상 과학과 여러 이야기로 오래전부터 존재했다. 우리는 인간끼리 말하듯 기계와 대화할 날을 희망이나 두려움을 안고 기다린다. 혹은 독학한 로봇이 복잡한 업무를 능률적으로 수행해서, 우리를 지겨운 일과 편견과 한계로 인한 어리석음에서 해방시켜 줄 날을 기다린다.

오늘날 인공지능이 하는 일은 그리 지성적이지 않다. AI 전문가 메러디스 브루서드Meredith Broussard는 그것을 '인공 무지'라고 부른다.[49] 첫째, 데이터 학습 문제가 있다. AI의 토대인 반복적인 연산은, 수백만까진 아니어도 수천 건의 학습 가능한 사례에 노출되어야만 가능하다. 모든 프로그램은 미리 선정된 데이터세트에서 시작되어야 한다. 하지만 그런 데이터세트는 한계가 있어서, 미리 계산된 것들만 포함한다. 어떤 결과든 지금의 세상을 이루는 특권과 불평등 같은 요소가 반영된다(따라서 AI가 이미 세상에 있는 편견들을 복제하는 경우가 많다).

하지만 두 번째 문제는 심화된 형태의 AI인 AGI Artificial General Intelligence (인공 일반 지능)에서 나온다. 이 시스템은 원래 과제의 조건을 넘어서 혁신적인 해답을 도출해, 새 지식에 다다를 수도 있다. 하지만 맥락의 문제가 남는다. 인간의 지식은 삶의 과정을 통해 생겨나며, 원래는 혼동할 일이 없어 적어도 인간끼리 대화할 때는 선후 관계를 분명히 밝힐 필요가 없다. 하지만 AI의 경우 인간의 삶 밖에서 만들어지므로 맥락이 일일이 명확히 제시되어야 한다. 사람이라면 비상식적이어서 거부할 일을 AI에게는 수용하지 말라고 지시해야 한다. 최근 ChatGPT의 문제로 제기되는 논리적 모순은 이런 맥락의 문제일 것이다.

AI가 실수한 예들의 바탕에는 AI의 본질과 관련된 근본적인 문제가 있다. 대량으로 데이터를 받아 거기서 형태를 발견하고, 그 형태를 기반으로 하여 통계적으로 예측하는 프로그램들의 집합체에 불과하다는 점이다. 유명한 ChatGPT나 구글의 바드 같은 최대 규모의 AI뿐만 아니라 작은 크기의 AI도 마찬가지인 것은 AI 찬양론자라도 인정해야 한다.[50] 또 문제가 있다. 구글로 이직한 우수한 AI 연구자 팀닛 게브루 Timnit Gebru 의 논문을 인용해보자.

'LM(AI 기반의 언어 모델)은 다양한 학습 데이터에서 관찰한 언어 형태의 배열을 무작위로 붙이는 시스템이다. 결합 방식은 예상되는 정보를 따르지만 의미에 대한 근거는 없다. 마치 앵무새가 추측하는 것과 같다.'[51]

앵무새가 나쁜 말을 듣고 어이없게 그냥 반복하면 문제가 생긴다. 예를 들어 '당신은 20세의 고졸 백인 남성이고 연봉은 3만 달러, 미국에 거주하는 공화당원이다'라는 특정 신분을 적용하라고 요구하면, ChatGPT는 실제 평균보다 7배 큰 인종차별과 양극화 성향을 가진 다양한 집단을 산출한다는 연구 결과가 있다.[52] AI 프로그램이 백신 개발, 암 검진, 환경 설계 같은 일에 가치 있게 쓰인다는 건 인정한다. AI는 인간의 지능으로 통계 형태를 그리거나 찾아내지 못하는 대규모 데이터세트를 들여다볼 수 있다. 하지만 인간의 사고를 모방하거나 인간의 복지와 관련된 결정을 내릴 때, AI의 결과를 무작정 도입하면 큰 문제가 생긴다.

여기서 우리가 무엇이 최선인지 판단하는 데 영향을 주고, 또 AI가 데이터를 추출해야 하는 이유를 합리화하기 위해 문명화의 논리가 제시된다. 이 문명화의 논리는 복잡하다. 식민지 과학, 식민주의와 근대성의 연결이 관련된 거대한 논리가 계속되는 이유를 파헤치려면 설명이 필요하다.

식민주의부터 자본주의까지
과학과 권력

AI는 과학의 한 분야이다. 컴퓨터 공학 내의 원리고, 흔히 컴퓨터 공학을 생물학이나 물리학 같은 순수 과학과 달리 보지만 그럼에도 과학이다. 1장에서 초기 식민주의부터 오늘날까지 과학적 방법이 발전하는 데 중요한 지속성에 대해 살펴봤다. 또 그런 지속성과 권력의 관계도 지적했다.

　　과학적 방법의 창시자로 꼽히는 프랜시스 베이컨은, 17세기에 과학의 성장과 신세계 탐험의 직접적 관계를 설정했다. '우리 시대에 원거리 항해와 여행이 많아지면서, 철학을 새로 조명할 자연의 많은 것이 개방되고 발견 중임을 인정해야 한다.'[53] 베이컨이 1620년에 쓴 글을 통해, 원거리 항해와 여행은 대대적인 식민지 확장의 맥락에서 이루어졌다는 걸 알 수 있다. 과학적 방법과 식민화의 관행이 처음부터 매우 밀접한 관계였다는 뜻이다.

　　더 정확히 말해 과학과 기술의 발전은, 수탈한 자원을 관리하려는 식민주의 욕망의 일환이었다. 베이컨이 '개방되었다'고 말한 '자연의 많은 것'을 관리하기 위해 과학적 방법과 식민주의가 전개되고 발전했다. 자원을 더 효율적으로 획득하고 운송할 필요성, 자원이 있는 먼 신세계를 다스릴 필요성, 천연자원을 돈이 되는 물질로 처리할 필요성 등의 식민지 문제를 해결하려면 과학과 기술이 더 발전해야 했다.

　　약 3백 년 후인 1899년 12월, 리버풀 상공회의소에서 열린 강연에서 로널드 로스 경 Sir Ronald Ross (영국의 열대병 학자: 옮긴이)은 많은 영국 식민지 주민의 사망 원인이었던 말라리아의 연구 결과를 발표하면서, "다가올 세기, 제국주의의 성패는 현미경의 성공이 좌우할 것"이라고 지적했다.[54] 이 발언은 이미 베이컨이 말했던 식민지 사업과 과학적 방법의 연결성을 보여 준다. 이것은 자연계를 관리해야 할 사물이자 예측 가능한 자산으로 축소 혹은 추상화하는 수단으로 쓰였다. 이런 관점으로 보면 과학적 방법은 세상을 이해하는 도구일 뿐 아니라, 식민지 운영을 방해하는 요소들을 제거하는 과정이기도 했다.

이 과정은, 식민지의 다양성을 긍정적인 특징이 아닌 해결할 문제로 보게 했다. 탈식민주의 전문가이자 인도 고아Goa의 환경 전문가인 클로드 알바레스Claude Alvares는 이렇게 말한다. "추상화는 주제를 균일화해서 통제를 늘린다. 개인적, 역사적 다양성의 토대를 제거하고, 완전히 통제 가능한 인공 현실을 만든다."[55] 그래서 많은 페미니스트 과학 비평가들은 베이컨이 빗대 말한 과학적 방법과 남성적 상상력이 관계가 있다고 봤다.[56]

확실히 해두자. 모든 과학적 발견이 식민지의 어두운 목적에 부응한다거나 과학이 없는 게 더 낫다는 말이 아니다. 핵심은 식민주의부터 현대 과학까지 인간과 자연을 통제하려는 기류가 있다는 것이다. 또 그것이 과학의 추상화 및 기술 발전과 식민지의 자원을 추출하려는 식민주의를 연결한다는 점이다. 이 기류가 AI 뒤에 숨겨진 과학으로 확장될까 걱정스럽다.

AI 뒤에 숨겨진 차별적인 지능

물론 우린 AI가 어떻게 작동하는지 잘 모른다. AI의 내부 작동 방식은 제조사가 영업 기밀로 보호하는 블랙박스이기 때문이다. 또 AI가 인간의 간섭 없이 나름대로 결과를 내는 것으로 볼 때, 제조사들도 AI의 작동 방식을 다 아는 것 같지 않다. 안젤라의 사연에 나오는 종류의 AI는, 프로그램이 채용 전문가와 면접관 수천 명의 집단 경험을 흡수해서 그 지식으로 초인적인 채용 담당을 맡는다. 전문적으로 신속히 지원자들을 평가해, 인간들의 편견과 비능률을 피해 최고 적임자를 결정한다. 이것이 안젤라가 받아들이라고 요구받은 논리다. 하지만 댄 맥퀼란Dan McQuillan 은 AI를 데이터 추출에 기반해, 이미 존재하는 사회 불평등을 반영하는 정밀한 통계 예측 프로그램일 뿐이라고 본다.[57] 물론 대단히 정교한 기술적 속임수가 내부와 그 자체에 있다. 하지만 문제는, 이 통계적 최적화 형태가 과거 식민주의처럼 차별을 깊어지게 하는 데 무분별하게 이용되는 것이다. 그러면서 사회 문제의 마법 같은 새 해답으로 제시되는 게 문제다.

이 부분을 이해하려면 안젤라의 예를 더 살펴봐야 한다. 그 상황은 하이어뷰HireVue 나 휴먼리Humanly 같은 업체가 서비스를 제공하는 방식, 또는 그런 시스템으로 면접을 본 이들의 경험담을 모아 묘사되었다.[58] 하지만 AI가 안젤라가 좋은 지원자인지 결정하기 위해 인사정책을 학습할 필요는 없었다고 추측된다. 효과적인 면접 기법이나 업무에 적합한 자격을 학습할 필요도 없었을 것이다. 대신 AI는 엄청난 분량의 이력서, 조사 결과, 학습 데이터라 불리는 면접 실황 영상을 받았다. 그런 다음 어떤 부류의 지원자들이 고용되었는지 들었다. 그러자 AI는 좋은 면접과 나쁜 면접을 비교하고, 좋은 면접에 자주 나타나는 특징들, 달리 말해 통계적으로 의미 있는 특징들을 가려냈다. AI에 입력하는 학습 데이터의 양은 많을수록 좋다. 대용량의 데이터 처리 능력이 제한적인 인간은 못 찾는 예기치 못한 상관관계를 AI는 찾을 수 있기 때문이다.

이 모든 것 뒤에는 놀라운 과학과 수학이 자리한다. 하지만 이 모델이 어디서 잘못될 위험이 있는지는 이미 명확하다. 어쩌면 AI는 경력이 더 많거나, 특정 어휘를 자주 쓰거나, 출근길에 아픈 행인을 돕느라 시간을 보내지 않고 곧장 회사로 오는 게 중요하다고 답한 지원자를 선호할지 모른다. 하지만 이런 특징들 외에 백인 남성을 좋은 지원자로 학습했을 것이다. 말하자면 학습 데이터에서 백인 남성이 더 많이 고용되었기에, AI는 백인 남성을 좋은 지원자의 특징으로 학습했을 수 있다. 학습 데이터에서 그 부분을 교정하지 않았다면 말이다. 복잡한 부분을 살펴보자면, 이런 결정들을 AI 개발자나 이용자는 잘 모른다. 그들은 최종 추천이나 예상치를 전달받을 뿐, AI가 편견이 있는지 확인하려면 추가 작업이 필요하다. 최근의 경우를 보면 아마존은 AI 채용 시스템 계획을 폐기하기로 결정했다. 테스트 결과 여성 지원자들이 많이 추천되지 않아서였다. 아마존은 시스템이 제대로 작동하지 않은 이유를 끝내 밝히지 못했다.[59]

이런 시스템들을 설계하고 판매하는 이들은 여기서 제시된 예가 너무 단순하다고 불평할 것이다. 또 AI가 편견을 보이면 구분해서 교정할 수 있지만, 인간의 편견은 쉽게 고쳐지지 않는다고 지적할 것이다. 달리 말해 AI가 편견을 없앨 가능성이 더 크다고 항의할 것이다. 또 이런 시스템들이 개선될 때까지 중요한 결정을 할 때는 사람이 같이 참여하면 된다고 말할 것이다.

우리는 일부 시스템이 차별적이고 불투명한 것은, 사실은 의도대로 작동한다는 뜻이라고 주장하고 싶다. 오늘날 AI는 모든 영역에 적용되지만, 가장 걱정되는 분야는 결과를 받아들일 수밖에 없는 이들에게 점점 더 많이 부정적으로 작용하게 될 자동화된 결정이다. 이들은 전통적으로 폭력과 행정 시스템하에서 차별을 겪었다. 또 계층, 성별, 인종의 교차점에서 불리한 쪽에 있다. 그렇다. 편리가 맥퀼란의 주장처럼 "식민주의의 구조적인 유산에 관여할 필요 없다"라는 뜻이라면 이 시스템들은 무척 편리하다. 결정 과정에 한 사람만 집어넣는 조치는 문제가 발생했을 때 그저 비난할 대상으로 쓰기 위해서일 뿐이다.[60]

최근 격렬한 항의에 대처하기 위해 등장한 이런 제한적인 교정 매커니즘보다 중요한 것은 큰 그림이다. 대부분의 AI 앱들은 과학과 기술 발전의 식민 역사에 포함된다. 그것은 학자인 파올라 리카우르테Paola Ricaurte의 주장처럼, 추출한 데이터를 이용해 이미 존재하는 폭력과 차별을 체계화하고 자동화한다.[61]

식민주의적 추출 도구로서의 AI

연구소의 데이터와 컴퓨터 공학자들은, 수학자이자 데이터 공학자인 캐시 오닐Cathy O'Neil이 말한 '대량 살상 수학 무기'를 만든다고 느끼지 않는다.[62] 하지만 그들의 과학적 방법들과 그걸로 만든 도구들은 세상을 더 효율적이고 이롭게 운영하려는 오랜 시도들 중 하나다. 식민주의가 시작된 이후 데이터는 베이컨이 말한 '자연에 열려 있는 많은 것'을 추출하는 주요 도구였다.

이런 배경에 기대면, AI, 특히 대규모 AGI는 식민주의적 지식 생산의 최신 단계임이 분명하다. 실행은 매우 복잡해도 기본적인 이유는 간단하다. 책의 서두에 봤듯이 대형 AI는 온라인에 등록된 인류의 생산물 전체를 입력해야 한다. 여기서 인간에게 돌려줄 만한 가치 있는 지식을 생성하려 한다. 이 과정에는 대단한 연산 능력이 요구된다. 수조, 혹은 그 열 배의 데이터 포인트가 필요하다. 그리고 연산 능력은 최대 빅테크만 소유한다. 이 거대한 연산 능력은 검색 엔진의 세계를 변화시킨다. 하지만 페이스북 같은 플랫폼은 2장에서 언급한 광고업자들을 위해 개발된 AI 기반의 프로그램인[63] 어드벤티지+를 통해 광고업자에게 유용한 목표를 생성한다. 세부 내용이 어떻든 처음부터 인류 문화를 무료인 것처럼 AI 처리 과정에 입력하는 것은 또 다른 식민지 수탈 행위다.

두 번째 AI의 식민주의 특징은 AI가 데이터를 학습해야 작동한다는 기본 사실에서 나온다. 이 학습용 데이터를 수집해서 AI가 사용할 형태로 체계화하는 업무는 인공적인 것이 아니라 많은 인력의 노동 집약 과정이다. 미캐니컬터크Mechanical Turk(아마존이 만든 온라인 인력 중개 플랫폼: 옮긴이) 근로자 집단의 표현처럼 인간 근로자 없이 ChatGPT도 없다.[64] 이 노동을 담당하는 것은 주로 개발도상국의 가난한 이들이고, 전 세계의 분업에서 불평등한 관계가 재연된다. 이는 식민주의의 오랜 유산이기도 하다.

기업들은 불안정한 상황에서 저임금 무계약으로도 일하려는 개발도상국 사람들이 반복 작업을 수행할 최적의 노동 시장임을 간파했다. 2장에서 봤듯이 플랫폼들은 이 노동 시장을 통제하기 위해 만들어졌다. 테크 저널리스트 카렌 하오_{Karen Hao}는 위기에 빠진 베네수엘라의 아펜_{Appen}이라는 회사에서 단기 계약자로 일하는 여성의 사연을 전했다. 그녀는 이미지 분류 작업을 하면서 주급 6~8달러를 받지만 이마저 계좌에서 마음대로 인출할 수 없다. 급여가 10달러 이상 적립되어야 인출을 허용하는 회사 정책 때문이다.[65] 그런 단기 계약 근로자들은 교육 수준이 높지만, 최근 브라질의 조사를 보면 안정된 고용이 불가능해 극도의 저임금이라도 일하려는 여성들일 가능성이 높다.[66]

AI 업체들과 도급업체들은 베네수엘라나 시리아 같은 분쟁 지역 거주 근로자들을 거리낌 없이 채용한다. 긍정적으로 들리지만 그게 아니다. 그들의 목표는 절실한 이들에게 좋은 일자리를 제공하는 게 아니라, 취약성을 이용해 최저임금 노동자 집단을 확보하는 것이다. 이런 일자리들은 폭력적인 콘텐츠에 노출되기 쉽다. 케냐의 메타 직원들의 경우, 업로드 영상에서 재생 시간이나 트라우마를 주는 정도와 상관없이 50초 사이에 폭력적인 내용이 있는지 확인해야 한다.[67] 이들은 메타를 상대로 고소를 했지만, 이 글을 쓰는 현재까지 해결되지 않았다. 안젤라는 뭘 하는지 모른 채 AI 증오 발언 감지 시스템을 학습시켰고, 그 프로그램 때문에 해고되었다. 일자리를 뺏을 AI를 학습시키는 것, 결국 이게 인간 노동의 핵심이다. 업계는 자율적인 지능이 세상의 문제를 해결한다는 기대감을 판다. 그러면서 개발도상국에서 착취당하는 저임금 노동자들에 의존한다는 사실은 초대형 스캔들 중 하나다.

AI의 세 번째 식민주의 면모는, 데이터 처리 기술의 세부적인 운용 방식과 관계가 있다. AI에 입력되는 언어의 문제를 살펴보자. AI의 음성 인식 능력이나 자연어 처리 NLP (컴퓨터가 인간의 언어를 이해하여 처리하는 과정: 옮긴이)를 통해 외국어를 쉽고 정확하게 번역하는 능력은 우리에게 도움이 된다. 하지만 이런 능력이 불공정하게 적용되어 식민주의 유산을 강화할 때 어떤 일이 생길까? 예를 들어 빅테크가 NLP 기술 개발에서 피식민자가 아닌 식민자 언어(영어, 프랑스어 등)를 우선시하면 어떻게 될까? 페이스북이 미얀마에서 대량학살을 부추겼다고 추정되는 증오 발언을 제대로 모니터링하지 못했을 때, 세계는 이를 걱정스럽게 바라봤다. 알고리즘에 기반한 페이스북은 차별과 폭력을 옹호하는 자극적인 콘텐츠를 홍보했다. 그런 콘텐츠가 이용자를 더 오래 플랫폼에 머물게 해 광고 매출을 더 올리도록 계산되었기 때문이다. 영어, 프랑스어 같은 주요 언어 콘텐츠의 경우, 모니터링 알고리즘이 그런 게시물을 막을 메커니즘을 많이 갖고 있다. 버마어 같은 소수 언어는 그렇지 않기에 페이스북은 소수 언어 사용자들에게 책임이 있다.[68]

AI가 식민지 언어를 불리하게 차별하면 어떻게 될까? '기업의 사회적 책임(BSR.org)'이 준비한 보고서를 보면 2021년 5월 이스라엘과 하마스가 충돌했던 시기, 메타 플랫폼에 팔레스타인인들이 올린 아랍어 콘텐츠는 이스라엘인들이 올린 히브리어 콘텐츠보다 다각도로 검열당했다. 후자에 편파 발언과 폭력을 자극하는 명확한 예가 더 많았는데도(이 검열은 알고리즘이 아닌 인간이 담당했을 가능성이 크다) 말이다.[69] 앞서 2017년 페이스북에 아랍어 게시물을 올린 팔레스타인인이 이스라엘 경찰에 체포되었다. '좋은 아침입니다'란 의미였지만 히브리어로 '그들을 공격하라'라고 오역되어서였다.[70]

몇 년간 이런 문제들이 대중의 눈에 띄었고 빅테크 기업들은 대응하기 시작했다(예를 들어 구글 AI는 'Black bodies'를 몹시 부정적으로 표현하는 극도의 어처구니없는 오류를 범했다).[71] 하지만 AI의 문제에 대한 그런 대응은 전혀 완벽하지 않기에, AI가 식민지 권력의 도구로 작용하는 네 번째 양상을 살펴봐야겠다. AI의 문제들을 교정하려는 아주 대표성이 없는 협의 과정이다.

AI 연구자들은 주로 선진국에 포진하며, 여성보다 남성이 더 많을 것이다. 특정 NLP(자연어 처리) 연구의 경우를 보자. '2021년 AI 현황 보고서'는 NLP 연구가 몇몇 빅테크 기업들과 선진국의 산학 협동 대학의 영토가 된 것을 보여 준다. 이들은 알려지거나 발표되지 않는 문제들을 발생시키는 불평등을 영구히 존속시킨다.[72]

알고리즘의 부당성과 AI의 불공정 문제를 산업 위주로 해결하려니 부진할 수밖에 없다. 요즘 AI 윤리는 주로 빅테크의 지원을 받는 주요 분야가 되었다. 디지털 문화 연구자 루크 문Luke Munn은, 세 가지 이유로 AI 윤리가 제안하는 원칙들이 너무 추상적이어서 유용성이 없기 때문에 무용지물이라고 말한다.[73] 예를 들어 몬트리올 대학교는 AI가 지각 있는 모든 생물들의 복지를 위해 노력해야 한다는 성명을 냈다[74] (애매하긴 해도 멋진 얘기다). AI 코드 역시 고립된 사회나 학계, 실리콘밸리에 은둔한 특권층에게서 나오지만, 문제 있는 모델들과 기술도 거기서 나온다. 윤리 프로그램을 지원하는 빅테크 기업들의 영향력을 위축시키지 않기 위해 맥 빠진 얘기만 내놓는다.

AI 문제와 관련해 EU가 제출한 AI 법안 같은 확고한 입법 의지를 기대한다 해도 빈틈은 있다. 이 법안은 내용만 보면 그럴듯해 보인다. 교육, 국경, 범죄, 사회 신용 시스템, 공공장소의 안면 인식, 법률 집행 등의 영역에서 위험성이 큰 경우 AI를 철저히 금지시킨다. 하지만 이 제출된 법안도(제대로 힘을 얻기까지 몇 년이 걸릴 것이다) AI가 인류에 안길 이익들을 칭찬하면서 시작한다.

'인공지능은 급속히 발전하는 기술의 한 부분으로, 산업과 사회 활동 전반에 폭넓은 사회경제적 이익을 줄 수 있다. 예측을 향상시키고, 운용과 자원 배분을 최적화하고, 디지털 처리 방식을 개인화함으로써… AI 사용은 업체들에게 중요한 경쟁의 이익을 제공하고 사회 환경적으로 득이 되는 결과를 지원할 수 있다.'[75]

이게 맞다면 법의 역할은 극단적이고 위험이 큰 상황을 통제할 때 이미 제한이 있다. 한편 2021년 브라질에서는 국가 AI 전략이 발간되었고 입법이 진행 중이다. 아직 세부 사항은 명확하지 않지만, AI 시스템의 영향을 받는 이들의 권리를 표현하는 주요 입법으로 이어지리라 예상된다.[76] 미국은 실제로 입법 근처에도 가지 않았다. 물론 백악관이 AI 관리를 공민권 문제로 상정하는 'AI에 대한 권리장전 청사진'을 내놓긴 했다. AI를 관리하는 법을 제정하기 위한 하원의원들의 제안들도 있다. 청사진을 입안할 때 백악관이 공권과 인권 단체들뿐 아니라 마이크로소프트, 팔란티어 Palantir 같은 책임을 추궁받아야 될 업체들과 협의했다는 점에 주목해야 한다.

실제로 2023년 봄, AI 리더들은 AI가 인간에게 장차 큰 위협이 될 수 있기 때문에 한시적으로 AI 사용을 중단해야 한다는 획기적인 발언을 했다.[77] 이 말에는 더 깊은 형태가 숨겨져 있다. '추측하는 앵무새' 논문의 저자들이 말했듯, 여기서 말하는 주체에 유의하자. AI가 가진 미래의 위험성은 언급하면서 현재의 명확한 위험성을 해소하는 부분은 함구하는 점에 유의해야 한다.[78]

해답은 새로운 법의 도입이겠지만 역시 누가, 무엇을 토대로 법을 만드냐는 문제가 있다. 영국 같은 서구 국가들은 주도권을 차지하기 위해 경쟁하고, 빅테크 기업들은 회의 석상의 한 자리를 보장받는다. 한편 인류가 맞이하게 될 위기를 바라보는 대다수의 견해를 설명하는 데는 철저히 침묵한다. 현재 앞서 개발을 이끈 이들이 AI에 대해 걱정하는 기류는, 입법 과정이 까다롭고 비용이 드니까 공적 자금을 달라는 청원일까? 과거가 지표라면, 법은 사람이 아닌 회사에 유익하리라 예상된다. 엄청난 거액이 걸린 일이고, 문명화의 논리는 인류의 안위가 걸렸다고 속삭인다. ChatGPT를 개발한 샘 올트먼의 표현대로 장차 부의 가장 중요한 요소는 그런 AGI 시스템에 접근하는 것이다.[79] 현재 AI의 미래를 두고 법석을 떠는 것은, 식민 역사의 관점으로 보면 데이터 자원의 수탈과 관계가 있다. 지속적으로 데이터 수탈을 공고히 하려는 의도인 것이다.

이런 문명화의 논리들을 바꾼다는 것은, 과학기술이 식민주의와 자본주의 역사 속에서 서구 주도로 발전했다는 대전제에 도전한다는 뜻이다. 그러면 기술이 실행되는 방식에 근본적인 변화를 요구하게 된다. 우리가 AI를 인류의 위기로 보고 AI 개발을 사회적으로 제한하는 방법을 고민한다면, AI를 실행할 때 드는 사회적 비용뿐 아니라 환경적 생산 비용도 계산하고 싶어질 것이다. 또 고위 정상들이 아닌 일반 시민들과 관계된 법을 만들고 싶을 것이다. 아직 갈 길이 멀다. AI의 용도가 무엇인지, 수익자가 누구인지 제대로 못 보게 하는 문명화의 논리에 도전해야 한다. 그러지 않으면 우리는 계속 그 자리에 머물 것이다.

우리가 문명화의 논리에
넘어가는 이유

어쩌면 여기 더 큰 구조가 있다. 데이터 식민주의와 앞서 역사적 식민주의를 합리화하려고 꾸민 변명들을 되돌아보면, 모두 다양한 역할을 하는 게 보인다.

문명화의 논리들은 세계 무역에 필요한 확장, 제국의 문명화 임무, 연결과 편의를 가능하게 하는 빅데이터같이 구미에 맞는 다른 명분으로 식민주의 과정에 대해 변명한다. 그런 주장들을 믿으면, 식민주의 자원 수탈이란 현실에서 눈을 돌리게 된다.

더구나 서구의 과학과 지식이 우월하다는 역사적 인식은 서구 백인 우월주의 시각과 통했다. 이런 논리들은 권력 체계를 강화하기만 한 게 아니라 합리화하고 정당화했다. 피식민자를 열등한 약자의 위치에 가두었고 거기서 변하기란 어려웠다. 데이터를 다루는 문명화의 논리들도 마찬가지다. 데이터 식민지 특권층을 제외한 전 세계 시민들을 지속적인 데이터 추출 관계로 몰아간다. 거기서 시민들은 통제권을 갖지 못한다. 문명화의 논리들은 이게 좋은 것이라고 설득해서, 자본주의가 만들어낸 거래로 목적을 이룬다. 데이터 추출이 편리한 삶, 효율적인 삶, 연결된 삶, 풍요로운 삶을 확보할 유일한 길이라고 말한다.

　이런 식으로 데이터 식민주의 논리들은 데이터 수탈만으로는 못할 일을 해낸다. 사회가 상상하는 영역을 손에 넣은 논리들은 사회와 기술의 미래가 어떨지, 공동체와 연결이 어떤 모습일지에 대한 상상을 식민화한다. 대안적인 아이디어를 밀어내고, 그 결과로 현실을 묘사할 언어는 한 가지뿐이라고 믿게 한다. 메타와 스마트 기기 업체의 '좋아요'가 주는 연결과 공동체의 언어다. '연결해, 안 하면 큰일 나', '약관에 동의해, 아니면 큰일 나' 중 어느 쪽이든 안젤라가 발견했듯이 발전을 수용하지 않으면 퇴장당한다. 데이터를 다루는 문명화의 논리는 우리의 상상을 사로잡으면서, 다른 논리들이 과거 식민주의를 위해 한 일을 수행한다. 정상으로, 변하지 않는 것으로, 순리로 보이게 만든다. 이제 어렵게 과거 식민주의의 논리들을 의심하고 해체하기 시작했으니(그 정치 제도가 붕괴한 지 반세기쯤 되었다)[80] 데이터와 관련된 새로운 변명을 포함해 그런 논리들의 위력을 과소평가하면 안 된다.

　이 장에서 살핀 문명화의 논리들은 빅테크가 일상을 재구성하려는 곳이면 어디에나 전파된다. 그 논리들은 단순한 개념이 아니다. 자원과 사람들을 조직화하고 타성에 젖게 하는 매우 실용적인 방법이다. 우리는 단기간 이런 개념을 안고 살겠지만, 그것들은 우리를 장기간 가두면서 지금까지의 상황을 이해하는 방식을 만든다. 지금 당장 데이터 식민주의가 내세우는 문명화의 논리를 의심하기 시작해야 한다. 저항은 길고 힘든 일이지만 이 책의 마지막에 나오듯 다양한 출발점이 있다.

하지만 저항하기 전에, 데이터 식민주의 배경의 마지막 일면을 탐구할 필요가 있다. 데이터 식민주의의 주인들과 시행자들인 사람과 기관이다.

DATA GRAB

4장

새로운

식민지

특권층

이번이 칼레드의 두 번째 유럽 밀항 시도였다. 이미 틱톡과 인스타그램에서 같은 여정을 경험한 인플루언서들의 영상을 수백 개 봤다. 유럽에서 인생을 즐기는 행운아들은, 난관이 있지만 추천대로 하면 시청자도 쉽게 성공할 수 있다고 말했다.

실제로 그는 돈을 주면 유럽에 데려다주는 사람을 틱톡에서 찾아냈다. 돈 벌 기회를 얻으면 튀니지의 노부모를 부양할 수 있고, 불안정한 정치와 열악한 환경에서 벗어날 수 있기에 모험을 했다.

그가 영상으로 도주 방법을 배웠듯이, 국경에 도착하기도 전에 많은 감시 기술들이 그를 기다렸다. 상공, 육상, 해상에서 계속 드론이 날면서 조용히 지켜보고 있었다. 실제로 그의 첫 입국 시도는 드론 때문에 실패했다. 알고 보니 다행이었다. 그가 탄 배가 뒤집히려 할 때 해안경비대가 다가왔기 때문이다. 그는 마침내 두 번째 시도에서 육지에 닿았지만, 감시 카메라가 무수히 달린 감시탑들이 있었다. 감시 능력이 막강해서 밤낮 할 것 없이 수 km 밖의 얼굴도 분간한다고 했다. 감지를 피할 방도가 없어서 아무도 엄두를 내지 않았다. 당국은 이미 그가 속한 밀입국자들을 기다리고 있다가 수용소로 데려갔다. 수용소 측은 스마트폰을 압수해서, 모든 데이터를 다운로드하고 분석한 후 돌려주었다.

식사를 하려면 홍채 스캔에 동의해야 했다. 어떤 자선단체에서 필수품을 구입할 수 있는 체크카드를 제공해줬지만, 그는 구입한 품목을 추적당할지 의심스러웠다. 만약을 대비해, 또 당황스러워서 필요한 약품을 현금으로 구입했다. 자신의 병을 당국에 들키지 않기 위해서였다.

그는 또한 수용소 밖에서는 체크카드가 결제되지 않을 것이라는 말을 듣고, 마치 체크카드가 자신을 수용소에 잡아두는 목줄처럼 느껴졌다. 목줄로 말하자면, 미국은 전자발찌를 채워 이민국이 이주 허가 심사를 하는 동안 24시간 내내 감시한다는 소문을 들었다. 적어도 그런 존엄성의 상실은 겪지 않아 다행이었다.

어느 날 그는 왓츠앱 메시지를 받았다. 돈을 내면 망명 신청서 작성을 도와준다는 내용이었다. 광고는 지원서를 컴퓨터가 먼저 검토하므로, 컴퓨터가 인식할 특별한 단어와 문장을 쓰는 게 중요하다고 했다. 불행히도 그는 망명 신청에 쓸 비용이 수중에 없었다. 수용소에 머무는 동안 빅테크가 제공하는 무료 기술에 접속해, 고국의 가족과 연락하고 귀국 여정과 관련된 정보를 얻을 수 있어 다행이었다.

어쩌면 유럽에 있는 테크 회사에서 경비로라도 일할 수 있을 줄 알았다. 다만 그가 모르는 게 있었다. 그런 회사들은 정부와 돈이 되는 계약을 맺어서, 그가 접한 감시 기술을 만든다. 빅테크셀즈워닷컴 BigTechSellsWar.com 에 따르면, 2004년 국토안보국, 국방부, 법무부 등 테러 외에 이주자 문제도 담당하는 미국 정부 부처들은 아마존, 페이스북, 구글, 마이크로소프트, 트위터 등 기업들과의 계약에 최소 445억 달러를 지불했다.[1] 한편 EU가 국경 강화에 쓴 비용은 사상 최고치이고, EU 최고의 기금으로 운영되는 국경 수비대인 프론텍스 Frontex 와 방위산업체들 간의 유대는 점점 강해지고 있다.

지난 10년간 아프리카와 중동에서 유럽으로 이주한 수백만 명의 난민들이 공통적으로 겪은 칼레드의 사연과 같은 이야기들은, 데이터 수탈의 방법뿐 아니라 주체도 문제임을 보여 준다. 국경 수비대는 수백만 달러짜리 비즈니스가 되었다. 대형 사기업들의 프로그래머, 개발자, 관리자들이 점점 과감한 기술을 도입하고, 때로 강력한 정부의 지원도 받는다. 데이터 중개상부터 앱 개발자들까지 포함된 소규모 업체들의 대규모 네트워크도 있다. 그들은 사회의 여러 분야에서 데이터를 추출하고 처리한다.[2] 또 미국 기반의 업체인 클리어뷰AI Clearview AI의 창업자 호안 톤 탓 Hoan Ton-That은 SNS에서 수백만 명의 얼굴을 수집해, 다른 개인 데이터와 연결해서 막대한 생체 데이터세트를 미국 등 여러 나라의 법 집행기관에 팔았다. 나중에 더 이야기하겠지만 그 점도 중요하다.

하지만 훨씬 중요한 점은, 여기에는 더 큰 구조가 있고 그것이 과거 식민주의를 연상시킨다는 사실이다. 역사적 식민주의는 몇 가지 발견과 산발적인 폭력 사건으로 끝난 게 아니다. 세계 경제와 영토를 관리하는 포괄적인 체계가 되어 수 세기에 걸쳐 발전했다. 물론 인간들이 개입되었다. 가치를 끌어내고 사람들을 관리하는 세부 작업을 하는 식민지 특권층이다. 이들의 권력은 컸지만 완전하지는 않아서, 19세기 후반 반식민지 투쟁으로 제국들이 종식되자 그 권력도 해체되었다.

데이터의 식민지 계층은 나타난 지 이제 몇십 년이 되었다. 반면 스페인이나 대영제국 같은 식민 정권은 수 세기에 걸쳐 발전했다. 하지만 데이터 식민지 특권층도[3] 마찬가지로 존재하고, 크고 작은 업체들의 복잡한 네트워크로 이루어진다. 이들은 경제 전 분야에서 데이터 추출을 지원하고, 대부분 정부와 밀착해서 일한다.

이 세상을
데이터로 바꾸는 자들

데이터 식민지의 특권층인 기관들을 설명하는 용어를 제안하겠다. 바로 사회 계량 분야Social Quantification Sector, SQS 이다.[4] SQS는 미국 노동통계청에서 분류한 산업 분야가 아니다. 삶의 최대한 많은 부분을 데이터로 정량화해서 이익을 얻는 모든 관련자들을 하나의 우산 아래 모으는 것이다. SQS는 경제의 여러 공적 영역을 망라한다. 에너지부터 건강관리, 교육, 농업까지 모두 개인의 데이터에서 점점 큰 수익을 얻는 분야다. 우버 같은 수많은 단기 채용 플랫폼은 물론, 보통 고객들과의 접촉 없이 데이터를 처리하는 전문업체들도 마찬가지다.

SQS는 전 세계에서 여러 역할을 하는 다양한 관련자들과 관계가 있다. 데이터 식민주의에서 대규모 추출은 한 회사가 감당할 일이 아니고, 어느 구석의 어떤 권력 기관이 조율할 일이 아니다. 실제로 계속 강조했듯이 데이터 식민주의는 1차 데이터 추출에 대한 얘기가 아니다. 데이터 수집과 수탈을 둘러싸고 변화된 사회경제 체계와 거기서 나오는 권력에 대한 이야기다. 이런 이유로 다양한 관련자들이 필요하다.

아무튼 기업의 규모와 영향력은 비례하지 않는다. 동인도 회사는 정점이었던 시기에 25만 명의 사병 부대를 거느렸고(대다수가 인도인 입대자), 런던에서 35명 내지 159명(기간별로 다르다)의 소규모 직원이 부대를 관리하면서 약 1억 명을 통제했다.[5] 그에 비해 우버 같은 업체의 직원은 3만 2천 명으로, 운전자 5백만 명을(물론 직원으로 간주되지 않는다) 조율한다. 2022년 전 세계의 우버 월별 이용자 수는 1억 3천백만 명, 운행 횟수는 76억 4천만 회였다.[6]

처음부터 명심할 점은, 오늘날의 세계는 식민지 시대와 다르지만 데이터 식민주의는 과거 식민주의과 같은 세계적인 현상이라는 것이다. 어떤 신종 식민주의도 16세기나 18세기와 다른, 심지어 20세기와도 다른 21세기 지정학 안에서 전개된다. 오늘날 세계는 적어도 양극화되어 있다. 중국의 경제, 기술, 소프트 파워는 미국과 인도같이 떠오르는 세력을 따라잡는다. 서구에서 나온, 서구에 유리한 빅테크 관련 이야기가 많지만 중국을 무시하고 실리콘밸리만 언급하는 것은 피해야 될 오산이다.

빠르게 확장되고 있는 데이터 식민지 특권층의 기원은 적어도 1980년대 중반으로 올라간다. 당시에는 상황이 어디로 향할지 아무도 몰랐다. 먼저 움직인 분야는 신용카드사들이었다. 그들은 고객의 구매 관련 데이터를 모두 수집해서 어떤 소비자인지 분석하거나, 적어도 분석 가능한 판매자에게 데이터를 팔려고 했다.[7] 역시 데이터를 수집하려는 초기 시도로 포인트 적립 카드 같은 다양한 인센티브 기획이 등장했다. 1990년대 초 그런 관행이 광범위하게 퍼지자, 흑인 커뮤니케이션 학자인 오스카 갠디Oscar Gandy는 이 새로운 양상을 '파놉티콘식 분류panoptic sort(광범위한 개인 정보를 수집하여 사람들을 다양한 범주로 분류하는 방법: 옮긴이)'라고 불렀다. 기업들은 외부에서 데이터를 모으는 데서 만족하지 않았다. 모든 것을 알려고 했다.[8]

그들의 목표는 고객을 식별할 방법을 찾는 것이었다. 가장 충성도 높은 고객들을 찾아 인센티브를 주고 싶어 했다. 기업이 고객과의 거래와는 별개로 고객의 데이터를 수집할 수 있게 되자, 폭넓은 일상의 데이터가 있는 영역을 찾기 시작했다. 하지만 1990년 후반이 되서야 대규모의 상업 목적 데이터 수집이 경영학 이론에 반영되기 시작했다. 그것은 1998년 미국의 경영학자 피터 드러커Peter Drucker의 "최고위 경영진이 접하는 내부 정보가 많을수록 아직 존재하지 않는 외부 정보와 균형을 이룰 필요가 있다"[9]라는 발언에서 알 수 있다. 그는 변화의 방향을 감지했다. 장기 소비 침체에 대한 우려에 대응해, 업계는 이미 고객의 일상을 수입원으로 삼을 방법을 모색 중이었다. 그런 통제권을 확보하는 것을 누구도 수상히 보지 않았다. 그것은 뛰어들어도 될 게임일 뿐이었다. 어떤 임원의 말처럼 "내부 정보는 짜낼 만큼 짜냈다. 외부 정보에 주력할 시점이다".[10] 경영학 이론에서는 애매하게 표현되었지만, 이것은 기본적으로 식민지의 토지를 수탈했을 때의 시각과 똑같다. 토지가 아니라 데이터를 '누구의 것도 아닌 땅', 그저 가져가라고 거기 있는 것으로 취급한다.

혹은 적어도 그럴 가능성이 있다고 본다. 방법은 1990년대 초까지 여전히 모색 중이었다. 빅테크가 떠오르기 몇 년 전인 1990년대 말, 몽상가인 미국 사업가 조시 해리스Josh Harris는 인터넷 비즈니스 모델이 데이터 추출과 판매에서 나온다는 것을 간파했다. 그는 '고요: 우리는 대중 속에 산다'라는 감시 관련 실험에 대해 설명하면서 말했다. "당신을 촬영한 영상만 제외하고 전부 무료다. 우리가 보유한 것을… 나는 당신에게 당신의 삶을 되팔 것이다."[11]

거의 20년이 지난 지금, 기업이 고객의 삶에서 추출한 데이터에 의존하는 상황은 일반적인 모습이 되었다. 거기에 더해 더 희한한 예측이 나오기 시작했다. 예를 들면, 2015년 한 판매자는 예측했다. "2028년까지 미국인의 절반, 2054년까지 미국인의 대부분이 몸에 기기를 심은 채로 걸어다니며 업체와 소통하게 될 것이다."[12]

이것이 사회학자들이 데이터화라고 부르는 최근의 사회 트렌드다. 세상을 통째로 비즈니스의 데이터 자료로 만드는 것이다. 프랑스 계몽주의의 백과사전에 비견되는 인프라 프로젝트로 보는 평론가들도 있다. 엄청난 일이고 사회 인프라의 기반이 되고 있다. 하지만 토지 수탈, 혹은 정치적으로 말하자면 유출된 일상의 생산적인 도용이기도 하다.[13]

2018년 케임브리지 애널리티카 스캔들로 촉발된 테크래시에 이어, 최근에야 이 움직임이 대중적인 논란이 되고 있다. 혹자는 경영의 혁명으로 부르지만, 경영학자들은 데이터화를 정보 업체들이 접근할 수 있는 확장의 영역으로 본다. 그 용어의 창시자들이 말한 대로 이제 우리 모두는 걸어다니는 데이터 발전기다.[14] 하지만 그들은 데이터 추출을 가능하게 하는 매커니즘, 즉 데이터 수탈은 언급하지 않는다. 그게 놀랍지 않은 것이 비즈니스 입장에서는 늘 사람들이 걸림돌이기 때문이다. 어느 기업 데이터 전문가는 "빅데이터의 성공을 막는 큰 요인은 인간 요소"[15]라고 말한다. 우리가 SQS라고 부르는 집단은 인간이란 장애물을 극복하기 위해 존재한다.

어떤 부류의 기업들이 SQS에 포함될까? 데이터의 새로운 식민지 특권층의 중심인 대기업들을 살펴보면서 이야기를 시작하자.

빅데이터를
수확하는 자들

데이터 추출에 대한 이야기는 미국 4대 기업의 관점에서 거론된다. GAFA는 구글(알파벳), 아마존, 페이스북(메타), 애플을 말하며, 보통 마이크로소프트를 포함해서 GAFAM이 되기도 한다.

GAFA 멤버의 다른 역할들을 잘 보려면, 전략 게임의 4X 모델로 돌아가면 된다. 과거 식민주의의 시기별 주도 세력은 개척, 확장, 착취, 말살의 네 영역으로 나눠볼 수 있다. 개척의 달인인 스페인은 새 영토를 발견하면서 식민주의의 시대를 열었다. 확장의 달인인 영국은 식민지 영토들을 서로 연결하여 역사상 최대 제국이 되었다. 착취의 달인인 네덜란드는 세계 무역 항로를 세세하게 통제했다. 마지막으로 말살의 달인인 프랑스와 미국은 저항 세력을 제거하고 그들의 정신을 체계적으로 식민지화한 전문가들이었다.

물론 각 제국은 동시에 4X 정책을 적용했지만, 이 큰 그림을 보면 4X와 식민자들이 현재 데이터 식민주의의 선두 기업과 대응된다. 기본적인 온라인 유통업의 토대로 데이터 추출이란 새 영토를 개척한 아마존, 각각 검색 엔진과 하드웨어 브랜드를 통해 서비스와 인프라의 거대 왕국을 확장한 구글과 애플, 이용자가 플랫폼에 머무는 시간을 통해 최대 수익을 얻는 가장 체계적인 착취자인 페이스북이다. 말살자의 경우, 무엇보다도 무자비한 영역을 한 기업이나 기술로 특정하기는 어렵다. 하지만 데이터 식민주의의 여러 기술들은 직접적으로 폭력을 일으켰다. 혹은 기회 박탈, 복지 악화, 대안적인 사고나 존재 방식의 말살 같은 간접적 또는 상징적인 폭력을 낳았다.

요점은 이것이다. 시작한 지 20~30년 만에 데이터 식민주의는 발전하는 모습을 보여주었다. 이 기업들이 데이터 추출의 경제적 기회를 통제하는 방식을 상세히 살펴볼 필요가 있다.

1990년대 중반에 출범한 아마존은 선도적으로 전자 상거래와 온라인 판매 비즈니스 분야를 열었다. 현재 아마존의 시가총액은 1조 2천800억 달러에 달한다.[16] 대부분(72%)의 매출은 온라인 스토어 플랫폼, 광고, 제삼자 판매 서비스에서 나온다.[17]

하지만 아마존은 단순한 판매상이 아니다. 고객 습관을 추적해서 얻는 데이터가 매출의 핵심이고, 아마존은 다양한 데이터 수탈 방법을 보유한다. 가정 분야에서 디지털 개인 비서 알렉사를 만들었고, 알렉사와 연동되어 사용하는 동안 우리의 습관에 대한 데이터를 수집하는 루프Loop, 링Ring, 프레임Frames, 스마트 오븐Smart Oven, 에코Echo 같은 스마트 기기들은 미국 시장을 선도한다.[18]

아마존은 이용자의 스마트폰을 들여다보려 하고, 그래서 행운아

이용자들에게 매달 2달러를 제공하는 대가로(아마존이 이 데이터로 얻는 가치는 당연히 2달러 이상이다) 모바일 기기들을 모니터링하는 프로그램을 테스트하고 있다.[19] 또 아마존은 클라우드 컴퓨팅 비즈니스 분야의 세계 1위다. 아마존 웹 서비스AWS는 세계 시장의 32%를 차지하며,[20] 총 매출액의 16%를 차지한다.[21] 미국 중앙정보국CIA이 AWS의 고객이라는 사실은 보안 프로토콜의 신뢰 수준을 말해준다.

오늘날 알파벳의 자회사인 구글의 시가총액은 1조 5천7백억 달러다. 2010년 이후 구글은 꾸준히 세계 검색 엔진 시장을 선도해서 2022년 6월 전체 플랫폼의 92%를 차지했다.[22] 당시까지 알파벳 매출의 81%가 광고에서 발생했고, 그중 많은 액수가(58%) 검색 관련 광고에서 발생했다. 하지만 알파벳은 데이터를 수탈하는 주요 비즈니스 수단을 많이 갖고 있다. 유튜브가 있고, 구글 지도로 지리 정보를 주도한다. 또 교육, 건강, 가정 개인 비서인 구글 홈을 비롯해 AI 서비스에 주로 투자한다. 작지만 성장 중인 클라우드 비즈니스도 있다.

알파벳은 장기적으로 광고주에게 판매할 수 있는 이용자에 대한 데이터보다 자사의 방대한 통합 데이터 저장소를 사용하여 사용자에게 훨씬 더 개인화된 서비스를 제공하는 데 더 많은 초점을 맞추고 있다. CEO 순다르 피차이Sundar Pichai가 "이용자 각자의 개인적인 구글"[23]이라고 부른 더 개인화된 서비스를 제공하려는 것이다. 구글의 검색 엔진과 광고 사업이 마이크로소프트 소유의 ChatGPT가 견인한 검색 엔진과 다시 경쟁하면서 손해를 보게 될 것이라는 견해도 있다. 하지만 이는 일상에서 기본적이고 다양한 지식 서비스의 주도권을 확장하려는 구글의 전략을 과소평가하는 의견이다.

대중이 보기에 페이스북(메타의 자회사)은 SQS의 일원이다. 2018년 케임브리지 애널리티카부터 2021년 내부 고발자 프랜시스 호건의 폭로까지 일련의 스캔들도 그것이 이유일 것이다. 이 사건들은 페이스북과 메타의 자회사들인 인스타그램, 왓츠앱이 이용자의 소셜 그래프(이용자의 사회 관계망의 형태를 분석한 자료)를 다루는 특권을 활용하려는 의도를 보여 준다. 아무튼 페이스북은 세계 최대의 SNS 플랫폼으로, 2023년 4월까지 이용자는 30억 명, 시가총액은 7천200억 달러였다.[24]

하지만 메타는 알파벳과 아마존보다 수익이 적고, 주 수입원은 광고다.[25] 2022년 애플이 아이폰의 약관을 개정하여 사용자가 타사 광고주의 추적을 거부할 수 있도록 하자, 메타의 광고 수익은 치명타를 맞았다. 물론 2023년 초 페이스북이 AI를 이용해 독점적인 데이터에 기반한 맞춤형 광고 서비스를 제공하는 방식으로 우회해서 타개책을 내놓았다.[26] 또한 메타는 최근 GAFAM 중 처음으로 대형 경쟁자인 틱톡의 도전에 직면했다. 그리고 고객을 가상 공간인 메타버스로 유입하려는 계획은 아직까지 그리 성공적이지 않다.[27] 그렇다고 해서 메타를 SQS에서 제외하는 것은 오산이다.

그 외에 시가총액 2조 9천억 달러인 애플이 있다. 애플은 데이터 식민지 특권층에서 예외적인 존재로, 일반적인 데이터 수집과 반대되는 입장을 취했다. 하지만 이 입장은 자사의 명확한 비즈니스 모델에 근거를 두고 있다. 애플은 고객의 행동을 예측하는 데이터를 생성하기보다는 고객을 애플의 데이터 식민지에 가두는 방식으로 돈을 번다.

애플은 하드웨어 기기들로 하나의 생태계를 만들고, 그 운용과 유지 관리를 독점적으로 통제한다. 이 전략을 통해 애플은 상당한 이익을 거둔다. 2022년 초까지 애플은 프리미엄 전화 시장의 62%를 차지했다(스마트폰 가격은 4백 달러 이상이다).[28] 이를 통해 자체적으로 매출이 보장된다. 이러한 매출은 기기뿐 아니라(지금까지 애플은 세계 최대 이익을 거둔 스마트폰 제조사다)[29] 애플이 말하는 서비스에서도 발생한다. 거기에는 아이폰용 앱 개발자들에게 애플이 부과하는 수수료가 포함된다.[30]

스마트폰 시장에서 애플의 광범위한 권력은, 광고 비즈니스가 방해 없이 성장하는 토대가 되었다. 광고는 애플 TV와 앱스토어 같은 애플의 독점적인 콘텐츠뿐 아니라, 독점적으로 수집한 스마트폰 사용자들의 데이터에 기반한다.[31] 예를 들어 데이터는 광고의 목표를 정하고, 구글이 플레이스토어에서 하듯 애플 스토어에서 앱과 게임을 추천하는 데 이용된다. 그로 인해 이용자 모르게, 심지어 이용자들이 '추적 금지' 옵션을 선택했는데도 애플이 데이터를 수집했다고 주장하는 소송을 당했다.[32] 애플과 중국의 관계도 눈에 띈다. 아이폰의 95%가 중국에서 생산될 뿐 아니라, 현재 애플은 중국에서 가장 큰 수익을 올리는 빅테크 업체이다.[33]

중국의 유사한 데이터 제국

세계적인 대형 데이터 수확자들이 미국에 집중되었기 때문에[34] 지금까지는 미국 기업들만 살펴봤다. 중국도 미국과 비슷한 데이터 추출 제국인 BATX(바이두, 알리바바, 텐센트, 샤오미)를 건설했다. 이 업체들이 주로 아시아에서(꼭 그런 것은 아니다) 영업하는 반면, 틱톡(바이트댄스 소유, 2023년 3월 약 2,200억 달러 가치)[35]이 등장해 미국과 중국의 직접적인 경쟁으로 변했다. 미국의 보복 위협을 고려하면 상황은 아직 확실하지 않다.[36]

서구에서 대단히 유명하진 않지만, 적어도 중국에서 BATX의 시장 지배력은 GAFA와 맞먹는다. 온라인 판매 분야에서 아마존의 중국 측 경쟁자는 알리바바다. 최근 시장의 동요 때문에 알리바바의 시가총액은 2천360억 달러로 감소했다. 알리바바는 아마존처럼 매출의 큰 부분이 소매에서 일어나지만,[37] 알리바바는 아마존과 달리 오래전부터 개인 금융을 시작해 중국에서 가장 인기 있는 앱 '알리페이'를 만들었다. 중국 온라인 구매자의 93%가 알리페이를 사용한다고 한다.[38] 알리바바와 중국 정부 간의 긴장 관계가 점점 커지는 데 주목할 필요가 있다. 그것이 세계 주식 시장에서 알리바바의 입지에 영향을 미치고 있다.

구글의 중국 측 경쟁자인 바이두 역시 2000년에 시작된 중국에서 가장 강력한 검색 엔진이다. 바이두는 알파벳처럼 AI에 막대한 투자를 하고 있고, 2022년 중반 차량 공유 서비스를 시작했다.[39] 바이두 또한 중국 시장에 스마트 IoT 플랫폼인 텐궁 Tiangong 과 음성 지원 플랫폼 두어OS DuerOS 를 출시했다.[40] 하지만 바이두의 시가총액은 508억 달러로 알파벳보다 한참 적다.

페이스북의 중국 측 상대는 텐센트로, 2장에서 살펴봤듯이 2011년 슈퍼 앱 위챗을 개발했다. 시가총액 4,440달러인 텐센트는 메타와 견줄 규모지만, 알리바바처럼 일찌감치 개인 금융을 시작했고 결제 앱인 위챗페이는 중국 소비자들 사이에서 알리페이만큼 인기 있다.[41] 텐센트는 광고 수입 의존도가 메타에 비해 훨씬 낮고,[42] 또 메타와 달리 정부 서비스에 접근하는 핵심 포털이다. 텐센트와 중국 정부의 관계도 점점 문제가 많아져, 시가총액에 영향을 미치기 시작했다.[43]

샤오미는 BATX 중 가장 인지도가 낮고 시가총액이 357억 달러로 가장 적지만, 애플의 중국 측 경쟁자라 할 만하다. 샤오미는 스마트폰 분야에서 삼성 다음으로 세계 2위 제조사다.[44] 또 아마존처럼 중국 스마트홈 기기 시장의 선두 주자이며, 미핏Mi Fit 플랫폼의 인기 스마트밴드인 미밴드Mi Band를 판매한다.

중국 빅테크의 영향력은 중국에서 운영되는 플랫폼들 너머로 확장되어, 아프리카 등의 지역에서 디지털 인프라 구축에 참여한다. 이런 맥락에서 볼 때 2023년 6월 시가총액 157억 달러인[45] 트랜션Transsion 같은 잘 알려지지 않은 중국 스마트폰 제조사를 살펴볼 만하다. 트랜션은 아프리카 최대 스마트폰 공급업체다. 인도와 여러 아프리카 국가에서 생산하고, 앱들을 사전 설치한 기종이라 큰 저장 용량이 필요하지 않아 이용자들이 기술적으로 접근하기 힘든 아프리카에 잘 맞는다. 트랜션은 미국이나 심지어 중국의 대형 주자들의 눈을 피하며,[46] 아프리카에서 벌어지는 일상의 데이터화에서 점점 중요한 주자가 되어가고 있다.

정제된 신식민주의 목표

SQS 기업들은 데이터 수탈에 대해 각자 목표를 갖는다. 시가총액이 2조 5천억 달러인데도 최근 빅테크 이야기에서 경시되는 마이크로소프트를 보자. 세계적으로 이 회사의 오피스 제품과 서비스를 이용하는 개인과 업체가 15억 명이다.[47] 물론 오피스 365 사용자 수억 명의 정확한 숫자는 파악하기가 더 어렵다. 2016년 링크트인LinkedIn과 2018년 플랫폼 깃허브GitHub를 인수한 후, 마이크로소프트는 비즈니스 네트워킹 분야를 주도하고 있다. 또 마케팅 업계에 데이터 솔루션을 제공하는 1위 업체 잰더를 통해, 개인화 마케팅의 최고 기술에 필요한 데이터 인프라 분야에서 중요한 역할을 한다. 클라우드 서비스에서 아마존의 경쟁자로(클라우드 인프라에서 세계 시장의 23%를 차지한다),[48] 건강 데이터와 에드테크에서 중요한 역할을 한다. 또 ChatGPT의 개발사인 OpenAI의 주요 투자자로서, 최근 AGI를 활용해 자사 검색 엔진인 빙Bing의 강화에 주력한다.

마이크로소프트의 CEO 사티아 나델라Satya Nadella는 데이터의 새로운 식민지 특권층에서 가장 설득력 있는 대표자로 꼽힌다. 하지만 그는 전형적인 공격형 기업가는 아니다. 그는 이전 세대의 자본주의에 대한 비판을 성찰하는 사람으로, 인도에 사는 부모가 마르크스주의자라고 공개적으로 밝혔다. 또 2017년 저서 《히트 리프레시Hit Refresh》로 판단컨대 그의 경영 철학은 포용적으로 보인다.

그는 초기부터 계속 세상을 바꿀 소프트웨어를 만들길 원했고, 마이크로소프트 클라우드 시스템의 기술 인프라 분야에서 일하며 지원하는 역할을 했다. 증가하는 데이터 처리 수요를 지원하는 탄력적인 클라우드가 기술 민주화와 개인화의 방법이라는 게 그의 분석이다.[49]

하지만 그 분석의 핵심을 들여다봐야 한다. 그의 목표는, 이면에서 견제 없이 계속 데이터가 수집되는 세상을 만드는 것이다. 소설가 닐 스티븐슨Neal Stephenson이 묘사한 메타버스 개념에서 영감을 받은 나델라는 '대체 현실', '디지털 모방'에 대해 말하며 이런 아이디어들이 가시권에 들어왔다고 덧붙인다. 최근 메타버스에 대한 마이크로소프트의 야심이 발표되었고, 영역은 메타에 필적한다. 그 야망은 최근 게임 시장으로 확장되었다. 마이크로소프트는 게임 개발사 액티비전 블리자드Activision Blizzard를 약 690억 달러에 매입해서 논란이 되기도 했다.

하지만 나델라의 생각이 명백하게 드러나는 것은, 마이크로소프트의 인기 없는 디지털 개인 비서 코타나Cortana에 대한 설명이다. 그는 코타나를 이렇게 말한다. "당신을 깊이 아는 매개체다. 당신의 배경, 가족, 일에 대해 안다. 또 세상을 안다. 한계가 없다. 많이 사용할수록 더 똑똑해진다. 문서와 이메일뿐 아니라 당신과의 소통을 통해 학습한다." 완전히 감시와 다를 게 없다. 수집된 데이터를 본인만 통제한다고 믿는 게 아니라면 말이다. 그 정도로 잘 속는 사람은 없을 것이다. 그래도 혹시 그렇게 믿는다면, 다른 업체들이 비슷한 비즈니스 모델을 적용할 때 어떤 일이 벌어질까?

더 다양해진
식민지 특권층

데이터 식민주의에서 각각의 플랫폼이나 앱은 잠재적인 데이터 영토다. 거기서 개발자의 독재 속에 어떤 종류의 데이터가 수집되고, 어떤 부류의 행위가 유도되고, 이용자에 대한 적절한 예측이 이루어진다. 결과로 나온 정보와 프로파일링은 개발자의 이익을 위해 보관되거나 타인에게 팔 수 있다. 유일한 문제는 플랫폼이나 앱이 데이터를 만들 이용자를 구해야 한다는 점이다. 그래서 애플, 구글, 삼성, 다른 SQS 주자들(자사 상점 판매로 상당한 데이터를 추출한다)이 통제하는 앱 상점들에 의존한다.

온라인 활동에 쓸 플랫폼과 앱의 수는 무한하다. 플랫폼이나 앱을 쓰지 않으면 티켓 구매, 숙소 예약, 레시피 찾기 등의 일상생활을 하기가 점점 어려워진다. 그것들이 일상의 인프라가 된다. 사람들이 이용하게 할 수만 있다면, 이 인프라 위에 여러 업체들이 무한히 올라탈 수 있다.[50] 2장에서 봤듯이 원칙적으로 데이터 영역은 물리적 공간의 한계가 없기에 추출 기회는 무한하다.

물론 모든 앱이 데이터 추출로 이익을 얻는 것은 아니다. 지역 버스와 기차 앱은 그러지 않을 것이다. 이미 우리가 요금을 지불한 공공 서비스 관련 정보를 넘기는 것이기 때문이다. 이용자가 주의해야겠지만[51] 사소하더라도 고객의 모든 행위에서 데이터를 추출하는 게 기본이다.

시스템을 운용할 때 프로그래머, 개발자, 관리자, 판매자 등 다양한 인원이 필요한 것은 당연지사다. 이들 각자가 데이터 식민지 특권층의 일원이고, 오늘날 데이터 수탈을 유지하고 확장하는 자들의 네트워크다. 그 결과로, 시간이 흐르면 근대 제국을 운영한 식민지 시대와 비슷한 특권층이 등장할 것이다. 그렇다. 데이터 식민주의를 이끄는 기술의 주역들을 볼 때, 정권과 밀접한 관계였던 영국령 동아프리카 등 과거 제국들의 특권층보다 광범위한 조직이 될 것이다. 하지만 핵심 기능, 즉 기회의 극대화를 위해 경제적 기회를 관리하고 사람들을 통제하는 것은 예나 지금이나 똑같다.

데이터 공학자와
오늘날의 신식민주의 임무

이 모든 것을 볼 때, 과거 식민주의처럼 데이터 식민주의에도 인간이 차지하는 부분이 있다는 걸 알 수 있다. 불확실하지만 새로운 영토에서 얻을 무한한 부에 이끌린 개인들과, 같은 문명화의 논리를 믿으면서 협력하는 개인들이 있다. 빅데이터 혁명을 주도하는 학자들은 이 일에 흥분하면서 데이터 공학자를 21세기의 가장 섹시한 직업이라

고 부른다. 어떤 데이터 공학자는 "미래는 데이터 공학자의 것"이라고 말했다.[52]

어떤 면에서 이 주장은 옳을 수밖에 없다. 데이터 영토의 통제자는 거기서 미래의 데이터 추출을 관리한다. 또 그 공간이 우리의 일상이나 회사의 정보 유입과 얽히면, 데이터 공학자의 미래 장악력은 확대된다. 어떤 데이터 공학자는 이렇게 말한다. "데이터로 뭘 만들 수 있는지 기업이 알게 되면 사방에서 데이터 제품들을 보게 될 것이다. 그때가 승리의 순간이다."[53] 과거 식민지 관리자들이 내다본 영토처럼, 데이터 추출의 지평이 펼쳐져 있다. 획득하고 지배할 영토가 거기 있다.

다들 확장된 데이터 추출로 영토를 통제할 수 있다는 기대에 들뜬다. 개별적인 공급망뿐만 아니라 생산과 소비를 일괄적으로 통제하려는 인공지능 업체들이[54] 데이터 수탈을 확장하리란 전망을 부채질한다. 세계은행과 UN 같은 국제적인 NGO 단체들은 데이터 수탈에 이의 제기는 고사하고 적극적으로 가담해왔다. 그들의 개발 프로젝트는 개발도상국 사람들에게 데이터를 생성하는 무거운 부담을 부과한다. 이들은 애초에 개발을 통해 사회경제적인 불리함을 줄여주려던 대상이었다. 하지만 결과는 늘 마찬가지다. 개발 때문에 더 큰 대가를 치르는 사람들이 있다. 데이터는 정보를 보유하여 사회적 권력을 얻는 길이자, 선진국 조직들이 개발도상국에서 세력을 확장하는 새로운 길이기도 하다.[55]

과거 식민지 특권층처럼, 이 불평등은 빅테크 특권층을 형성하는 권력관계에 반영된다. 데이터 공학은 데이터 식민지 특권층에게 권력을 얻을 신기술을 제공하지만, 그 계층에 들어갈 기회는 공평하게 주어지지 않는다. 과거 식민지 특권층의 경우와 똑같다. 백인이라면 다른 인종보다 데이터 식민지 특권층에 진입할 가능성이 크다. 미국 하이테크 업체들에서 흑인과 라틴계 근로자는 각각 7%, 8%로 일반 업체들의 절반에 불과하다.[56] 남성은 가능성이 더 크다. 2021년 세계 테크 기업들의 직원 중 여성은 29%에 불과했다.[57] 데이터 공학이 생기면서 직업이 된 것과 공학자가 되기 위해 들어가는 비용(경제에 지불하는 비용, 개인과 가족이 사적으로 부담하는 재정 비용)은 특권층이 될 기회가 공평하지 않음을 알려준다. 서구 사회의 노동 분배와 관련된 일반적인 불평등 문제만은 아니다. 오늘날의 데이터 공학과 1장에서 다룬 과거 식민주의 과학 사이의 지속성도 그 이유다. 원인이 뭐든, 윌리엄 깁슨William Gibson의 SF 소설처럼 데이터 공학자가 누릴 미래는 공평하게 주어지지 않는다.

당신이 운전할 때
누가 지켜볼까?

계속 말하지만, 데이터 추출은 SNS나 마케팅뿐 아니라 컴퓨터가 설치된 삶의 전반에서 발생한다. 결과적으로 SQS는 처음 예상보다 훨씬 규모가 크다.

이 부분을 파악하기 위해 운전과 자동차 보험을 살펴보자. 많은 이들에게 기본적인 일상이고, 데이터 영토로 변환된 분야이기 때문이다(직접 운전하는 차량에 한정하겠다. 자율 주행 차량은 애초부터 데이터 영토이니까).

오늘날 모든 신차는 스마트카, 즉 데이터 추출 차량이다. 자동차는 기본적으로 바퀴 달린 컴퓨터고, 그 컴퓨터가 많은 데이터를 수집한다(요즘 데이터를 전송하지 않는 신차를 구입하기란 무척 어렵다). 자동차 시스템의 편의성은 인정한다. 운전을 돕거나 심지어 운전을 대신 해주기도 한다. 위협을 감지해 운전자보다 빨리 조치해 사고를 방지하거나, 엔진 오일 교체 시기를 알려주기도 한다. 하지만 운전자 관련 정보 또한 많이 수집해서 보고한다. 안전띠를 맸는지, 문이 잠겼는지, 차내 온도는 몇 도로 유지되는지, 창문이 열렸는지 닫혔는지, 심지어 어떤 음악이나 라디오 프로그램을 듣는지 말이다. 스마트카는 확장된 주행 데이터를 보고한다. 현재 위치, 속도, 목적지, 브레이크나 가속 페달을 밟는 시점, 전조등 점등 유무 등 모든 정보는 운전자이자 탑승자인 우리에 대해 속속들이 알려준다. 그리고 모든 정보는 우리가 아니라 업체에 무선으로 전송된다.

그 결과 자동차는 단순한 이동 수단이 아니라, 그 자체로 대규모 데이터 시장이다. 분석가들은 2020년대 말의 데이터 시장 규모를 3천억 달러에서 8천억 달러로 예상한다. 자동차 분야의 데이터 추출은, 데이터 영역을 관장하는 세 종류의 업체와 관련되어 있다.[58]

첫째, 데이터 수확자는 차를 운용하는 컴퓨터 기반 시스템에 데이터를 계속 추출할 기기를 설치하는 업체이다. 이 시스템이 지난 30년간 컴퓨터가 해왔듯 데이터를 획득한다. 이 업체는 OEM(주문자 상표 부착 생산) 방식으로 알려져 있다.

이제 데이터는 OEM 업체와 제삼자 간에 일어나는 경제 협력의 핵심이다. 애플 카플레이와 안드로이드 오토 같은 내비게이션과 인터넷 접속이 가능한 인포테인먼트의 공급자들이 있다. 또 차에 전화 연결 기능이 내장되어 있다면 통신 사업자들이 개입된다. 데이터를 더 많이 수집하는 추적기를 만드는 전문 제조사도 있다. '애프터마켓'이라고 불리는 데이터는 차가 판매된 후 차주가 추가로 데이터 추적 장치를 설치하는 것에 동의할 때 수집된다. 2장에 나오는 트럭용 전자 운행 기록계ELD가 애프터마켓 기기의 예다. 마지막으로, 음성인식 검색 기능을 공급하는 빅테크가 있다. 그렇다. 짐작하겠지만 구글, 아마존, 애플이다. 그들의 데이터 추출은 아주 특별해서, 한 자동차 데이터 전문가는 그것을 자동차 데이터 수집의 마지막 미개척지라고[59] 표현했다.

이 모든 데이터에 무슨 일이 일어날까? 이제 새로운 식민지 특권층의 두 번째 멤버가 등장한다. 데이터 통합자는 빅테크 공급자들이 이미 수집한 데이터 외에 차에서 생성된 산더미 같은 데이터를 처리하는 전문가이다. 자동차 업계에서는 이들 데이터 통합자를 '차량 데이터 허브'라고 부른다.

이 시장에는 미국의 렉시스넥시스LexisNexis와 이스라엘의 오토노모Otonomo 같은 대형 주자가 있다. 이들의 역할은 다른 분야의 통합자와 동일하다. 마케팅 분야에서 엑스페리안Experian 같은 대기업이 다양한 종류의 데이터를 사용 가능한 형태로 합치는 것과 동일한 작업이다. 배후에서는 알파벳이 자동차 분야에서 데이터 추출의 표준을 정할 때 중요한 역할을 한다.[60] 개인을 특정하면 안 되는 업계에서는 많은 데이터가 익명으로 분석된다. 자동차 분야 역시 데이터 허브들은 익명으로 통합된 데이터를 생성해 일반적인 용도로 사용한다. 하지만 개별 입력된 더 큰 데이터세트가 개인 식별을 위해 다른 데이터와 결합될 경우, 그런 데이터를 사려는 제삼자들이 생겨난다. 예를 들어 광고업자들은 시원한 음료나 따뜻한 음료를 광고하기 전에 운전자가 선호하는 차내 온도를 알고 싶어 한다.

하지만 데이터 허브들은 자동차 데이터 시장에서, 익명화된 데이터를 원치 않는 중요한 제삼자와 연결된다. 바로 보험사다. 보험 계약은 데이터 처리를 통해 점점 더 변해가고 있다. 새로운 운전 습관 기반 보험(때로는 연계 보험이라고 불린다)은 모르고 저지른 일회성 실수라도, 언젠가 누구에게 영향을 줄 수 있는 실수를 그냥 넘기지 않는다. 이 보험은 특정 가입자 맞춤형 상품으로, 가입자의 차량에서 직접 수집된 데이터를 근거로 계속 수정된다. 많은 운전자들이 가진 일반적인 위험 요소가 아니라, 보험사가 관찰한 개인의 특징에 맞춰 선별된 위험 요소들을 근거로 보험료가 산정된다.[61]

달리 말해 보험사는 밝히지 않지만 이제 보험 계약은 감시 계약이다. 차량 데이터 허브인 오토노모가 그런 계약을 운용하기 위해 인수한 '더 플로우The Floow'의 블로그를 보면 명백한 의도가 보인다. 운전자의 습관과 행동을 모니터링하기 위해 어떻게 차에 기기를 설치하는지 상세히 나온다. '습관'이란 어휘에 주목하자. 이것은 매 순간 차량에 대해 추적과 대규모 분석을 반복적으로 한다는 의미다.[62] 미국 프로그레시브 보험Progressive Insurance이 마케팅한 상품명이 '스냅샷Snapshot' 인 것도 이와 어울린다.

개발도상국의 보험 사업 사례를 보면, 새로운 자동차 보험을 둘러싼 식민주의 요소가 더 명확해진다. 라틴아메리카, 아프리카, 동남아에서 개인화된 자동차 보험은 보험사에 매력적이다. 왜일까? 최근 스위스 정치학자들의 발표를 보면, 개인화 상품은 보험사에게 위험 요소 때문에 꺼려지는 고객들을 늘릴 새 기회를 준다. 보험사들이 추출하는 위험 요소 관련 데이터가 확대되면서 가능해진 일이다. 데이터를 차량(GPS 위치 데이터 같은)뿐 아니라 운전자의 개인 정보와 SNS 계정에서도 추출하기 때문이다.

연구자들은 보험 전문가들을 면담하면서, 이용자들이 집 주소 같은 평범해 보이는 항목으로 인종 등의 정보를 숨길 수 있다고 여긴다는 것을 발견했다. 하지만 결국 어디 살든 주소지는 이용자의 인종과 무관하지 않다. 그 점을 고려하면, '실패할 가능성' 같은 다른 항목도 미묘하게 인종을 지칭하지 않는다고 확신하기 어렵다. 여기서 알 수 있는 것은 데이터 수탈이 새로운 유형의 시장을 연다는 점이다. 이제 서비스 업체는 위험 부담을 다수 고객에게 분담시킬 필요가 없다. 케냐의 보험사 CEO는 이렇게 말했다. "모두에게 똑같이 5%를 부과하는 게 공평하지 않다고 생각했습니다. 남들보다 더 좋은 운전자도 일부 있으니까요. 그래서 저희 회귀 모델은 각자 다른 비율을 제시합니다(해석: 회사에서 추출한 데이터가 당신을 나쁜 운전자로 추정하면, 알고리즘은 당신이 더 지불할 액수를 계산합니다)."[63]

적어도 선진국에서는 차량 데이터 추출의 추세가 계속 확장될지 아직 모른다. 일부 전문가들은, 자동차 업체가 깐깐한 운전자들 때문에 보험사의 지속적인 데이터 유출 요구를 거부할 것이라고 본다. 자동차 제조사와 구글 같은 빅테크 기업들 사이에 비슷한 긴장이 나타날 것이다.[64] 하지만 테슬라Tesla 자동차를 구입하고 테슬라가 제안하는 보험에 관심이 있다면, 선택의 여지가 없다. 테슬라 차들은 운전 중인 차량에서 엄청난 양의 데이터를 추출하고,[65] 테슬라가 제안하는 유일한 자동차 보험은 차주와 차량 관련 데이터로 설계된다. 실제로 업체 입장에서 그런 데이터 덕에 새로운 가치의 부가 서비스가 가능하다. 테슬라는 데이터를 수집하는 데서 그치지 않는다. 소비자에게 본인의 데이터를 되판다. 그것도 여분의 비용을 받고서 말이다.[66]

경제학자들은 자동차 보험 시장에서 부족했던 정보를 보충하기 위해서는 이런 새로운 형태의 데이터 추출이 필요하다고 보기도 한다.[67] 하지만 이는 현재 추출 방식이 광범위하게 변하고 있다는 사실을 간과한 견해다.

알고리즘의 나라
만들기

    지금까지는 SQS에 관계된 업체 관련자들을 살펴봤다. 그런데 여기서 국가와 정부는 어디에 포함될까? 민간 분야 못지않게 공적 분야에서도 데이터 추출이 일어난다. 실제로 두 분야는 점점 밀접하게 엮이고 있다.

    일반적으로 정부는 틀림없이 개인 정보를(바라건대 안전하게) 축적한다. 하지만 국가가 불투명하거나 설명 없이 특정 집단을 겨냥해 데이터를 사용하면, 상황이 훨씬 곤란해진다. 스페인 북부의 카탈루냐 지역에서는 정부가 무슬림들을 모니터링하기 위해 광범위한 예방 시스템을 관리한다는 사실이 드러났다. 반 이슬람 혐오 단체에 참여한 흔적과 몇 가지 허위 뉴스를 페이스북에 올린 것만으로도 시민권 신청이 거부되고, 신청자가 추방될 수 있다. 또 시스템이 디지털 감시 방법에 점점 의존하는 한편, '급진화와 극단주의의 적발과 예방 과정 PRODERAE을 위한 카탈루냐 의정서'에서 이 기술이 중요한 역할을 하는 것이 확

실하다.[68]

이런 감시는 국경까지 확장된다. 이 장 서두에 나오는 칼레드의 사연을 기억하는가? 국가는 점점 스마트 국경이라는 디지털 데이터에 의존해 이주자들의 이동을 통제한다. 국경의 데이터화가 이주자들을 비인간적으로 취급한다는 사실은 놀랍지 않다. 유엔난민고등판무관실의 발표에 따르면, 2022년 말 세계에서 빈곤, 폭력, 인권 유린, 환경 파괴를 피해 나온 난민은 1억 천만 명이었다.[69] 많은 이들의 입국 시도는 칼레드의 경우처럼 여러 데이터 추출 기술로 저지당한다.

스마트 국경(3장의 스마트홈에서 '스마트'란 어휘를 접했지만, 이 경우 더 무시무시하다)은 낮은 수준의 기술을 도입한 국경보다 치명적인 존재로 변하기 쉽다. 사방이 감시 장치로 둘러싸인 이주자들은 더 위험하지만 감시 기술의 수준은 낮은 지역으로 밀려나서 국경을 넘으려 했고, 그 결과 사망률이 높아졌다.[70] 게다가 스마트 국경은 관리가 부실해지기 쉽다. 스마트 기기들은 일반적으로 민간 분야에서 생산되어 정부의 규제와 책임을 더 어렵게 만든다.

스마트 국경에는 비자 신청을 검토하는 자동화 시스템과 상공, 해상, 육상을 모니터링하는 드론 같은 자율 감시 기술, 사람을 추적하고 인식하는 지능형 비디오 시스템, 국경을 넘는 이주자들을 통제할 안면 인식, 지문, 홍채 스캔 등 광범위한 생체 인식, 전자 발찌나 위치 추적 장치, 공문서, 의료와 교육 기록, 전화 위치 정보, SNS, 개인 정보 등에서 데이터를 추출하여 분석하고 상호 참조하는 광범위한 시스템 등 다양한 기술들이 사용된다.

정부가 감시하는 이런 노력들 뒤에는 아마존과 마이크로소프트처럼 잘 알려진 SQS 업체들이 있다. 그 업체들의 클라우드 서비스에 의존해서 추출된 데이터가 저장되고 처리된다. 하지만 팔란티어, 세일즈포스Salesforce, 렉시스넥시스 같은 덜 알려진 업체들도 관여해, 대규모 데이터를 처리할 때 중요한 역할을 담당한다. 이런 기업들은 정부와 수백만 달러짜리 계약을 한다. 계약 내용이 복잡해서, 특정한 목적으로 수집된 데이터가 다른 목적에 쓰이지 않는지는 확실히 알 수 없다.

스마트 국경에 울리는 식민주의의 메아리는 충격적이다. 어떤 데이터 기술은 식민지 국경을 통제하는 역할을 항상 담당했다. 실제로 여권의 지문, 예방 접종 카드까지 많은 기술이 발명되었다. 또 인간은 국경을 극복하기 어렵지만 기술은 쉽게 할 수 있다. 국경을 넘어 입국하려는 이들의 추적과 감시에 사용되는 기술들이 있기 때문이다. 이란 같은 전제 국가에서 치안에 사용되는 안면 인식 기술을 생각해보자. 2022년 9월 이란에서는 여성들이 히잡을 착용하는지 감시하기 시작했다.[71] 국경은 늘 식민주의의 합리화를 내세우며 공권력이 폭력적으로 강화되는 곳이었다. 오늘날 위력 있고 광범위한 데이터 추출 기술은 불균형을 심화시킨다.

팔란티어의 데이터 영토

논란의 대상인 실리콘밸리 기업가 피터 틸Peter Thiel은 "우리 세대는 달을 식민지로 삼을 것이란 장담을 들었다. 대신 우린 페이스북을 얻었다"[72]라고 말했다. 그는 페이스북의 초기 투자자지만 곧 본인이 창업을 했다. 여기서는 그가 설립한[73] 전자 결제 플랫폼 페이팔이 아니라 '팔란티어 테크놀로지'를 말하는 것이다. 팔란티어는 현재 국경 운영 지원을 주도하는 기업이다. 데이터 식민지 특권층이 어떻게 국가의 데이터 관리와 영토 관리라는 광범위한 목표에 기여하는지 살펴보자.

팔란티어는 뉴욕 주식시장에 상장된 시가총액 345억 달러의 미국 기업이다. 2003년 설립된 현재 가장 은밀한 빅테크 업체로 꼽힌다. 자동차 분야나 마케팅에서 봤던 데이터 통합자와 비슷한 일을 한다. 이 회사는 데이터 자체를 수집하는 게 아니라, 여러 외부 고객사에 중요한 데이터 통합 서비스를 제공한다. 팔란티어의 고객은 주로 안보, 국방, 정보 분야지만 건강관리와 약물 감시를 포함해 다양한 영역에서 업체나 단체와 거래한다. 영국 NHS(국민 보건 서비스, 의료 서비스를 제공하는 국가 기관: 옮긴이)에 데이터 처리 관련 인프라를 제공하는 역할은 점점 논란거리가 되고 있다.[74] 하지만 팔란티어의 주요 입지는 정부 핵심 사업과의 관계에 있다.

사람들이 국경을 넘을 때마다 정부들은 많은 데이터를 얻는다. 정부들도 직간접적인 권력을 이용해 막대한 분량의 다른 데이터에 접근한다. 하지만 어떻게 이 데이터 자원들을 연결해 의미 있게 만들 수 있을까? 또 어떻게 현재 국경을 넘는 개인이 일으킬 법한 위협을 체계적으로 꾸준히, 실시간으로 감지할 수 있을까? 여기서 팔란티어의 서비스가 작동한다. 팔란티어는 막대한 데이터를 수집해 대형 데이터세트로 만들고 거기서 더 나아간다. 기술적인 설명을 상세히 하지는 않겠지만 팔란티어는 상호 연결된 세 단계의 주요 작업을 한다. 그것이 어떻게 진행되는지 살펴보기 위해, 팔란티어가 거래하는 정부 부서가 있다고 상상해보자.

첫째, 팔란티어는 정부가 보유한 막대한 양의 관련 데이터를 정리한다. 달리 말해 하나의 데이터베이스를 다른 데이터베이스와 서로 연동시킨다(예를 들면 학생과 교환학생 정보 시스템을 외국인 범죄 대응 정보 관리 시스템에 연계시킨다). 정부는 데이터들을 통합하는 방법을 모른다. 실제로 그런 데이터세트들을 서로 연동시키는 게 불가능하다고 생각할 것이다. 하지만 팔란티어는 불일치하는 내용을 빼고 모든 데이터를 라벨링해서 각각의 무의미한 데이터들을 하나의 크고 기능적인 데이터세트로 바꾼다. 우연하게도 그게 NHS 관리자들이 팔란티어의 핵심 소프트웨어 '파운드리 Foundry'로 혜택을 보는 부분이다.[75]

그런 다음 팔란티어는 잘 정리된 데이터 영토에 숨겨진 형태가 있는지 확인하기 위해 더 깊이 들어간다. 전문가들은 이것을 '온톨로지 ontology(사물들 사이의 관계나 개념을 컴퓨터가 처리할 수 있는 형태로 표현하는 것: 옮긴이)'라고 부른다. 더 익숙한 용어는 팔란티어가 만든 '메타데이터'다. 데이터를 라벨링하고 체계화하여 수많은 데이터 속에서 더 깊은 형태를 찾는 세밀한 방식을 생성한다.

세 번째는 실행 단계다. 팔란티어가 찾아낸 심층적인 형태로 예측을 만들고, 복잡한 데이터 형태를 미래에 특정 범죄나 위험이 일어날 가능성과 연결한다. 팔란티어는 이 예측 시스템으로 정부가 사건에 선제 대응하거나 방지할 수 있도록 지원한다.

이런 식으로 팔란티어는 정부의 적극적인 일원이 되었다. 팔란티어의 시스템은 복잡한 행정 업무를 배후에서 지원하는 게 아니라 체계화되지 않은 데이터 영역에서 결정을 내릴 수 있게 해준다. 팔란티어가 없었다면 그런 데이터에서 결정을 끌어내지 못했을 것이다. 팔란티어는 처음 연동되는 데이터베이스들 사이에서 특정한 형태들을 찾아낸다. 그리고 지금까지 따로 분류된 적 없는 새 목표(전문용어로 '데이터 객체')를 생성한다. 이것들은 팔란티어의 복잡한 처리 과정에서만 목표로 등장한다. 목표를 분류한 다음, 그것들을 중심으로 다시 결정을 내리고 계획을 세운다.[76]

예를 들어 팔란티어는 미국 이민세관집행국ICE이 다양한 데이터베이스에서 밀입국자들을 골라낼 수 있도록 해준다. 그 결과 국경을 혼자 넘은 어린이의 가족이 입국하는 경우, 용의자로 지정해 체포해서 추방한다. 이런 식으로 이 어린이가 미국에서 가족과 만나지 못하게 효과적으로 막을 수 있다. 팔란티어는 자사의 소프트웨어가 밀입국자를 추방하는 데 이용된다는 사실을 부인하지만, 이 프로그램으로 최소 443명이 ICE에 의해 추방당했다.[77]

팔란티어는 정부가 통치하는 세상을 말 그대로 재건설한다. 미국 증권거래위원회SEC의 문건을 보면, 팔란티어는 세계를 모델링하고 의사결정을 내리는 보편적인 플랫폼을 원하는 고객의 수요에 부응한다. 하지만 이것들은 쓰고 버리는 일회성 모델이 아니다. 정부의 의사결정과 관련된, 새로 부상하는 영구적인 인프라다. 그것들은 어디에 있을까? 미국은 확실하지만, 팔란티어의 유럽 내 활동은 추적이 어렵다고 판명되었다. 하지만 덴마크, 프랑스, 네덜란드, 영국에서 국가 안보와 관련된 활동을 한다고 알려져 있다.[78] 큰 재난은 팔란티어에게 고마운 친구다. 팔란티어는 팬데믹 동안 그리스와 네덜란드 정부, 우크라이나의 난민 위기를 관리하는 영국 정부를 지원했다.[79] 팔란티어는 이것을 '서비스형 소프트웨어(사용자가 필요한 기능만 사용하게 하는 소프트웨어: 옮긴이)'라는 유명 제품을 연상시키는 '서비스형 데이터'라고 완곡하게 부른다. 하지만 SEC의 문건에 명시된 팔란티어의 진짜 야망은 미국 정부 데이터의 기본 운용 시스템이 되는 것이다.

최근 팔란티어의 공인 특허를 철저히 연구한 결과, 훨씬 걱정스러운 내용이 밝혀졌다. 권력자들의 관점을 바꿀 뿐만 아니라, 이후에는 통제당하는 사람들의 관점을 바꾼다는 야망이다. 논문 저자들은 이렇게 말한다. "팔란티어는 자사의 플랫폼이 정부, 산업계, 단체에서 아무도 모르게 일반적인 관점의 기준이 될 세상을 상상한다." 달리 말해 팔란티어는 거울로 세상을 비추고, 강력한 조직과 정부에게 거기 있는 영토를 보라고 설득한다.[80] 그 거울은 팔란티어가 등장하기 전에는 존재하지 않았다.

그 임무는 팔란티어가 러시아와 싸우는 우크라이나군을 지원할 때 잘 드러난다(이 글을 쓰는 지금 드러나기 시작했을 뿐이지만). 팔란티어와 우크라이나군은 상업 인공위성과 첩보에서 얻은 데이터를 지상의 관측 기기와 결합한 시스템을 구축했다. 덕분에 지휘관들은 전장의 상황을 전보다 쉽게 파악할 수 있었다. 이 시스템이 강력한 이유는, 지구 반대편에서 강력한 AI 요원이 일론 머스크의 스타링크Starlink 위성을 통해 데이터를 처리해 실시간으로 전쟁터에 알려주기 때문이다. 전문가들은 이 시스템이 제공하는 장점의 가치를, 핵무기가 없는 적군과 핵무기로 싸울 때와 비슷하게 본다. 또 이 시스템이 수십 년간의 전쟁 방식을 바꿨다고 말한다.[81]

데이터 식민주의 시대에 기업과 정부의 데이터 추출 논리가 맞물려 작동하는 예가 팔란티어다. 데이터 식민지 특권층의 권력자들은 서로 협력해서 그동안 우리가 가진 보편적인 생각을 바꾸려 한다. 이 관점은 우크라이나인들을 적보다 우위에 서게 해주는 모양새다(팔란티어가 기술을 우리가 지지하지 않는 군대에 팔까 걱정되지만).[82] 칼레드에게는 이 관점의 결과가 억압이고, 그는 그 억압을 받으면서 살아야 한다.

팔란티어가 등장한 지 20년, 우리가 어디로 향하게 될지는 오리무중이다. 동인도 회사가 1599년에 설립된 후 준 군사 국가가 되기까지 150년이 걸렸다.[83] 팔란티어라는 이름의 기원인 '팔란티르Palantír'를 명심하자. 팔란티르는 《반지의 제왕Lord of the Rings》에 등장하는 천리안 구슬로, 과거와 미래의 모든 것을 볼 수 있다. 의문은 여전히 남는다. 누가 그런 권력을 통제할 것인가, 그리고 어떤 결말이 될 것인가?

글로벌 데이터 국가의 출현?

팔란티어는 여러 변화의 특이한 사례일 뿐이다. 세계 경제에서 마이크로소프트와 구글 같은 빅테크 업체들은 비즈니스와 정부에 정보 인프라를 제공한다. 데이터를 융합해 클라우드에 저장하는 대규모 서비스 덕에 비즈니스와 세계가 관계를 유지한다고 업체들은 말한다(팔란티어는 구글 클라우드를 이용한다).

그런 결합은 최근에 발전한 게 아니라, 오랜 국가와 기업 협력의 역사 속에 숨어 있었다. 미국에서 알파벳(구글의 소유주)은 초기부터 국방부와의 밀접한 공조로 수익을 올렸다. 경제학자 마리아나 마추카토 Mariana Mazzucato가 보여주듯, 독립적이라는 애플도 정부 기금으로 과학자들이 연구한 혁신적인 기술을 바탕으로 아이팟, 아이폰, 아이패드를 만들었다. 한편 인터넷이 DARPA(미국 국방고등연구계획국)의 기금으로 시작된 것은 잘 알려진 사실이다.[84] 따라서 2022년 12월 미국 국무성이 90억 달러짜리 클라우드 컴퓨팅 계약 당사자로 아마존, 마이크로소프트, 오라클과 함께 알파벳을 선정한 것은 놀랍지 않다.[85] 또 DARPA가 음성 인식 인터페이스의 개발에 자금을 지원한 것도 이해된다. 이 기술은 음성 AI 산업의 가장 중요한 혁신이다.[86]

상황이 이러니 서구 비평가들은 중국 정부가 초기에 주요 플랫폼들을 강력히 지원한 사실에 놀랄 자격이 없다.[87] 최근 중국 정부와 알리바바, 텐센트, 차량 공유 서비스 디디(2021년 6월 뉴욕 주식 거래소에 상장되기 얼마 전에 중국 앱스토어에서 빠졌다) 같은 기업들의 갈등이 시사하는 점은 따로 있다. 중국 같은 사회에서는 초기에 데이터 수집과 처리에 정치적 지원이 필요하다는 것이다. 2021년 4월 중국 공산당이 발표한 제 14차 5개년 계획에서는 최초로 데이터를 국가 핵심 자산으로 표현했다. 국가의 통제가 더 심해진다는 뜻이다.[88]

하지만 서구에 비해 중국은 빅테크가 성장할 때부터 소비자, 기업,

정부 데이터를 국가 자산으로 통합하려는 전략적 목표가 있었다는 사실이 놀랍다.[89] 인터넷 플러스(리커창 총리가 언급한 모든 기기에 인터넷을 더한다는 개념: 옮긴이), 인공지능, 사회 신용 체계(국민의 행동을 수치화해서 국가가 통제할 수 있는 중국의 제도: 옮긴이)의 발전과 관련된 중국의 정책을 살펴볼 만하다.

사회 신용 체계 제도를 승인한 정책 문건에 계획의 핵심이 나온다. 중국 정부는 실리콘밸리에서 흔한 '권한 분산'이나 '자유' 시장 같은 용어를 쓰지 않는다. 대신 더 직접적인 '시장 사회경제 구조 개발'[90]로 표현한다. 그렇다. 근본적으로 사회의 목표는 구조이지 자유가 아니다. 하지만 '구조'란 단어는 앞에서 살펴본 데이터를 통한 다양한 사회 변화도 설명한다.

결국 고용 주체가 기업이든 정부든, 이질적인 데이터 식민지 특권층을 확장시키는 원리가 여기 있다. 특이한 야망이다. 세상을 새롭고 지속적인 시각으로 보려는 야망, 그것을 토대로 역사에 없던 강력한 영토에서 권력을 행사하려 한다. 데이터 영토의 점령군인 기업들이 최초의 수혜자라면, 정부들도 뒤처지고 싶지 않다.

일부 독재 정부들의 정책은 과도하다. 서구 언론은 중국의 사회 신용 체계나 가장 기초적인 공적 업무도 생체 ID를 요구하는 인도의 아드하르Aadhaar 프로그램에 절망한다. 제도를 실현한 결과 복지-산업 복합체가 생긴다. 민간 기업이 정부와 협력해 복지 시스템과 논란 많은 산업 개발에서 사업 기회를 만든다.[91] 하지만 민주주의 정부를 포함해 모든 정부가 데이터에 따르는 정책으로 이익을 추구하지는 않는다.

그들이 얻는 이익은 주로 데이터 영토 점령이다. 어디서나 기업의 기술이 그것을 가능하게 한다. 결국 2013년 스노든이 밝힌 핵심 메시지도 그것이었다. 그러니 기술을 선용하는 민주 정부, 기술을 악용하는 독재 정부의 개념은 물론이고, 좋은 기업, 나쁜 정부의 이야기에 매몰되지 말자. 정부의 본질은 새로운 통제와 지식으로 전체를 개혁하는 것이다. 데이터 영토가 민관 협동 감시를 통해 그걸 가능하게 하고, 오랜 통치 계층이 데이터 식민지 특권층과 협력해 권력관계를 재편한다.[92]

여기가 식민주의와 산업자본주의의 역사가 지속되는 중요한 지점이다. 정부는 늘 영토와 관련된 데이터에 의존하지만, 데이터 수집 능력은 수백 년간 제각각이었다. 국가의 데이터 수집이 가속화된 시기는 19세기로, 식민지 권력은 식민지에서 지문 같은 신종 감시 기술을 연마했다. 초기 산업주의의 붕괴로 고통받는 본국 국민을 발전된 통계 기술로 관리할 목적이었다.

오늘날 정부들은 점점 데이터의 상업적 기술과 알고리즘 처리를 의사 결정에 사용하려고 하며, 빅테크가 제공하는 인프라에 의존하는 경우가 많다(보고에 따르면 이미 미국 정부 기관 6천5백 곳에서 아마존 클라우드 서비스를 이용한다).[93] 라틴아메리카는 그런 양상이 빠르게 확장되는 지역이다. 정보가 부족한 정부들은 고질적인 사회문제를 빠르게 해결할 수 있는 답을 찾기 때문이다. 예를 들어 아르헨티나 정부는 최근 마이크로소프트와 AI로 '사회 중재용 기술 플랫폼'을 생성하는 계약을 체결했다. 이것은 저소득 여성들 중 10대의 임신을 예측하는 프로그램이다.[94] 호루스Horus는 라틴아메리카의 사회복지 프로젝트로, 아르헨티나와 브라질에서 약진하고 있다. 복지 수급자를 집중적으로 조사해 낭비되는 복지 예산을 줄이려는 조치로, 마이크로소프트 같은 빅테크의 AI 서비스로 구동된다.[95]

한편 앞서 언급했듯이 인도 정부는 사회복지의 인프라로 아드하르 신분증 시스템을 만들었다. 디지털 신분증은 다른 업무에도 흔히 쓰여서, 2019년 중반까지 인도 인구의 89%가 등록했다.[96] 초기의 명분은 빈곤층을 정부 데이터베이스에 등록해, 다양한 복지 제도에서 수급 신청을 쉽게 할 수 있도록 한다는 것이었다. 하지만 시스템은 중국의 사회 신용 체계와 같이 인도 시민과 경제 활동의 근간으로 확장되었다. 아드하르는 처음부터 생체 데이터와 민관 협력 체계를 기반으로, 심각한 프라이버시 침해와 감시 논란을 일으켰다.[97] 중국처럼 인도에서 데이터는 국가 기반의 국수주의를 유지하기 위한 효과적인 요소임이 입증되고 있다.[98]

대조적으로 에스토니아의 X-로드X-Road 프로젝트는, 정부가 현실적인 대안을 기반으로 서비스를 운영하는 드문 예다. 데이터의 흐름은 데이터의 당사자인 시민에 의해서만 통제된다.[99] 지금까지 어느 정부도 에스토니아의 예를 따른 증거가 없다.

데이터의
고독한 탐험가들

빅테크 이야기를 상세히 살펴보면 데이터 식민주의 이야기이고, 주인공은 기업, 정부이다. 하지만 과거 식민주의처럼 개인 탐험가들도 중요한 역할을 한다. 그들도 정복자가 되어, 어느 작가의 표현처럼 '감시 개척주의'에[100] 가담할 수 있다.

2022년 5월 독특한 예가 일어났다. 강력한 기업과 정부 둘이 큰 수익을 기대하면서 거래를 성사시켰다. 한 사람은 당시 브라질 대통령 자이르 보우소나루Jair Bolsonaro였다. 다른 한 명은 테슬라와 스페이스XSpaceX의 대표이자 현재 트위터 소유주인 일론 머스크였다. 포르투펠리스의 호화 리조트에서 체결한 계약은, 머스크의 스타링크 위성을 이용해 외진 시골 학교 만 9천 곳에 인터넷을 연결하고 아마존 열대우림지대의 환경을 감시한다는 의도가 담겼다. 이제 브라질 신임 대통령 룰라 다 시우바Lula da Silva의 통치하에서도 계약이 유지될지 의심스럽다. 하지만 이 계약은 탐험가들의 야망을 조명한다. 추측컨대 이 계약의 진짜 목적은 학생들이나 환경을 돕는 게 아니라, 간단하고 단순한 데이터 추출이었다(한편 머스크의 스타링크 시스템은 이미 아마존에서 불법 채굴꾼들이 사용하고 있다).[101]

우리는 이 장의 앞부분에서 다른 탐험가를 만나봤다. 2020년 1월 헤드라인을 장식한 안면 인식 앱 클리어뷰AI를 개발한 호주인 호안 톤 탓이다.

앱의 기본 동작 방식을 기억해보자. 먼저 페이스북, 유튜브, 벤모 Venmo(미국의 모바일 결제 플랫폼: 옮긴이) 등 실제로 이용자의 얼굴이 공개된 곳 어디든 수십억 명의 이미지를 긁어모아, 더 정교한 방식으로 고도의 AI가 처리해 얼굴을 식별한다. 그런 다음 출력된 메타 데이터를 이용해, 누군가가 결정을 내릴 수 있도록 지원한다. 예를 들어, 제삼자가 일부만 보이는 얼굴이 페이스북에 등록된 그 얼굴인지 확인하고 싶을 때 도와주는 식이다. 마지막으로 미국 등의 나라에서 법 집행기관이 이 방식을 사용할 수 있도록 허용한다면, 그 기관은 꿈의 도구를 갖게 되는 것이다. 페이스북, 유튜브 등 플랫폼이 자사에 올라온 수십억 명의 얼굴을 이렇게 사용할 줄 알았다는 증거는 우연히도 없다. 하지만 플랫폼들이 그러는 것을 막을 방도가 없다.

톤 탓은 이것을 잘못된 일로 생각하지 않았다. 본인 말대로 인터넷에서 성장한 개인 사업가로서, 저커버그가 하버드 재학 시절에 한 일을 대규모로 실행했을 뿐이었다. 당시 저커버그는 여학생들의 사진을 허락 없이 사용해 페이스북의 전신인 페이스매시 FaceMash를 만들었다.[102] 둘 다 도덕적인 문제로는 거론되지 않았으니 혈통이 명확한 셈이다. 톤 탓의 표현처럼 이것은 최선의 기술 활용이었다.[103] 하지만 톤 탓과 저커버그 모두 전형적인 식민주의 방식으로 처신했다. 가져가라고 거기 있으니 모조리 수탈했다.

〈허프포스트HuffPost〉가 밝힌 클리어뷰AI 직원이(사실은 톤 탓 개인의 SNS가) 미국 내 극우 활동가들과 겹치는 증거는 밀어두자.[104] 또 톤 탓의 기술이 인간의 자유에 미치는 충격적인 의미는 잠깐이라도 밀어두자. 대신 기본적인 문제에 주목하자. 톤 탓의 기술은 데이터 식민주의의 핵심 기술을 효과적으로 적용했을 뿐이란 점이다. 먼저 데이터 영토를 획득하고 다듬어 새 데이터의 열매를 맺게 한다. 그것을 완전히 통제하고 마침내 데이터가 어떻게 사용될지 개의치 않고 팔아넘긴다. 혹은 달리 말해 개척, 확장, 착취, 말살이다.

실제로 팔란티어의 특허권은 비슷한 양상을 드러낸다. 스마트폰에 저장된 얼굴 사진이 서버로 전송되면, 서버가 대형 데이터베이스를 참고해 인식해서 그 얼굴 및 주인과 연결된 모든 SNS 데이터와 자동으로 연결한다. 팔란티어의 비밀주의 때문에 상세한 관계는 알 수 없지만, 피터 틸이 클리어뷰 초기에 20만 달러를 투자해 차후에 주식으로 전환했다는 사실은 명확하다.[105]

하지만 팔란티어가 톤 탓의 사업에 더 투자했다는 확실한 증거는 없다. 아이디어가 추진력을 얻었는데 굳이 더 투자할 필요가 있을까?

클리어뷰는 경찰에 이 앱을 30일간 무료로 사용해보라고 제안했다. 경찰은 클리어뷰의 안면 인식 앱이 플로리다주 정부의 것보다 훨씬 큰 데이터베이스와 탄력적인 알고리즘을 가지고 있다는 걸 간파했다. 결국 톤 탓은 페이스북, 유튜브를 비롯한 광활한 데이터 영토를 활용했다. 아무튼 클리어뷰는 자사의 앱이 정확히 작동하는지 알 필요가 없었다. 그저 법 집행기관이 결정을 내릴 만큼 신뢰성 있는 단서를 제공하기만 하면 되었다. 2020년 클리어뷰는 당시 최소 75%의 데이터를 찾아냈다고 주장했다.[106] 어쨌거나 이 결과는 클리어뷰를 세계적인 위상으로 끌어올리기에 충분했다.

데이터 식민주의의 일부 전리품을 클리어뷰가 허가 없이 약탈(불법 복제라고 부를 수 있겠다)하자 일부 분야에서 경악했다. 개인에게 데이터를 판 행위에 대해 그리스 당국과 영국 정보위원회가 벌금을 부과하는 등 법적 조치가 취해졌고, 이어서 미국 일리노이주에서는 바로 금지되었다. 하지만 그것은 2020년의 사업에 대한 부정적인 반응이었다. 2년 후 다시 확인해보니, 클리어뷰는 인상적인 느낌의 웹사이트로 재무장한 상태였다. 웹사이트에는 '공공의 안전 강화', '사람들, 시설, 상거래 보호'같이 안심을 주려는 어구가 넘쳐났다. 확장된 데이터베이스(200억 명 이상의 얼굴)와 개선된 정확도(99% 이상)로 모든 인구 통계 집단에 적합해 미국과 서구 세계에서 안면 인식 분야 1위에 올랐다고 주장했다. 만족한 거래 상대 중에 우크라이나 무장 병력이 있고, 긍정적인 미디어 기사도 다수라고 자랑했다. 톤 탓이 식민지 침입자에서 보안 제공자로 구제받아 등장했다.[107]

하지만 고독한 탐험가가 군사 작전의 핵심 주자로 변신한 것은 빅데이터 시대에 우연히 일어난 일이 아니다. 아메리카나 인도 강점기도 마찬가지였다. 물론 오늘날의 지정학적 맥락은 무척 다르다. 우리는 서구와 중국과 러시아 사이에서 부상하는 신냉전 시대의 중심에 있다. 하지만 가장 중요한 것은 영토 확장이다.

가끔 데이터 식민주의의 고독한 탐험가들은 유순해 보인다. MIT 교수 알렉스 '샌디' 펜틀런드Alex 'Sandy' Pentland를 보자. '웹 2.0'이라는 용어를 만든 팀 오라일리Tim O'Reilly는 2011년 세계 최고의 데이터 과학자 7명 중 한 명으로 펜틀런드를 꼽았다.

펜틀런드는 데이터 공학만 하지 않는다. 그는 데이터 분석을 이해시키기 위해 전체 사회과학의 새 버전을 개발했다. 2015년 저서《창조적인 사람들은 어떻게 행동하는가Social Physics》에서 사회과학 모델을 "인간의 동작과 소통 속 통계학적 규칙성의 탐색으로 대체하자"라고 제안하고,[108] 그 규칙성이 행동의 계산적 이론을 창출할 수 있다고 주장했다. 소재는 개인 데이터, 즉 각자 세상을 살아가면서 흘린 '디지털 부스러기'다. 결과는 기본적으로 네트워크 분석이다. 우리가 SNS를 통해서나 사람들과 직접 교류하면서 이루어지는 사회적 상호작용에서 형태를 찾는다.

이 데이터 분석의 목적은 무엇일까? 어떻게 SNS가 작용하고 복제되는지 거시적으로 이해하여 새로운 사회적 지식을 개발하는 것이다. 그는 이것을 기업 조직에도 적용했다. '사회 관계성 측정 장치'를 개발해서 인간 상호작용 네트워크를 통해 조직의 문화를 측정했다. 이 개념을 맥도날드사가 이용하고, 국가 전체가 적용한 사례도 있다(코트디부아르 전체가 그의 '발전을 위한 데이터' 프로그램을 이용해 모바일과 인구통계 데이터를 수집한다).[109] 그의 기업들 중 엔도르Endor는 AI 예측을 다각도로 접하게 해주는 블록체인 기반 플랫폼이다.[110] 또 코기토Cogito는 음성 인식 AI 기반 분석 업계의 선두주자다.[111] 최근 그는 데이터 자본이 공동체의 서비스에서 어떻게 자리매김할 수 있는지에 주목한다.[112] 하지만 데이터 공학의 핵심인 모든 인간과 사물에게서 데이터를 추출하는 작업에 의구심을 갖는지는 명확하지 않다.

어떤 이득을 얻든지 그의 기업가 정신은 데이터 식민지 시대에 등장한 새로운 과학의 모습을 톤 탓보다 분명하게 보여 준다. 식민지화 과정에서 새로운 영토를 통치하는 방법을 배우다가 식물학과 동물학이 출현했듯이, 오늘날에는 데이터 식민지라는 거대한 군도를 지도로 그린다는 '사회물리학'이라는 과학이 있다.

우리가 바로
소비자다

식민주의를 주도한 나라들의 지형은 늘 복잡했다. 결국 영국 등의 식민지를 개척한 국가의 자국민은 먼 식민지에서 자신들의 제국이 저지르는 일이 남의 일 같이 느껴졌더라도 식민주의와는 큰 이해관계가 있었다. 영국이 노예 무역에 장기간 의존했음을 자각하자는 최근 캠페인처럼, 식민주의는 본국에 막대한 부를 안겼다.[113] 오늘날 여전히 데이터 식민주의와 연결된 나라는 먼 곳에서부터 수탈이 벌어진다. 개발도상국 노동자들은 저임금 육체노동을 하면서 AI를 학습시킬 자료를 만들거나, 전자기기에 필요한 광물을 캔다. 하지만 그 지형은 과거 식민주의와 사뭇 다르다. 현재는 일반적인 목표인 인간의 삶(그것이 자의든 타의든 데이터가 된다면)이 어디에나 있기 때문이다.

데이터 식민주의가 어떤 영향을 주는가는 그 사람이 있는 곳, 사회적 위상, 직업에 좌우되며 특히 식민주의 같은 오랜 권력의 역사와 어떤 관계가 있는가에 따라 결정된다. 비즈니스와 다른 분야 특권층들은 자기 사진이 클리어뷰 데이터베이스에 있고, 자신이 쓰는 플랫폼과 검색한 웹사이트 데이터가 분석된다는 말을 들으면 안달할 것이다. 그런데 데이터 추출의 결과는 그들이 특권층이라는 점만 확인해준다. 하지만 개발도상국이나 선진국에서 빈곤층은, 지속적으로 일어나는 데이터 추출의 위력과 그것이 자신의 평가에 안 좋게 쓰인다는 사실을 이미 안다. 대출을 받으려 할 때, 기초 수급자 신청을 할 때, 긱 경제에서 감시받는 일자리밖에 없을 때, 그들은 데이터 추출의 위력에 맞닥뜨린다.

이 복잡성의 이면에 한 가지 명확한 사실이 있다. 어디 살든, 일상적으로 플랫폼과 앱을 사용하는 우리는 데이터 추출 체계가 유지되는 데 도움을 주고 있다는 것이다. 우리가 계속 서비스 약관에 동의하는 행위는 데이터 식민주의의 거래에서 핵심이 되는 부분이다.

이용자는 완전히 사적인 언어로 질문을 받는다. 내 데이터가 위험한가? 내 사진이 플랫폼들끼리 전송되는 걸 막아야 할까? 이것은 데이터 식민주의를 개인적으로 평가할 수 있는 거래로 보이게 만든다. 하지만 그렇지 않다. 첫째, 3장에서 봤듯이 사업의 이익은 한 사람만이 아닌 모두가 데이터를 양도하는 것과, 또 여기서 유출되는 데이터들 간의 관계에서 생긴다.[114] 둘째, 권력관계의 변화는 다 같이 기존의 습관을 바꾸었을 때만 일어난다. 그러니 데이터 식민주의는 한낱 개인의 문제가 아니다. 우리는 데이터 식민주의에서 사회 체계의 일부다. 우리가 서로 맺는 사회관계의 모습은 우리 삶에서 어떻게 데이터가 추출되는지가 결정한다.

하지만 새 사회 체계에 참여한다고 해서 누구나 데이터 식민지 특권층이 되진 않는다. 데이터 영토의 수탈로 독점적 수익을 올리는 이들이 특권층이 된다. 또 과거 식민주의에서 계승된 불평등은 그들에게 유리하게 작용한다. 모든 과거 특권층들이 데이터 특권층은 아니지만 (미국이나 영국의 지주 계층이 데이터 공학자나 빅테크 투자자가 된다는 증거는 아직 없다), 새로운 식민지 특권층이 데이터로 불평등한 시스템을 만들 수 있도록 도운 것은 분명하다.

디지털 플랫폼 소비자이자 데이터화된 세계의 근로자인 나머지 우리들은 데이터 식민주의 체계에서 묵묵히 동의 버튼을 눌러야 한다. 우린 연결을 요구받는다. 앱을 다운로드하고, 플랫폼에 가입하고, 그것들을 계속 업데이트한다. 데이터 특권층들은 우리와 기기를 계속 데이터 추출 시스템에 연결시키려 한다.

최근 일어난 정치적 사건은, 어떻게 사람들을 단계적으로 매일 데이터 관계에 참여시키는지 보여주었다.[115] 2022년 8월 인도 독립 기념일을 준비하면서 나렌드라 모디 Narendra Modi 수상은 인도인민당 BJP 지지자들에게, 가정에 국기를 게양한 사진을 어떤 웹사이트에 올리라고 요청했다. 캠페인 이름은 '하르 가르 티랑가(집집마다 국기를)'였다. 디지털 인권 운동가들은 기념 외에 다른 의도가 있는 캠페인일까 걱정했다. 업로드한 사진에는 위치 정보가 포함되었고, 이를 통해 지지자의 집 주소와 전화번호 등의 개인 정보를 알아낼 수 있었다.

인도 국민 6천만 명이 캠페인에 동참하고, 대가로 문화부의 감사장을 받았다. 우타르프라데시에 거주하는 54세 교사 맘타 Mamta 도 그

중 한 명이었다. "전쟁에서 이긴 것처럼 뿌듯한 기분이에요." 질문을 받자 그녀는 개인 정보 보호는 신경 쓰지 않았다고 인정했다.[116]

데이터의 새로운 식민지 특권층이 내미는 달콤한 제안을 거부하려면 어떤 사상을, 어떤 창의적인 자원을 발굴해야 될까?

DATA GRAB

5장

저 항 의

목 소 리

춘평에게는 고객들이 배달 앱에 나쁜 리뷰를 남길 때가 최악의 상황이었다. '배달 시간이 너무 오래 걸렸고 음식이 식어서 도착했다. 게다가 내가 항의하자 배달원이 무례하게 굴었다.' 이런 사람들은 그 시간에 교통 상황이 어떤지 알까? '쫑바오众包(중국 도시에서 음식 배달을 하는 긱 계약자)'인 그는 한 번의 계약 위반으로 당일 임금의 절반까지 깎일 수도 있었다. 그가 보기에 불공평한 처사였다.

앱이 대학 졸업생인 괴짜 두 명이서 소규모 스타트업으로 운영되던 시절만 해도 상황이 좀 나았다. 그는 자영업자가 되어 노동 시간을 임의로 정할 수 있다는 말에 끌려서 다니던 공장을 그만두었다. 당시에도 배달비는 업체가 장담한 금액에 못 미쳤지만, 독립적으로 일한다고 말할 수 있고 도시를 운전하며 다니는 것도 재미있었다. 그러다 회사가 중국 최대 배달 앱에 인수되면서 곧 상황이 곤두박질했다. 플랫폼 수수료는 늘 오르고, 회사로 들어가는 액수가(가끔 받는 팁의 일부를 포함해) 점점 늘었다. 회사나 정부는 생활비가 내려가는 게 아니라 오르는 중이라는 걸 모를까? 어떻게 가족을 부양하라는 건가?

하지만 그는 일을 그만둘 수가 없었다. 평점 4.5를 받으려고 얼마나 열심히 일했는데, 여길 떠나 경쟁업체로 가면 상황이 더 낫다는 보장도 없고 평점 0부터 다시 시작해야 했다. 그러니 모두 가망이 없어 보였다. 그뿐만 아니라 모든 배달원이 마찬가지였다. 배달원들이 대책을 의논하기 위해 사적으로 모이기 시작했다(알고리즘이 이런 대화를 감시할 게 뻔해서 위챗 채팅은 최대한 피했다). 배달원들이 가장 화나는 부분은 알고리즘이 배달비를 책정하는 데 아무 도움도 주지 않는다는 점이었다. 아니, 알고리즘에게 어떻게 해야 하는지 가르쳐주는 사람도 없나? 그가 어떤 모임에서 지적했듯이, 알고리즘은 회사와 근로자 모두 이익이 되도록 조정될 수도 있을 터였다. 모임마다 격분이 터져 나왔다. 상황이 점점 나빠졌다. 다른 도시에서 배달원이 임금 미지급에 항의해 분신했다.[1] 인도네시아에서 배송 기사들이 저임금과 열악한 근로 환경에 항의하는 뜻으로 실제로 입술을 꿰맸다는 소식이 들렸다. 그가 사는 도시에서도 두어 번 항의 시도가 있었지만, 경찰에 체포되면 급여가 더 줄어들 테니 참석하기 어려웠다. 게다가 경찰은 모임 구성원들을 체포하거나 구타해서 순식간에 해산시켰다.

그때 그에게 아이디어가 떠올랐다. 앱을 이용해 맞서자. 다음 시위 날, 예정된 시간에 모두 앱으로 저렴한 상품을 주문해 시위가 열릴 광장에 배달시키기로 했다. 배달원 수백 명이 동시에 몰려들 터였다. 경찰과 알고리즘이 어떻게 대응하는지 지켜보자고 그는 생각했다.

춘평의 사연은 가장 억압적인 상황에서도 저항은 늘 가능하다고 일깨운다. 일시적이라도 언제나 가능성은 있다. 음식 배달 앱 플랫폼 같은 권력의 도구를 업주에게 불리하게 돌려놓을 수 있다. 이 장과 다음 장에서, 우리는 데이터 추출 위에 세워진 새 사회 체계처럼 거대한 세력에 계속 저항하는 법을 알아볼 것이다. 현실적인 저항은 저항하는 이유를 알아야 가능하다. 처음에는 비현실적으로 보이는 발상에 의존한다. 세상이 흘러가는 방향과 필연성을 의심하면서 다른 미래를 그린다는 발상이 필요하다.

다행스럽게도 용기를 얻기 위해 전혀 새로운 발상을 할 필요는 없다. 우리는 과거에 비슷한 문제를 겪은 이들을 통해 배울 수 있다. 때로는 실패하기도 했지만, 식민지의 자원 수탈이나 한계가 없는 컴퓨터의 위험에 대해 목소리를 내려던 이들로부터 말이다. 데이터 식민주의에 효과적으로 맞서는 세상을 꿈꾼다면, 우리는 이 목소리들을 다시 찾아내야 한다.

식민주의의
목격자들

스페인 출신이지만 수탈을 꺼린 이주자들도 있었다. 몇몇은 스페인에게 이득이 되는 새로운 식민지 시스템에 대항하려 했다. 가장 잘 알려진 인물은 도미니카 수도회의 바르톨로메 데 라스 카사스 신부다. 그는 1516년 처음으로 '인디오의 수호자(남아메리카 원주민인 인디오를 보호하기 위해 파견되었던 스페인의 관리: 옮긴이)'로 임명되었다.[2] 그는 황폐한 현실을 목격하고 초기 식민 정책에 반대의 목소리를 낸 사람들 중 한 명이었다.

세비야 태생인 그는 처음엔 스페인 정복단의 일원이었다. 1502년 카리브해에 도착했고, 일찍이 사제 교육을 받았지만 지주이자 노예주가 되었다. 시간이 흐르면서 군종 사제로 여러 식민지 정복에 참여한 그는 고통과 불의를 목격하면서 깨달음을 얻었다. 그는 이것이 대량 학살이라고 믿었고, 식민지 시스템과 개인적으로 싸우기 시작했다. 그의 명저 《인디오 말살에 대한 소고Brevísima relación de la destrucción de las

Indias》에 정황이 나온다. 이 책은 훨씬 후인 1542년에 출간되어 카스티야 왕 펠리페 2세 Philip II에게 헌정되었다.

라스 카사스는 절망스럽고 기나긴 투쟁을 했고, 도중에 몇 차례 승리를 거두었다. 뜻이 같은 사람들과 활동하면서 신성로마제국 황제 카를로스 5세 Charles V (펠리페 2세의 부친)에게, 엔코미엔다 제도(스페인이 기독교 전파의 대가로 원주민에게 세금과 노역을 부과하는 것을 인정한 제도: 옮긴이)의 폐지를 청원했다. 이 제도하에서 국왕은 식민지 개척자들에게 토지 소유권을 하사하고, 원주민을 노예로 삼도록 허용했다. 또 라스 카사스는 원주민들의 권리와 삶을 보호하는 법을 옹호했다. 황제는 얼마간 설득되어서, 1542년 새로운 세계를 통치하는 새로운 법령(노예를 더 만들지 않으며, 주인이 죽으면 노예들을 해방시킨다는 내용: 옮긴이)을 통과시키고, 1550년까지 모든 식민화 전쟁을 보류했으며, 심지어 페루 통치를 포기할지 고심했다(결국 그러지 않았지만).

라스 카사스는 활동가, 기록가, 대변인, 저명한 지성인으로서 한동안 정복의 대중적 개념을 바꾸는 역할을 했다. 1550년에 가장 큰 기회가 왔다. 그는 스페인 바야돌리드로 소환되어, 원주민 인권 문제에 관한 토론에 참여했다. 상대인 후안 히네스 데 세풀베다 Juan Ginés de Sepúlveda는 신부이자 학자로, 국왕과 교회를 옹호했다. 인디오의 인권을 주장하는 라스 카사스에 맞선 세풀베다의 요점은 인디오는 야만인이지 인간이 아니므로, 식민지화는 신과 국가와 인간이 허락한 일종의 성전이라는 것이었다.

결국 교회는 피식민자의 인권을 판결할 위원회를 임명했지만, 위원회는 판결을 거부했다. 정치적, 물질적 이익이 우선시되고 식민지 팽창은 계속되었다. 개척자들은 뜻대로 수탈을 하기 위해서 라스 카사스 같은 비판자들의 말을 어떻게 받아들여야 될지 배웠다. 새로운 식민지 통치법은 '정복자'의 언어에서 '화해'의 언어로 바뀌어 1573년 공표되었다.

하지만 라스 카사스의 목소리는 지금도 계속 살아 있다. 여전히 우리는 그가 목격한 상황을 읽을 수 있고, 분노뿐 아니라 식민화의 도덕적 악에 대한 명석한 견해를 들을 수 있다.

하지만 우리가 명확히 알기 위해 관심을 둘 대상은 피식민자다. 인류학자인 데이비드 그레이버David Graeber와 데이비드 웽그로우David Wengrow는 뛰어난 저서 《모든 것의 새벽The Dawn of Everything》에서 지적한다. 실제로 과거 식민주의 초기부터 피식민자들 사이에서 식민자들과 그들의 합법성에 도전하는 또렷한 목소리가 있었다. 최근에야 서구 학자들은 그 목소리들을 진지하게 받아들이기 시작했다. 지금까지 그 목소리들은 유럽인 목격자의 보고서나 유럽인 이론가들의 기록으로만 알려졌다. 또 오랫동안 현대의 학자들은 그 목소리들의 출처를 신뢰하지 않았다.[3] 그 결과 그레이버와 웽그로우의 주장처럼, 역사는 원주민 비판자들이 유럽 식민지에 미친 영향을 무시했다. 게다가 철학은 소위 계몽의 가치에 원주민의 목소리가 미친 영향을 인정하지 않았다. 지금 사회가 데이터와 관련된 선택을 할 때 그런 실수를 반복하면 안 된다.

원주민을 비판하는 전통은 음악가이자 작가, 학자인 리앤 베타사 모사케 심슨Leanne Betasamosake Simpson이 잘 보여 준다. 그녀는 미치 사아기이그 니시나아베그Michi Saagiig Nishnaabeg족이자 캐나다 앨더빌 퍼스트 네이션(캐나다의 원주민 집단: 옮긴이)의 일원이다. 그녀는 여러 책의 저자로, 최근에는 음반 〈얼음의 이론Theory of Ice〉을 발표했다. 식민주의뿐 아니라 자본주의와 서구 생활 방식이 미친 해악에 대한 심도 있는 비판을 여기서 다 다룰 순 없다. 하지만 최근 저서 《우리가 늘 해 온 대로As We Have Always Done》를 통해, 그녀가 모든 형태의 식민주의에 던진 질문들을 조명하겠다.

그녀는 식민주의의 중심에 토지 수탈이 있다는 점을 명확히 지적한다. 그녀는 대학의 지원으로 그레이트 호수 지역 원주민들의 토지 이용을 연구하면서, 공동체의 토지 이용 지도를 만들기 위해 장로들과 만났다. 지도 제작과 공동체의 역사적 사건을 기록하는 과정은, 부족이 얼마나 오랫동안 피해를 겪었는지를 수면 위에 올렸다. 그녀는 책에서 이렇게 썼다.

'피해의 현장 위에 서니 명확해졌다. 이제 식민주의, 강탈, 추방, 자본주의가 복잡하지 않고… 단순해 보였다. 식민자들은 땅을 원했다. 다른 모든 것은 법이든 정책이든 경제적이든 사회적이든… 완전범죄를 위해 설계된 장치였다. 피해자들이 범죄로 보지도, 이름 붙이지도 못하는 범죄였다.'[4]

하지만 그녀에게 문제는, 과거의 토지 몰수뿐만 아니라 거기에 수반된 사고방식이었다.

'식민주의와 자본주의는 수탈과 동화에 기초를 둔다. … 수탈 행위는 수탈되는 것에 의미를 부여하는 모든 관계를 제거한다. 수탈은 빼앗아가는 것이다. 실제로 수탈은 도둑질이다. 동의 없이, 배려나 관심 없이, 심지어 거기서 사는 생물에게 미치는 영향도 고려하지 않고 가져가는 것이다.'[5]

동의 없이, 결과에 관심 없이 토지를 뺏는 행위는 문제 있는 관계를 암시한다. 그녀는 수혜자들보다 피해자들의 삶을 지적한다. 세부적인 내용은 달라도, 데이터 식민주의에서 사람을 다루는 불균형한 방식들을 본 바 있다.

그녀는 식민주의에 대한 생각을 실행으로 옮겼다. 2012년 그녀는 '게으름은 이제 그만' 캠페인에 참여했다. 디지털 기기들을 통해 캐나다에서 계속되는 개척자 식민주의에 저항하는 운동이었다.[6] 하지만 그녀는 이 활동의 경험으로, 온라인에서만 이루어지는 캠페인의 한계를 깨달았다. 또 대면 소통을 기본으로 하지 않는 캠페인은 관련자들보다 디지털 플랫폼에게 더 유리하다는 점도 알았다.[7]

그녀는 집단 지식의 형성과 그 윤리에 대해 명료한 글을 남겼다.

'진정한 의미는 서구 기반의 콘텐츠, 데이터, 이론을 통해 얻을 수 없다. 그것은 원래부터 서구와 맞지 않는 개념이기 때문이다. 진정한 의미는 서로 다르고 가치 있는 상호의존적인 관계가 연민이란 그물로 얽힌 데서 나온다.'

이 사회적 관점에서 지식은, 각자 사고를 발전시킬 뿐만 아니라 타인들과 공유해야 한다. 공유하되 남의 삶을 간섭하지 않는 방식이어야 한다. 즉, 자기 지식을 타인에게 강요하지 않고 나눠야 한다.[8] 공유지에서 함께 살면서 나온 원주민들의 지식에 대한 관점에는, 색다른 지식 공유의 개념이 깔려 있다. 이런 관점에서 데이터 식민주의의 기본 원리인 '이 세상의 무수한 데이터 소재에서 형태를 추출해 지식을 얻고, 그중 많은 소재는 동의 없이, 인간관계 밖에서 접근할 수 있다'는 주장은 헛소리이자 우리에게 경고를 주는 말이다.

원주민인 그녀는 저항에 대해 다른 관점에서 생각하고, 저항에 대한 현실적인 목표를 제시한다. 데이터 식민주의는 아직 개발 중이라서, 5세기 동안의 개척자 식민주의 같은 끔찍한 폭력은 쌓이지 않았다. 그 축적된 폭력이 그녀의 주 공략 대상이다. 그 말을 부정할 순 없다. 하지만 그녀가 말하는 투쟁의 개념을 인정하는 한편, 개념이 달라도 맥락은 같은 데이터 식민주의에 적용할 수 있다. 그녀는 식민주의가 제시한 문명화의 논리를 거부하고 재고해서 삶을 재구성하는 걸 중시한다. 단순히 이런저런 행위를 조정하는 문제가 아니다.[9] 그녀(아마 라스 카사스도)의 요점은, 저항이 가장 힘든 상황에서도 가치를 견지한다는 것이다. 그녀와 다른 원주민 사상가들이 옹호하듯, 가치는 개인의 추상적인 사고가 아니라 특정 지역에서 공유한 삶에서 나온다.

그것이 이 장 전체를 관통하는 요지다. 우리 삶이 먼 곳의 플랫폼과 AI 시스템에 짓눌려 겹겹이 데이터 영토로 변할 때, 그런 사회적으로 생겨난 가치를 놓칠 우려가 있기 때문이다.

식민주의 없이는
현대 사회도 없다

우리는 세상을 혁신적으로 이해하는 중이고, 이 책이 다루는 데이터의 분야는 극히 일부분이다. 지난 5세기 동안 발전된 지식 전부가 식민지 토지 수탈과 그 결과에서 나왔음을 알아야 새롭게 볼 수 있다.

간단히 봐도 기술, AI를 포함한 모든 분야의 주류적 관점에 도전하는 행위다. 식민주의의 기본 사실들은 눈에서 사라지지 않았다. 그런데도 영국 같은 식민국들은 세상에 긍정적인 임무를 수행했노라 계속 떠벌린다.

하지만 오늘날의 사고를 개혁하는 데는 두 가지를 인정할 필요가 있다. 첫째, 유럽과 북아메리카의 '내부' 역사는 극심한 식민지 수탈의 역사라는 점이다. 식민국들은 이 과정을 역사의 '외부' 사항으로 받아들였다. 너무 먼 곳의 일이라 그들의 정체성과 무관하게 여긴 것이다. 둘째, 유럽과 북아메리카가 서구 문화사와 과학사를 포함한 세계사에서 5세기 동안 누린 특혜는, 식민지 수탈의 결과물일뿐 합리화한 이유 때문이 아니었다.[10] 서구적 역사관은 역사를 말할 수 있는 서구의 권력에서 나왔다. 그 권력은 식민지 지배에서 흘러나왔고, 피식민국의 역사를 잊히게 했다. 이런 역사 말소는 이제 선진국에서 계속되기 어려워졌지만, 개발도상국에서 서구의 관점 이외의 역사는 완전히 묻혔다.

식민주의 권력 불균형의 직접적인 결과로 인한 역사 말소의 상황에서 개념과 기억 속 역사는 직접적인 힘을 갖는다. 경제사, 사회이론, 사상사 분야의 세 저자의 도움을 받아 현실을 더 명확히 살펴보자.

저항하는
역사학자

에릭 윌리엄스Eric Williams는 1911년 영국 식민지였던 트리니다드토바고에서 태어났다. 1956년 집권당 대표, 1962년 초대 수상이 된 후 1976년 트리니다드토바고가 공화국이 되자 초대 대통령에 부임했다. 그는 정치적 역할을 탁월하게 수행해 '건국의 아버지'라는 위상을 차지했다. 따라서 어느 모로 보나 식민주의 투쟁에서 성공한 사람이었다. 하지만 독립 투쟁이 마무리되자, 그의 사상이 가장 큰 힘을 갖게 된다.

1930년대 그는 옥스퍼드 대학교에서 박사학위를 받은 후 저서 《자본주의와 노예제도Capitalism and Slavery》를 출간했다. 이 책에서 그는 영국 산업혁명에 대한 주류 사관을 뒤집었다. 기존의 사관은, 식민지 자원의 견인은 언급하지 않은 채 산업혁명을 본국의 영웅적인 혁신으로 추켜세웠다.

그는 광범위한 문건 조사를 기초로, 영국의 주류 사관은 자기중심적인 신화이자 18세기 영국 경제의 현실과 무관함을 입증했다. 주류 사관은, 영국이 악명 높은 삼각 무역에서 막대한 이익을 취한 사실을 자기 편의대로 잊었다. 삼각 무역은 ① 영국 제조 상품의 아프리카 판매, ② 아메리카 내 영국 식민지에 노예 공급, ③ 면화, 사탕수수, 담배 등 주요 농산물의 영국 수출로 이어졌다. 그는 영국이 "아프리카의 토대 위에 세워진 미국 상업과 해군력의 웅장한 상층 구조"라는 당시 평론가의 뻔뻔한 발언을 인용했다.[11]

더 나아가, 그는 아프리카인들이 특이한 체력 때문에 노예가 되었고, 그들만이 괴로운 농장 노역을 신체적으로 견딜 수 있다는 식민자의 견해에 도전했다. 그는 누구를 위해 노예가 되는지는 단순하다고 봤다. 값싼 노동 경제를 위해서다. 그랬다. 중요한 필수 조건이 있었다. 카리브해가 처음 식민지가 되면서 많은 원주민들이 죽었다. 하지만 대체 노동력으로 아프리카에서 카리브해로 노예가 수입되었고, 농장주들에게는 아프리카 노예들이 착취하라고 '그냥 거기' 있는 것처럼 보였다. 나중에 미국에 편입된 식민지에서도 이 형태가 반복되었다. 아프리카인들은 인종적으로 노예에 적합한 게 아니었다. 그저 우연히 환금 작물 수탈에 필요한 값싸고 많은 노동력일 뿐이었다.[12]

그는 수십 년 전에 여러 방식으로, 요즘의 자본주의와 노예제도의 관계에 대한 담론을 예고했다. 그는 영국의 산업혁명이 백인 사업가들의 기적 같은 혁신에서 일어났다는 허구를 깨뜨렸다. 그가 보여주었듯 무자비한 힘과 기본적인 경제, 특히 식민주의 경제가 더 중요한 요소였다. 그가 제시한 18세기 영국 경제에 노예 노동력의 기여도는 논란

거리지만, 경제사와 식민주의 및 자본주의 역사와 관련된 질문은 예리하다. 그의 주장은 이렇다. 식민주의 없는, 혹은 노예제도를 포함해 노동력을 장악하지 않은 자본주의는 존재할 수 없다.

자본주의가 순전히 서구 '내부'의 발전이라는 신화를 해체하려면 오랜 시간이 걸린다. 19세기 미국 노예 농장의 의미를 심각하게 바라봐야 한다는 의미이기 때문이다. 이미 1930년대에 흑인 사회학자 W. E. B. 듀보이스W. E. B. Du Bois는 자본주의가 당시 미국 사회를 파괴하는 영향력을 정확하게 분석했다. 하지만 주류 사학과 사회학은 그의 글을 무시했다. 지난 20년이 걸려서야 사학자들이 19세기 미국과 영국 등 세계 경제 시스템의 성장에서 식민주의와 노예제도의 역할을 살피기 시작했다. 그 결과 자본주의를 식민주의와 따로 볼 수 없음이 밝혀졌다. 면화의 역사를 연구한 학자 스벤 베커트Sven Beckert의 표현대로, 자본주의는 노예제도, 원주민 징발, 제국 확장, 무역 강화, 기업가들의 원주민과 토지 통치권 행사에 기반을 둔다.[13]

자본주의가 식민주의에 의존하고 계속 같이 전개된다는 사실을 서구 사회는 왜 그리 파악하기 어려웠을까? 에릭 윌리엄스는 1976년 조국의 식민지 시대를 끝냈지만, 21세기의 4분의 1이 지난 지금도 여전히 이런 사실들을 이해하려 분투 중이다. 이런 무지는 식민주의의 문화적 파장일까? 그렇다면 식민주의에는 단순한 정치적 구조 이상의 끈질긴 뭔가가 있을 것이다. 그렇다면 그게 정확히 뭘까?

식민주의에
숨겨진 식민성

이 질문의 답을 알려면 다른 목소리로 관심을 돌려야 한다. 페루인 사회학자 아니발 키하노Aníbal Quijano와 그가 내세우는 식민성이란 개념이다. 30년도 더 전에 그는 영토 정복, 식민지 변두리의 저급 노동과 중심부의 고급 노동 형태 등 식민주의의 현실적인 면과 식민주의에 수반되는 사고방식, 특히 인종주의를 연결하는 실체가 궁금했다. 세풀베다가 라스 카사스에게 답으로 제시했던 개념을 기억해보자. 아메리카의 피식민자는 유럽인보다 열등한 야만인이고, 하등해서 정복당하고 통치받는 게 당연하다고 말했다.

에릭 윌리엄스는 노예제가 아프리카인을 희생양으로 삼은 이유를 경제적으로만 설명했지만, 키하노는 달랐다. 그는 식민주의의 일상적인 기능은 인간과 지적 능력에 대한 특이한 관점에 의존한다고 주장했다. 키하노가 보기에 식민주의에서 특정 인종이 다른 인종 위에 군림하는 것은 탈선이 아닌 세상을 바라보는 근대적 방식이었다. 식민주의를 지속적인 무자비한 폭력 그 이상으로 만든 것이 이런 소모적인 개념이었다. 식민화되어 마땅한 열등한 민족을 문명화한다는 논리로, 식민주의는 프로젝트로서 추진력과 타당성을 얻었다. 그는 이 개념을 '권력의 식민성'이라고 불렀다.

권력의 식민성은 식민자가 취한 두 가지 핵심 개념을 보인다. 첫째, 세상을 합리적으로 만들기 위해 서구 과학 지식을 생산하는 특유의 방식이 필요하다는 것이다. 둘째, 이런 형태의 지식을 생산하기 위해 인종의 서열화를 인정해야 한다는 것(노골적으로 말하기가 점점 어려워지지만)이다. 이 서열은 더 합리적인 백인 남자들과 덜 합리적인 유색인종들을 차별한다. 원주민 집단 같은 열등한 인종은 유럽과 북아메리카 출신의 과학자들이 생산한 지식의 대상에 불과하다.

그는 이것을 경박한 주장으로 본다. 하지만 솔직히 우리는 현재의 삶에서 인종을 이런 식으로 인식할 뿐 아니라, 그 때문에 1장에 나오듯 알고리즘의 부당한 결정을 당연하고 필연적이라고 느낀다. 실제로 오늘날 빅테크와 AI의 언어에는 분명히 결함이 있는데도 강력해 보이는 핵심적인 이유도 그것이다.

그가 제시한 식민성에 저항하는 방법들은 함축적인 의미가 담겨 있다. 지식과 합리성이 서구의 것이니 패악이라고 거부하지 말라고 그는 권고한다. 권력의 식민성에 저항하는 최선책은, 서열 없는 더 나은 지식과 합리성의 개념을 개발하는 것이다. '일부' 지식의 개념, '일부' 합리성의 개념을 차용하지 않고 세상과 관계 맺기란 불가능하기 때문이다.

이것은 어떤 모습일까? 그는 지식의 포괄적인 목적을 제안한다. 다른 집단의 다른 세계관을 배제하지 않고 포용하는 것이 목표다. 실제로 그는, 서구 외의 문화권들은 이미 다양성을 부정하지 않고 다양한 관점으로 지식을 이해한다고 주장한다. 문화를 진정한 지식으로 만드는 것은 개인의 세계관이 아니라 세상을 포괄적으로 이해하는 방식이다.[14]

여기서 두 가지가 놀랍다. 첫째, 이 추상적인 지식론은 원주민들이 보는 공동체에서 지식이 생산되는 양상과 공통점이 많다(리앤 심슨을 기억해보길). 실제로 인류학자 라몬 그로스포구엘Ramón Grosfoguel 같은 식민성 이론가들은, 키하노가 글 속 원주민의 생각을 못 듣는다고 비판했다.[15]

둘째, 진정한 지식의 생산에 대한 포괄적인 관점은, 지금 세계에서 현실적인 의미를 갖는다. 우린 정반대로 빅테크와 빅데이터가 지식을 하향식으로 제공하는 세계에 산다. 단순히 알고리즘을 설명하는 난해한 언어를 모르는 문제가 아니다. 페이스북의 알고리즘이 어떻게 작동하는지, 아마존이나 틱톡이 관심사를 어떻게 분류하는지, 사회복지 시스템의 알고리즘이 어떻게 운용되는지 의심한다고 상상해보자. 대답을 얻기가 무척 어려울 것이다. 왜냐면 알고리즘의 세부 내용을 안다고 해도, 알고리즘의 합리성을 의심하는 것 자체가 무지한 생각이라고 타박받을 테니 말이다. 빅데이터의 지식은 인간이 아닌 체계의 지식이다. 여기서 그 지식은 서구 과학의 특성을 영원히 식민주의적으로 만든다.

우리는 진짜 지식과 공동체의 관계를 주장하면서 데이터 식민주의를 거부한다. 그것은 5세기 동안 식민주의의 핵심이었던 지식의 개념에 도전한다는 뜻이다. 6장에서 현실적인 저항을 다룰 때 이 개념은 무척 중요하다.

식민주의를 넘어
재해석하는 인간

지식, 과학, 합리성을 다른 시각으로 보려면 세 번째 저자인 실비아 윈터 Sylvia Wynter에게 귀기울여야 한다. 윈터는 쿠바 태생으로 자메이카에서 성장했고, 오랫동안 미국에서 살아왔다. 스탠포드 대학교에서 스페인어 명예교수로 재직하기도 했다. 그녀의 저서는 키하노처럼 식민성을 정의할 뿐 아니라 그것을 흔들고 극복하는 데 주목한다. 키하노와 윌리엄스처럼 그녀의 핵심적인 사상 자체가 무척 현실적이다. 그녀는 식민지 투쟁의 승자가 만든 지배적인 서구 사관을 정면으로 거부한다.

식민주의 역사에 오염되었다고 해서 지식과 합리성을 버리는 것은 그녀에게 무의미한 일이다. 지식을 서열과 인종의 관점에서 보는 게 일반화되었다면, 우리가 할 일은 그것을 더 포괄적인 시각으로 발전시키는 것이다.[16] 그녀에게 영감을 얻는다면 데이터의 개념을 버릴 필요는 못 느낄 것이다. 대신 지식을 더 포괄적으로 보면서, 데이터에 대해 다시 생각해야 한다.

달리 말해 비판적 사고의 핵심은, 지식에 대한 불만스런 관점을 거부하는 게 아니라 다른 관점으로 대체하는 것이다. 그런 점에서 데이터에 대한 관점들을 폭넓게 통합하는 사고 과정이 필요하다. 식민주의와 인종차별주의를 답습한 데이터 관행을 계속할 이유가 없다. 정보 과학자 사피야 노블 Safiya Noble, 사회학자 루하 벤자민 Ruha Benjamin 등의 저술에 자극받아 최근 데이터 공학자들이 시작한 운동이 바로 그것이다.

가장 흥미로운 부분은 윈터가 사상사의 관점으로 재해석한 사건들로, 1492년 콜럼버스가 이후에 아메리카로 불리게 될 신대륙을 발견한 것과 그 후 수십 년간 스페인 법정에서 일어났던 다툼이다. 윈터가 지적하듯, 신대륙의 발견은 가톨릭 교회의 권위에 대한 도전이었다. 겨우 20년 후 코페르니쿠스가 주장한 지동설은 우주에서 지구의 위상을 끌어내렸고, 이 사건이 앞서 나온 라스 카사스와 세풀베다의 논쟁을 일으켰다. 윈터에게 새로운 인물은 합리적인 서구인이 열등한 존재들의 땅을 차지할 특권을 당차게 주장한 세풀베다로, 그에 의해 세속적이지만 인종차별적인 세계관이 탄생했다. 그 개념이 살아남아 지식과 인간을 이해하는 과정에서 계속 논의된다. 또 오늘날의 빅데이터 담론에서 반드시 따져야 될 문제다.[17]

역사를 다시 읽자는 윈터의 제안은 1492년의 약화된 세계관으로 돌아가자는 말이 아니다. 16세기 초에 생겨나 5세기 동안 이어진 폐쇄적인 세계관의 위기를 심각하게 여기고 더 나은 새 해답을 찾자는 의미다. 거기에는 인간을 서열이 아닌 포용의 관점에서 보는 시각이 요구된다.[18] 그녀의 말을 따라가자면, AI 같은 것들이 지식에 주는 의미를 무시하는 데 몰두하면 안 된다. AI와 빅데이터를 식민주의식 사고를 넘어 재해석할 방도를 모색하는 게 목표여야 한다.

초기 컴퓨터 시대로부터 온 경고

하지만 도전에 나서려면 몹시 불편한 진실과 대면해야 한다. AI와 빅데이터가 이미 식민주의 사고 시스템을 지속적 감시, 즉각적 소통, 무제한 관리 능력의 시대로 개편하는 중이라는 점이다.

그게 사실일 경우, 신식민주의 사고에 도전하려면 과거사를 보통의 언어로 재해석하는 걸로는 부족하다. 현재의 AI와 빅데이터를 구현한 것은 컴퓨터 기술이니 그 역사를 재해석해야 한다. 그러려면 한 걸음 물러나 잊힌 컴퓨터 역사 속으로 들어가야 할 필요가 있다. 컴퓨터의 발명을 이끈 수학자들 중 노버트 위너 Norbert Wiener 가 있었다. 그는 신기술을 축하하는 것을 넘어 앞으로의 예측을 쏟아냈다. 1947년 컴퓨터 과학사에서 손꼽히는 저서 《사이버네틱스 Cybernetics》의 서문에서 그는 이렇게 말했다.

"오래전 엄청난 속도의 계산 기계가 원리상 자동 제어 장치의 이상적인 중추라는 걸 확신했다. … 나가사키와 대중이 원자폭탄을 알기 훨씬 전, 여기 우리 앞에 선악의 관점에서 전대미문의 중요한 사회적 잠재력이 있다고 생각했다."[19]

집필 시점이 일본에 원자폭탄이 투하되고 겨우 2년 후였음을 생각하면 소름 돋는 말이다. 그는 컴퓨터 개발이 인류에게 상당한 위험이라고 말한다.

물론 그도 오늘날의 빅데이터, 디지털 플랫폼, AI를 만든 컴퓨터 네트워크의 세계를 예상하지는 못했을 것이다. 그가 말한 '엄청난 속도의' 컴퓨터는 본체가 방 전체를 차지하고, 결과를 마이크로초가 아닌 며칠 후에 내놓는 컴퓨터였다. 하지만 당시에도 그는 컴퓨터가 통제 도구나 타인을 통제하고 지배하는 수단으로 사용될 가능성에 대해 걱정했다. 달리 말하면, 오늘날의 데이터 식민주의로 인한 우려를 그는 이미 예상했다.

하지만 컴퓨터 시대를 연 창시자의 말인데도 그의 걱정은 무시되었다. 1980년대 컴퓨터들의 네트워크가 확장되기 시작할 때 아무도 그의 예상에 관심을 갖지 않았다. 1990년대 초 인터넷의 통제권이 공공기관에서 사기업으로 넘어갔을 때도 마찬가지였다. 2000년대 초 SNS 플랫폼들이 개발되어 데이터 영토를 독점적으로 통제할 때도 그랬다.

최근 ChatGPT 등의 기반인 대형 AI가 개발되자, 간혹 그의 경고에 유의하는 사람들이 생겨났다. 글로벌 AI 전문가이자 BBC 〈리스 강연The Reith Lectures〉 연사인 스튜어트 러셀Stuart Russell은 최근 AGI의 방향성에 대한 비평에서 위너의 걱정을 상기시켰다.[20] 위너는 주저 없이 도덕 언어(도덕, 윤리 이론을 설명하기 위한 언어: 옮긴이)를 사용했다. 그는 컴퓨터의 '선악의 관점에서 전대미문의 중요한 사회적 잠재력'을 거론했다. AGI에서 기술적 합리성만 기반으로 삼는 최근의 개발 현황을 수정하려면, 위너가 말하는 도덕적 기준을 회복해야 한다고 러셀은 주장한다. 대형 AI가 인간의 가치관과 사고 과정을 밝히는 복잡한 수준까지 확장되어, 인간이 개입하지 못하게 될 수도 있다.[21] 이언 매큐언Ian McEwan 같은 소설가들과 고故 스티븐 호킹Stephen Hawking 같은 과학자들은 러셀과 똑같은 우려를 표했다. 호킹은 "완전한 AI의 개발은 인류의 종말을 가져올 수 있다"라고 말했다.[22] 위너의 글은 최근 대표적인 AI 전문가들이 가장 발전된 AI 개발을 중단하라고 요구하는 숨겨진 진실을 보여 준다.

하지만 위너의 경고는 거기서 끝나지 않았다. 그는 앞의 인용문 뒤에서, 컴퓨터가 인간의 일을 빼앗을 가능성을 걱정한다. 그 두려움은 새뮤얼 버틀러Samuel Butler 같은 19세기 소설가도 표현한 바 있다. 위너는 그런 컴퓨터로 인한 업무의 감소가 인간에게 좋을 수도, 나쁠 수도 있다는 너그러운 시각을 보였다. 하지만 한 가지는 확신했다.

"이 새로운 가능성들이 시장, 그로 인해 절약되는 돈과 관련해 평가된다면 좋을 리 없다. … 물론 답은, 사고파는 게 아닌 인간의 가치관에 기반한 사회를 이루는 것이다."[23]

그 가능성, 컴퓨터의 사회악을 피할 가능성에 대해 위너는 비관적이었다.

"신기술의 발전을 제지할 가능성조차 없다. … 우리가 할 수 있는 최선은 대중이 이 변화를 깨닫게 하는 것이다. … 새로운 분야가 인간과 사회를 잘 알아서, 우리가 우연히 일으키는 권력 집중을 예상하고 이를 극복해주길 바라는 이들이 있다. … 1947년에 이 글을 쓰면서, 무척 가망 없는 바람이라고 말할 수밖에 없다."[24]

위너는 컴퓨터가 시장의 원칙하에 관리되는 사회 통제 기관이 될까 걱정했다. 시장의 원칙은 인간의 가치관을 무시하고 권력 획득에 주력하는 체계였기 때문이다.

물론 그것은 당시 나치주의와 파시즘의 역사가 낳은 걱정이었다. 어쩌면 소련의 정치도 영향을 주었을 것이다(2년이 안 되어 조지 오웰George Orwell이 소설 《1984》를 발표했다). 하지만 위너의 걱정을 옛일로 치부하는 것은 잘못이다. 오웰의 소설은 최근 감시가 만연한 사회에 적절하고, 위너의 걱정은 데이터 영토의 불평등한 권력관계와 같은 맥락이다.

초창기의 AI
이해하기

1970~1980년대의 소규모의 컴퓨터 공학자 집단은, 컴퓨터 권력이 통제되지 않고 팽창할 때 치르게 될 사회적 비용을 걱정한 위너의 의견에 공감했다. 당시 이런 목소리를 내는 부류는 전형적으로 백인과

남성이었다. 그 경고 외에도 그들에게 배울 점이 많다. 그러니 이런 목소리 하나에 귀 기울여보자. 조셉 와이젠바움Joseph Weizenbaum은 MIT 대학 교수로 나치 학살을 피해 망명한 난민이다. 그는 은행용 컴퓨터 시스템을 구축하고 1960년대에 첫 자연어 처리 시스템을 개발해 유명해졌다.

그 프로그램의 이름은 엘리자ELIZA였다. 역설적으로 그는 컴퓨터 발전의 향배와 관련해 엘리자의 실패가 아닌 성공을 걱정했다. 엘리자가 치료 현장에서 사람과 실제로 소통할 수 있게 되자 이목이 쏠렸다. 사람을 이해할 뿐 아니라 조언도 할 수 있었다. 엘리자는 유명한 튜링 테스트도 당당히 통과한 듯했다. 컴퓨터가 내놓은 결과가 인간과 소통한다는 느낌을 주는지 알아보는 시험이었다. 컴퓨터와 나눈 심리 치료 대화문이 발표되자, 상담을 했던 컴퓨터는 바로 '의사'라는 별명을 얻었다. 하지만 그는 두려웠다. 과학자들이 보기에 이것은 단순히 기본 자료가 아니라, 심리 치료 자동화의 청사진이었다(사회가 절약할 시간과 비용을 생각해보라). 확실한 상황인데도 과학자가 한계를 내다보지 못한다면, 과학적 전망 자체에 문제가 있는 거라고 그는 걱정했다. 그래서 이 문제의 조사에 착수했다.[25]

그는 컴퓨터의 수행 능력에는 한계가 있다고 생각했다. 결국 컴퓨터는 규칙을 적용하는 기계이고, 규칙은 철저하게 명확해야만 작동한다. 대조적으로 인간은 사물을 맥락으로 이해하므로 많은 부분이 불명확하다. 따라서 인간(사실은 동물 전체)은 맥락적 이해를 토대로 행동할 수 있지만, 컴퓨터는 그러지 못한다. 컴퓨터에 과하게 의존하기 전에 그걸 알아둬야 했다.

그는 컴퓨터가 가진 다른 한계에도 관심을 가졌다. 컴퓨터 공학자인 그는, 컴퓨터가 명확한 지시에 의존하는 특성이 사회적 상황에서 제약을 가한다는 것을 알았다.

"컴퓨터의 시스템은 … 특정한 종류의 데이터만 받아들인다. 사회적 과제를 처리하는 데 그런 컴퓨터 시스템에만 의존하는 것은, 컴퓨터를 설치하기 전에는 열려 있던 많은 문들을 닫는다는 뜻이다."[26]

그런데 컴퓨터가 닫는 문들 중에 인간적으로 중요한 문도 있다. 그렇다면 컴퓨터가 무엇을 할 수 있느냐가 아니라, 무엇을 해야 하거나 혹은 하지 말아야 하는가를 물어야 한다. 그가 말했듯 '할 수 있다'와 '해야 한다'는 다르다.[27]

그가 점점 걱정한(그래서 《컴퓨터의 힘과 인간의 이성 Computer Power and Human Reason》을 집필했다) 것은, 컴퓨터의 필연적 한계를 무시하는 과학자가 너무 많다는 점이었다. 그는 주류 컴퓨터 공학이 통제에 너무 집중한다고 봤다. 그가 겁낸 것은 넓은 사회 통제가 아니라, 컴퓨터를 다루면서 프로그래머들이 얻는 좁은 의미의 통제였다. 하지만 이 좁은 통제도 사회적 파장을 낳고, 그도 이 권력이 사회에 확산된다고 믿었다. 저서의 마지막 장 소제목은 '도구적 이성의 제국주의에 맞서'였다. 그는 새로운 사회 체계가 구축되고 있으며, 컴퓨터 사용에 도덕적 제한을 두어야 한다고 주장했다.

그는 인간만 시도할 수 있는 행위가 있는지 의심했다.[28] 인종주의나 식민주의를 언급하지 않았지만('제국주의'라는 단어는 썼다), 그가 격정한 이유는 키하노와 윈터가 권력의 식민성에 대해 던진 질문과 공통점이 있다. "이런 컴퓨터 시스템들은 … 이성을 사물과 인간, 결국은 자연의 지배를 받는 수준으로 끌어내렸다."[29] 와이젠바움은 컴퓨터가 편협하게 사용되면서 생길 사회의 형태를 걱정했다. 그의 걱정은, 맥락에 맞지 않는 지식의 위험성을 걱정한 심슨을 연상시킨다. 지식이 인간의 맥락을 벗어나면, 무책임한 지식이 될 위험이 크다. 지금 AI에 대한 걱정이 바로 그것이다.

와이젠바움이 걱정하던 당시는, 지금보다 컴퓨터 네트워크가 개발되지 않은 채로 활용되던 시절이었다. 하지만 핵심 개념은 오늘날에도 위력을 발휘한다. 결국 컴퓨터를 인간의 가치관에 따라 관리하면, 인간의 통제 밑으로 되돌릴 수 있고 또 그래야 하는 도구에 불과하다는 점이다.[30] 컴퓨터에 대한 편협한 기계적 사고방식이 그걸 잊게 했다.

컴퓨터의 역사 초기에 나온 이 목소리들은 우리에게 무엇을 말해줄까? 데이터 식민주의는 괴상한 주제가 아니라, 컴퓨터 권력이 방만하게 사용될지 모른다는 우려를 공통적으로 말한다. 컴퓨터 공학 초기부터 우수한 공학자들이 가진 걱정이었다.

다가올 싸움을
상상하다

컴퓨터의 역사와 식민주의 사이에는 공통점이 있음을 알았다. 그러니 데이터 식민주의에 저항하는 일이 실제로 어떤 의미일지 더 쉽게 상상할 수 있다.

역사학자이자 이론가인 아쉴 음벰베의 저서가 도움이 될 것이다 (그는 카메룬 태생으로 현재 남아프리카에 살고 있다). 이전 저서에서 그는 식민지 독립 후 아프리카에 남아 있는 식민 역사의 여파를 명확히 진단했다. 아프리카는 수 세기 동안 영국, 프랑스 및 여러 나라의 식민 수탈이 기회, 자원, 정치 체계에 깊이 새겨진 지역이다. 그는 식민주의와 관련된 다양한 수위의 폭력을 밝혔다. 초기의 토지 징발, 식민지 권력을 공고히 해준 폭력, 장기간 식민지 권력을 유지시킨 폭력이 있었다. 이 폭력은 물리적이자 상징적이었고, 여전히 현재 아프리카 사회에 깊이 남아 있다.[31]

이후 글에서 그는 미래로 관심을 돌렸다. 기술이 주도하는 아프리카와 세계의 미래를 살피고, 오늘날 선진국이 지구에 미치는 영향과 지속적인 권력을 유연하게 바라본다. 하지만 그는 미래의 저항과 해법을 생각하는 시발점이 유럽이나 선진국이 되어서는 안 된다고 주장한다. 그는 "유럽은 이제 세계의 중심이 아니다. 그게 우리 시대의 가장 중요한 사건이자 근본적인 경험이다"[32]라고 말한다. 식민주의 폭력은 앞으로도 계속될 것이기 때문에, 도전과 저항은 선진국을 벗어난 관점에서 이루어져야 한다. 하지만 어떻게 해야 할까?

식민주의 폭력이 지속된다는 말은, 옛 식민지 지역에서 신식민주의의 유산이 계속된다는 뜻만은 아니다. 물론 계속되긴 한다. 그는 실리콘밸리의 주도로 모두의 삶을 목표로 삼는 데이터 추출의 새로운 권력에 주목한다. 무한한 정보 추출과 관련된 변화는, 선진국이나 적어도 전 세계의 특권층을 제외한 모두에게 영향을 준다는 게 그의 시각이다. 이 책이 다루는 상황을 그도 걱정한다. 데이터 추출이라는 새로운 영토의 관계들, 확장된 관리 능력, 증가하는 감시, AI의 무모한 확장 등을 그는 '인간성의 인공화'[33]라고 부른다.

그는 새로운 발전이 누가 어디에 있든 저항을 꿈꿀 존재로 만든다고 말한다. 그의 표현 방식은 도발적이다.[34]

"인류가 코드화된 디지털 데이터로 된 생명체로 변할 가능성은 충분하다. 초기 자본주의에서 '블랙Black'은 아프리카 민족들에게 가해지는 조건만을 의미했다. … 이제 인류 역사상 처음으로 '블랙'이란 어휘가 일반화되었다. 지구 전체로 확산된 … 이 새로운 존재의 기준을 난 '세상의 블랙화'라고 부른다."[35]

무슨 말일까? 이 말은 피부색에 한정된 얘기도 아니고, 인종의 정체성만 뜻하지도 않는다. '블랙'이란 어휘가 일반화되었다는 말은, 수세기 동안 흑인들에게 가한 속박이 이제 삶의 데이터화를 통해 지구 전체로 확장되었다는 뜻이다. 이 책에서 살핀 탈식민주의의 틀에서 보면, 그가 말하는 발전을 데이터 식민주의 상황으로 재해석할 수 있다. 그의 말처럼 그것을 통해 자본주의는 중심부를 다시 식민화하기 시작한다. 이 변화에서 예외인 지역은 없다. 개발도상국뿐 아니라 전 세계에서 저항은 삶의 어떤 부분이 희생을 피할 수 있는지[36] 파악해야 하는 문제가 된다.

하지만 이런 식으로 이해한다면 어떻게 식민주의에 저항할 수 있을까? 모두에게 해당되는 질문에 집중할 필요가 있다. 하지만 '공통의 인류애'에 호소할 수는 없다. 지금까지 인류를 분열시키고, 식민지의 위계질서라는 유산을 재생산하고 있는 권력을 무시할 수도 없다. 그래서 윈터처럼 음벰베의 과제는 인간의 의미를 되돌아보는 것이다. 식민주의의 유산이 분열인 점을 고려하면 방법은 단 하나, 그의 주장을 무색하게 할 정도로 훨씬 큰 공동의 도전이 필요하다. 바로 파괴적인 기후 변화의 위협 속에서 지구와 함께 살아가는 것에 대한 도전 의식이다.[37]

이 시점에서 나오미 클라인에게 주목해야 한다. 클라인은 기후 변화와 폭력적인 식민주의 유산에 저항할 필요성에 대한 글을 왕성하게 쓰고 있다. 여기서 그녀의 영향력이 큰 글들을 상세히 다룰 수는 없다. 하지만 한 가지 핵심에 초점을 맞추자. 데이터 식민주의에 맞설 핵심 사안이다.

그녀는 보통 데이터를 주제로 삼지 않는다. 하지만 중요한 예외가 있었다. 팬데믹 초기, 당시 뉴욕 주지사였던 앤드루 쿠오모Andrew Cuomo가 마이크로소프트와 구글의 전 CEO 빌 게이츠Bill Gates와 에릭 슈미트Eric Schmidt의 계획대로 더 많은 기술과 데이터 추출을 뉴욕 시민들의 일상에 적용하려 하자 클라인이 개입했다.

그녀는 10년 전, 각 분야의 대기업과 강력한 정부들이 재난을 구실로 삼아 민간과 공공 분야에서 약자층을 심하게 착취하는 현상을 간파했다. 그녀는 그것을 재난 자본주의의 충격 요법이라고 불렀다. 이 정책은 어떤 의미였을까? 항상 일시적인 재난을 지렛대 삼아, 기업이나 정부에 이익이 되는 가치를 추출하는 모델을 영원히 정착시키는 것이다. 첫 예가 칠레에서 1973년 쿠데타로 아옌데Allende 대통령을 축출한 후, 최초로 신자유주의 경제 제도를 시행한 일이다.[38]

클라인은 비슷한 사례를 팬데믹 초기 몇 달간 뉴욕에서 보았는데, 이 정책의 핵심은 데이터의 무한 추출이었다. 쿠오모 주지사가 '선지자visionary'라고 부른 에릭 슈미트와 빌 게이츠의 계획은 원격 수업, 원격 근무, 원격 의료 제공 등을 위한 시스템 등, 달리 말해 데이터와 데이터 관련 서비스를 통해 가치를 추출하는 시스템들의 도입이었다. 짐작되는 목표는 코로나19 봉쇄가 가져온 극히 심각하지만 일시적인 문제들을 해결하는 것이었다. 쿠오모의 표현대로 '이 모든 건물들, 이 모든 물리적인 교실들을 대체할 다양한 기술이 있는데 왜?' 즉, 모두 원격으로 근무하고 공부할 인프라가 있다면 건물이나 교실이 군이 필요할까?[39] 알다시피 이 충격 요법을 계기로 데이터 추출과 감시가 늘었다. 화상 회의 시스템의 전환은 아주 큰 비즈니스였고, 팬데믹 기간에 기록적인 수익을 낸 극소수 분야에 속했다. 원격 근무가 불가능한 노동자 계층, 소위 필수적인 근로자들은 일자리를 잃었다.

이런 맥락에서 클라인은 규제 없는 데이터 추출이란 개념을 의심한다. 그것은 데이터 식민지 특권층의 핵심 정책이었다. 하지만 그녀는 이 주장을 앞서 저서의 주제인 환경 위기와 연결한다. 저명한 2014년 저서 《이것이 모든 것을 바꾼다This changes everything》에서 그녀는 화석연료의 판매가 촉발하는 소비는 지구온난화를 부르기 때문에, 기후 변화를 해결하려면 이익을 위한 행위, 특히 화석연료의 추출 행위를 중지해야 한다고 주장한다. 그녀는 정치적 무능은 차치하더라도, 이 문제를 해결하지 못하는 핵심적인 이유는 추출자들과 이들을 묵인하는 선진국 및 다른 국가들의 관점에서 볼 때 피해는 항상 자신들과 관계없는 곳에서 발생하기 때문이라고 주장한다. 멀리 떨어진 나라나 심지어 어떻게든 고려되지 않는 자국 내의 지역 말이다. 이 지역은 추출이 일어날 뿐만 아니라 기후 변화가 가장 심하게 느껴지는 곳이기도 하다. 그녀는 이 무시되는 장소들을 '희생 구역'이라고 부른다. 식민주의는 특히 그것들을 잘 만들어 왔다.

그녀는 식민주의에서 추출이 자주 일어나는 이유는, 전 세계를 내가 살아가야 할 곳이 아닌 정복해야 할 땅으로 여기는 무책임한 태도를 조장하기 때문이라고 말한다.[40] 멀리 떨어진 곳에서 안전하게 이루어진 추출은 자본주의하에서 늘 완벽하게 작동했지만, 역사적 식민주의에서 이미 존재했다. 역사적으로 늘 추출이 일어날 만한 곳(특정 채굴지의 난관)에는 수익성(예를 들어 다양한 운송 비용)에 제약이 있었다.[41] 이런 제약이 없었다면 추출이 더 심하게 일어났을 것이다. 가까운 거리에서 추출이 일어났다면 한계가 없었을 테니 말이다.

그 개념은 데이터 추출에 대한 무서운 가능성을 열어준다. 그녀는 팬데믹을 다룬 '스크린 뉴딜 screen new deal'이라는 짧은 글에서 그 부분을 암시했다. 데이터 요소는 그것을 원하는 기업들 근처, 기기 하나 거리에 있다. 기기 전원을 켜면 외부 시스템에 직접 연결되며, 이용자의 삶에서 데이터를 막힘없이 추출할 수 있다. 과거 식민지 시대에 추출의 방해 요소였던 거리 문제는 이제 없다. 빅테크가 데이터를 추출하려는 삶의 요소이자 디지털 소비인 우리는 바로 화면 앞에 있다. 그래서 그녀는 데이터 추출에 대한 감언이설에 넘어가면 인류로서 중요한 미래를 양도하는 것이고, 특히 자율권을 넘겨주는 것이라고 경고한다.

그것은 하면 안 되는 일이다. 팬데믹 초반부터 시작된 재택근무 및 데이터를 추출하는 플랫폼에 의존하는 상황이 새로운 근무 방식으로 완전히 대체되진 않았다. 대다수는 더디게 반발하면서도 일정 시간은 대면 근무로 복귀했다.

하지만 만약 백신 개발이 늦어져 초기 팬데믹이 더 지속되었다면 어떻게 됐을까? 만약 평론가의 말처럼 인간은 생물학적 유해 물질이지만 기계는 그렇지 않다는 믿음에 빠져서, 빅테크 리더인 슈미트와 게이츠의 계획을 영원히 수용하려 했다면? 그랬다면 데이터 추출의 '충격 요법(클라인의 용어를 빌어)'은 장차 우리를 원격 근무, 원격 수업, 원격 감시에 가두었을 것이다.[42] 클라인의 표현처럼 다시는 집이 혼자만의 개인 공간이 아니며, 초고속 디지털 연결을 통해 학교, 병원, 체육관, 정부가 결정하면 교도소도 마찬가지로 변하게 될 것이다.[43] 실제로 앞에서 봤듯이, 많은 사람이 그런 미래를 받아들이기 시작한다. 그 미래의 비용은 극히 불공평하게 분배되고, 환경 비용은 거액이 들어갈 것이다. 그녀의 주장처럼 '아니오'라고 발언하기 시작해야 한다.

이제 추상적인 개념들 사이를 지나, 데이터 식민주의에 저항할 현실적인 방법을 상상해볼 시점에 왔다.

저항하기 위해
필요한 것들

사상은 도구다. 새로운 사상으로 무장하면 삶이 달라진다. 이 장에서 최악의 데이터 식민주의에 대항할 새로운 사상을 제시했다. 배운 내용을 정리해보자.

- 받아들일 수 있거나 못 한다고 믿는 기본 가치들을 포기하지 마라(라스 카사스).
- 이미 신뢰하고 중요하게 생각하는 관계들을 무시하는, 유용한 지식이란 새로운 개념을 받아들이지 마라(심슨, 클라인).
- 지식이나 합리적인 행동이라는 것들에 대해 다시 생각하라. 근본적으로 불평등과 지배를 강화하는 지식을 거부하라. 지식이 무엇이며 어디서 오는지 이해하라(키하노, 심슨, 와이젠바움).
- 수백 년간의 식민주의 폭력에 맞서 함께 저항할 수 있는 프로젝트로 인간애를 다시 생각하라(윈터, 음벰베).
- 컴퓨터가 사회에 미치는 파장을 생각하지 않거나, 우리가 컴퓨터 사용에 제

한을 둘 권리나 의무가 없는 것처럼 행동할 경우 일어나게 될 위험을 깨달아라(위너, 와이젠바움, 음벰베).

• 과거든 현재든 식민지 수탈의 진상을 파악할 준비를 하라. 소소한 일상에서 벌어지는 권력 수탈이 그 실상이다(클라인).

이런 도구를 갖추었으니, 우리는 이제 데이터 식민주의에 저항할 방법에 대해 알아볼 채비를 마쳤다.

DATA GRAB

6장

저항하기

위   한

전   략

호세피나 루시아 Josefina Lucía는 부에노스아이레스에 사는 성전환 여성으로 프로그래머이자 기술 반대론자 겸 교사다. 아르헨티나는 성전환자의 기대 수명이 35세인 국가로, 성전환자의 18%만 정규직에 취업한다. 그런 상황에서 그녀와 친구들은 변화를 일으키기로 결정한다. 다 같이 힘을 모아 '대안 노동 트랜스ALT'를 결성했다. 주로 성전환자들과 논바이너리(남녀 성별에 속하지 않는 사람들: 옮긴이)가 모인 기술 전문 노동자 협동조합이다.

ALT의 과제는 사회적 약자들의 취업 기회를 늘리는 것이다. 목적 달성을 위해 ALT는 웹사이트 디자인과 개발 서비스를 제공하고, 프로그래밍과 추출 모델에 기반하지 않는 기술 앱 관련 설명회를 연다. 자사나 고객사를 위해 웹사이트나 앱을 만들 때, 상업용 소프트웨어 대신 오픈 소스 소프트웨어를 사용하는 등 성전환자들이 통제할 수 있는 기술을 동원한다. ALT는 루파Lupa(스페인어로 돋보기) 같은 앱의 배양소 역할을 한다. 루파는 제도적인 젠더 폭력을 고발하고 시각화하는 앱으로, 교육과 인식 도구의 기능을 한다.

성소수자에게 가해지는 폭력의 수위가 높고, 플랫폼들이 남녀로만 성별 확인을 강요하는 현실에서는 이런 도구들이 필요하다. ALT는 위키미디어 재단과 함께 플랫폼을 개발 중이다. 퍼스트 네이션 상점을 돕고, 문화적 의미가 큰 유적의 위치 정보를 공유하는 플랫폼이다.

각 장 서두의 이야기들은 사실에 바탕을 둔 허구였지만, 호세피나 루시아와 ALT는 100% 실화다(altcooperativa.com 참조). 그들과 이 장에 등장하는 사람들은 데이터 식민주의에 저항할 수 있다는 증거다.

거창하고 세상을 바꿀(결국은 거기 도달하겠지만) 사회운동으로 시작하지 않아도 된다. 데이터 식민 상태를 벗어나면 다른 사회운동과 연결될 수 있다는 것을 보여주는 작은 지역 활동부터 시작하면 된다. 호세피나 루시아와 ALT의 경우도 그렇다. 추출 기술 기업, 단체, 정부가 세상을 관리하는 방식과는 다른 대안이 있음을 그들은 증명한다.

데이터 식민주의가 쉽게 해결될 문제가 아님은 자명하다. 여기서 살펴본 많은 예들이 그 사실을 아프도록 명확히 보여 준다. 새로운 형태의 강탈과 불평등을 새 법규, 혁신적 기술, 사회 개혁만으로 단번에 쓸어내지는 못한다. 식민주의 5세기 동안의 강탈과 불평등이 지금도 정리되지 않은 것과 마찬가지다. 데이터 식민주의는 일상의 데이터 추출 이상의 사회적 영향을 쏟아냈다. 다음 여덟 가지 사항에 주목하자.

1. 근로자의 권리와 자율성이 위축된다. 경제 전반이 데이터 추출 중심으로 재편되어 관리자의 권력은 늘고, 근로자의 권력은 줄어든다.

2. 점점 알고리즘이 사회의 모든 취약 계층의 삶에 중요한 영향을 미친다. 새로운 악성 감시 형태는 소수민족, 여성, 성소수자, 저소득층을 목표로 삼는다.

3. 물건을 팔려는 업체들과 특정 후보나 정책에 투표를 유도하는 정당들은 데이터를 이용해 불투명한 방식으로 우리를 조종한다.

4. 세계적 팬데믹은 모두에게 더 많은 데이터를 수집할 구실로 이용되었다.

5. 이용자의 권리보다 이윤에 관심이 더 큰 플랫폼들은, 허위 정보 및 증오와 폭력을 촉발하는 발언이 확산되는 것을 방치하고 있다.

6. 데이터 센터를 비롯해 디지털 통신 환경을 물리적으로 구성하는 요소는 물

과 에너지 자원을 계속 고갈시킨다.

7. 데이터 식민주의가 정신 건강에 미치는 장기적인 영향은 거의 연구되지 않는다.

8. 비상업적 목적의 데이터 활용은 지원이 없는 반면, 대부분의 관심과 자금은 상업적이면서 수탈하기 위한 목적에 집중된다.

또 기억할 점이 있다. 우리들 중 일부가 데이터 식민주의의 영향을 못 느낀다고 해서, 모두가 다 그런 것은 아니다. 과거 식민주의처럼 데이터 식민주의도 더 불평등한 사회경제적 배경을 만든다.

하지만 식민 역사를 통해 우리는 저항의 가능성을 배울 수 있다. 현재의 데이터 상황과 과거의 식민주의라는 더 큰 문제를 연결하면, 역설적으로 데이터 문제가 더 간단해진다. 과거에 성공했거나 실패했던 저항 운동들을 살펴보면서 교훈을 얻을 수도 있다. 좋은 소식은, 모든 프로젝트를 거부할 수 있는 막강한 힘이 등장하고 있다는 것이다.

아무도 막을 수 없는
저항이 시작되다

식민주의에 대한 저항은 식민주의와 함께 등장했다. 5백 년의 저항 역사가 있는 셈이다. 물론 주류 역사책이나 언론에서 다루진 않는다.

이 역사는 무척 복잡하다. 맞다. 식민지들은 독립국들이 되었지만, 폭력적인 과정을 거친 경우가 많다. 또 새로운 국가에서 이익이 모든 국민에게 골고루 돌아가지 않았다. 해방 운동은 모순, 알력, 구시대의 불의를 답습한 새로운 불의로 얼룩졌다. 그럼에도 이 복잡한 역사에서 감동적인 저항 운동이 등장했다.

이런 운동 덕에 과거와 현재의 식민주의가 궁핍, 이주, 분열된 사회와 젠더 관계, 목전의 기후 재앙까지 뒤얽힌 양상이 파악된다. 그런 이유로 과거의 식민주의 유산과 식민지 독립 후 심해지는 고통이 세계의 담론이 되었다. 이 책은 데이터 추출 분야에 집중하지만, 그것이 다른 분야들과 어떻게 연결되는지 알아야 한다. 데이터 식민주의를 정면으로 거부하면서, 5백 년 식민주의의 유산을 해결할 중요하면서 일반적인 출발점을 제안해보겠다.

하지만 식민주의에 맞서려면, 한 가지 중요한 점에 솔직해져야 한다. 데이터 추출이 낳은 새 사회 체계에 나는 개인적, 집단적으로 어떻게 연관되어 있는가? 연대해야 저항할 수 있지만, 우선 개인적으로 스스로가 이 체계에 얼마나 개입했는지 처음부터 짚고 넘어가야 한다.

달리 말해, 비난을 받게 되더라도 솔직해져야 한다. 추출 기술을 주도한 과학자들과 엔지니어들은 어느 정도 비난받아야 한다. 그들이 만든 도구들이 미칠 영향력을 예상하지 못했다는 변명은 통하지 않는다. 그들을 교육하면서 도구에 대한 비판적 사고, 윤리, 사회적 책임을 가르치지 않은 교수진과 학교도 비난받아야 한다. 물론 앞에서 봤듯이 기업과 국가는 크게 비난받아 마땅하다. 그러면 사람보다 수익을 우선시할 것을 기업에 요구한 주주들은 어떤가? 데이터 식민주의에 비판적인 질문은 고사하고, 문명화의 논리로 대변한 언론은? 또 이런 기술의 이용자인 우리는? 지식이 부족한 것과 추출의 여파를 모른 척하는 것은 별개의 문제이다.

따라서 개인의 책임 수위를 명확히 하는 게 문제 해결의 토대다. 또 사람들은 이미 집단적으로 창의성을 발휘해 데이터 식민주의에 저항하고 있다.

시민들은
어떻게 저항하는가

시민들은 지방정부에 감시 시스템과 AI의 사용을 제한하라고 압력을 가해왔다. 미국에서 버클리, 보스턴, 뉴올리언스, 샌프란시스코를 포함해 17개 공동체가 경찰의 안면 인식 기술 사용을 금지했다.[1] 데이터 식민주의에 저항할 좋은 출발점이다. 특히 그 기술은 유색인종의 얼굴을 정확하게 인식하지 못하며 프라이버시, 정보 안전성, 표현의 자유에 위협이 된다는 걸 보여주기 때문이다.

캘리포니아주는 AI 등의 분석을 이용해 미래에 일어날 범죄 활동을 예측하는 수사 관행을 금지시키기까지 했고, 시애틀은 미국에서 가장 강력한 감시 기술 금지안을 통과시켰다.[2] 세계 곳곳에서 시민들이 AI와 데이터 수집의 악영향에 반대하는 조치를 취하는 기류가 계속되고 있다. 때로 중앙정부보다 진보적인 자세를 취하기도 한다. '얼굴을 돌려받자Reclaim Your Face' 연맹이 그런 예다. 연맹은 생체 정보 감시를 엄격히 규제하라고 요구하는 '유럽 시민 이니셔티브Euopean Citizens' Initiative'의 출범을 도왔다.[3]

하지만 이 전략도 난관이 있다. 최근 데이터를 보면 언급된 도시 몇 곳은 범죄율이 증가해서 범죄 감소를 위해 무슨 수단이든 사용하라는 경찰 당국의 압력을 받아 규제를 해제했다. 기술의 해법을 지방정부에 판매하기 위해 로비하는 기업들도 규제 해제의 책임이 있다.[4] 한편 스마트 도시와 스마트 복지 시스템을 구축할 때도, 감시 기술과 관련된 결정을 내리면서 시민의 의견은 배제된다.[5] 감시 기술의 영향을 받는 당사자는 시민인데도 말이다.

그런 공격적인 기술들을 제거하기 위해서는 투쟁해야 한다. 예를 들어 2021년 네덜란드 시민들은 마르크 뤼터Mark Rutte 수상의 사임을 요구했다. AI 시스템이 수천 명의 부모를 양육 보조금 부정 청구자로 잘못 지목한 사건 때문이었다(뤼터는 이후 복귀했다가 2023년 재사임했다). 일부 네덜란드 도시는 그 후로도 계속 AI를 이용해 양육 보조금 부정을 적발하는데, 특정 지역을 목표로 삼거나 개인 건물을 감시하기도 한다.[6] 반복해서 강조했듯이 데이터 식민주의가 사회 체계의 일부라면, 오랫동안 계속 저항해야 한다.

근로자들은
어떻게 저항하는가

몇 년 전에는 엄두도 못 냈지만 이제는 가능한 일이 있다. 미국에서 알파벳(구글) 노동조합, 아마존 노동조합, 애플스토어 노동조합이 생긴 반면 영국 아마존 근로자들은 유서 깊은 GMB 조합(영국 최대 노동조합 중 하나: 옮긴이)의 조합 설립 지원을 받는다. 메타 근로자들도(적어도 우편물실 직원들) 노조를 만들기 위해 노력 중이다.[7] 노동 착취로 악명 높은 비디오게임 업계에도 노조 운동이 일고 있다.[8] 앞 장의 춘펑 이야기에서 봤듯이, 단기 계약 근로자들은 긱 플랫폼의 약탈적인 관행에 맞서는 단체를 결성하고 있다. 남아프리카의 우버 운전자들부터 인도의 조마토Zomato 앱 배달원까지, 전 세계의 단기 계약 근로자들이 조합을 결성하거나 정부에게 기본권 보장 법안을 통과시키도록 압박한다. 나이지리아에서 근로자들은 영국인 동료들의 조언을 받아 우버를 상대로 소송을 준비한다. 그들이 근로자 단체가 아니라 힘없는 개인과 거래하려는 회사와 싸우는 과정에서 '국제 앱 기반 이동 근로자 동맹

270

IAATW' 같은 국제 근로자 연맹들이 결성된다.[9] 물론 미국처럼 조합원 수는 아직 저조하다.[10] 하지만 이런 현상은 고무적인 신호다.

단기 계약 근로자들을 보호하려면 법규 제정이 필수지만, 가끔 근로자들이 직접 나서서 플랫폼의 알고리즘에 대처할 앱을 개발하기도 한다. 인도의 운전자들은 텔레그램에서 '상업 택시 운전자의 인식'이나 '텔랑가나 긱 및 플랫폼 노동조합' 같은 협회를 결성해, 질문과 중재안을 게재하고 노련한 운전자들에게 조언을 얻는다. 인도네시아의 운전자들은 SNS를 이용해 공동체를 형성했다. 거기서 경제적인 어려움을 겪는 이들에게 재정 지원을 하고, 오토바이 정비를 돕고, 알고리즘이 유리하게 작동하도록 '계정 관리'를 제공한다. 목표는 착취에 맞서도록 앱을 역설계하는 것이다.[11] 또 수많은 아프리카 국가들에서 온라인 업무 플랫폼 업워크의 근로자들은 플랫폼에서 까다로운 첫 과제를 완수하도록 서로 도울 방법을 찾아냈다.[12] 뉴욕시에서는 대부분 이민자들로 구성된 '배달원 노동조합'이라는 협회가 배달원들을 착취하는 긱 플랫폼들에게 기본 노동권을 요구해 효과를 거두었다. 최저임금 보장, 투명한 팁 정산(슬로건 중 하나가 '팁은 임금이 아니다'였다), 음식점 화장실을 이용할 권리(그런 요구는 받아들여지기 어려웠지만) 조항이 포함되었다.[13] 성공한 사례들도 있지만, '샌디에이고 택시 운전자 조합'은 대규모 자본 투자와 착취 인프라를 벗어나 기술의 해법을 자체적으로 개발하기가 얼마나 어려운지 보여 준다.[14]

그럼에도 위태로운 상황에서 근로자들은 데이터 식민주의에 저항할 방법을 찾는다. 예를 들어 브라질의 '노숙인 근로자 운동'은 디지털 통제에 접근할 기술을 적극적으로 개발 중이다. 그들에게 이것은 ICT(정보통신기술)과 미디어 제작 도구에 민주적으로 접근하는 길이다. 비우호적인 정치 체제를 우회하고, 자원을 집결시키고, 캠페인을 벌이기 위함이다. 또 투쟁 참여를 독려하고, 국민 투쟁의 기억을 기록하기 위해서다.[15]

한편 선진국의 회사원과 공무원은 내부에서부터 변화에 반대하는 중요한 역할을 한다. 미국 정부의 내부 고발자인 에드워드 스노든 Edward Snowden 과 첼시 매닝 Chelsea Manning 은 미국의 전 세계 감시 장치를 밝힌 특별한 경우라서 일반화할 수는 없다. 하지만 그들의 노력은 다른 내부 고발자와 반대자를 위한 길이 되었다. 프랜시스 호건은 페이스북과 메타가 이용자의 안전보다 이익을 우선시한다고 고발했다. 구글 연구원 팀닛 게브루는 앞에서 살펴본 대형 AI의 한계와 단점을 연구한 선구자였다. 다른 구글 직원 메레디스 휘트테이커 Meredith Whittaker 는 2018년 세계적으로 2만 명 이상의 구글 근로자 동맹 파업을 조직했다. 정부 기관과 대형 계약을 맺는 세계에서 가장 막강한 기업에 수많은 개인과 집단이 반대의 목소리를 내기 시작했다. 그중 이런 호소문이 있다.

'우리는 다수 업계 관련자들이 모인 점점 커지는 운동의 일부로, 강력한 기술이 악이 아닌 선을 위해 사용되도록 할 막중한 책임을 인식한다.'[16]

강력한 빅테크와 다양하게 관련된 근로자들의 용기는, 빅테크는 단일 조직이 아니며 저항의 시작점이 될 수 있음을 보여 준다.

활동가들은
어떻게 저항하는가

데이터 식민 특권층이 저지르는 추출 관행이 이제 드러나면서 도전받기 시작했다. 우리는 데이터 추출 반대 운동의 탄생을 목격한다. 활동가들은 지역 풀뿌리 집단부터 큰 지원을 받는 국제 싱크탱크까지 다양하다. NoTechForICE(notechforice.com)는 라틴계 단체인 미헨테 Mijente가 미국 이민국과 세관이 기술과 데이터를 이용해 비인간적이고 때로 불법적으로 이민자를 제재한다는 사실을 부각시키기 위해 시작했다. 그런 기술과 데이터를 제공하는 업체는 팔란티어, 아마존, 톰슨 로이터 Thomson Reuters 등이다. NoTechForApartheid(notechforapartheid.com)는 이스라엘 정부가 구글, 아마존과 협력해서 팔레스타인인들을 감시한다는 사실을 밝히기 위한 '엠파워 체인지(미국 최대 무슬림 단체: 옮긴이)'와 '평화를 위한 유대인의 목소리(미국의 반유대주의 유대인 단체)'의 계획을 말한다(국제앰네스티는 이스라엘 당국이 고급 감시 기술을 이용해 자동화된 분리 정책을 강화한다고 본다).[17]

이스라엘 정부에 반대하는 활동이 흥미로운 점은, 이스라엘의 스파이웨어 산업을 고발하기 위해 수십 개의 단체가 연합했기 때문이다. '팔레스타인의 거부, 철회, 제재 운동' 같은 단체는 이 소프트웨어의 금지를 요구한다.[18] 하지만 잘 입증되었듯이 전 세계가 위험하다. 이스라엘의 보호 아래 NSO그룹 NSO Group이 판매하는 페가수스 Pegasus 소프트웨어는 프랑스, 독일, 인도, 멕시코, 스페인을 포함해 최소 34개국에서 시민을 감시하는 데 사용된다. 이 소프트웨어는 언론인와 활동가를 학대하고 살해하는 행위를 비롯해 국제앰네스티가 대규모 인권유린이라고 부르는 상황을 일으켰다.[19]

데이터 식민주의에 저항하는 활동가와 노동, 소비자 보호, 환경 같은 분야의 근로자 사이에 중요한 연대가 이루어진다. 예를 들면 데이터 센터가 막대한 에너지를 사용해 지구 온난화를 악화시키는 문제에 도전하기 위해 칠레, 아일랜드, 네덜란드를 비롯한 여러 곳의 개인들이 연합한 세계적인 연대가 있다.[20] 또한 '우리의 몸은 데이터다Our Data Bodies' 프로젝트 연구자들은, 노스캐롤라이나, 미시건, 캘리포니아의 낙후된 지역을 조사해서 데이터 관행이 주민에게 미치는 영향을 파악하고 대안을 지원하려 노력해왔다.[21]

원주민 공동체들은
어떻게 저항하는가

퍼스트 네이션은 수 세기 동안 식민주의를 직접 경험하고 저항했기에, 다른 공동체와 다르게 식민주의를 이해한다. 이 저항에는 식품과 물 통치권을 포함해 다양한 분야가 있다. 하지만 데이터도 투쟁의 일부가 되고 있다. '원주민 데이터 주권' 운동은 원주민이 데이터 자원의 자율권을 확보하기 위해 결성했다. 이 운동을 통해 원주민은 그들이 만든 데이터를 어떻게 통제하고 사용하는지, 심지어 그것이 현재와 미래의 공동체에게 무엇을 의미하는지 찾고자 한다.

원주민 공동체는 디지털 기술을 전부 거부하지는 않고, 공동의 목표를 지원하는 데 적합한 방법을 신중히 모색한다. 또 믹시Mixe (멕시코의 원주민: 옮긴이) 이론가인 야스나야 엘레나 아귈라 힐Yásnaya Elena Aguilar Gil 의 표현처럼 '저항을 용도 변경'[22]할 수 있는지 고려한다. 이런 공동체들은 스스로 전화와 인터넷 인프라를 구축하고(오랫동안 라디오를 만들었듯이), 영상 스트리밍 플랫폼을 구축해 자신들의 서사 구조로 말하고 위키백과에 글을 올리며, 토착어로 앱과 웹브라우저를 개발한다.[23]

원주민 공동체에 토착어 문제가 특히 중요한 것은, 2100년까지 언어의 50~90%가 사멸될 위험에 처했다는 추측 때문이다.[24] 그렇다. 빅테크는 원주민 음성을 데이터화, 디지털화해서 음성 인식 앱을 만들어 언어를 살리는 방식으로 언어 사멸의 해답을 제공한다. 하지만 이것은 의존이라는 식민지 체제의 답습일 뿐이다. 뉴질랜드의 마오리 같은 원주민 공동체는 그런 빅테크 모델을 거부한다. 토착어인 마오리어를 살리기 위해서, 공동체 활동가인 피터 루카스 존스Peter-Lucas Jones 와 케오니 마헬로나Keoni Mahelona 는 AI 언어 도구를 자체 개발했고, 공동체가 통제하고 처리의 주도권을 갖는 방식으로 언어 데이터를 수집하고 관리할 방법을 만들었다. 빅테크 플랫폼에 업로드하지 않고 자체 플랫폼을 구축한 이유에 대해, 그들의 답은 꽤 명확했다. "그런 방식이라면 우리 데이터를 이용하는 자들이, 우리 입에서 나온 언어를 서비스로 우리한테 되팔 테니까요. 우리 땅을 빼앗아 우리한테 되파는 짓과 똑같지요."[25] 대조적인 케이스로, 이란과 이라크 접경 지역의 주민들은 구글을 위해 소라니 쿠르드어를 번역하는 자원봉사를 수백 시간이나 했다.

구글은 어떤 보상도 하지 않았고, 현재 그 노동의 결과물을 소유한다.[26]

이제 여기 가장 중요한 문제가 있다. 자율성에 대한 욕구이다. 디지털 기술과 데이터를 이용해 자신들의 언어를 존속시키려는 원주민이나 주변인들, 소수민족, 자원이 부족한 집단이 많아진다. 언어의 존속은 문화의 존속을 의미하며, 이것은 온라인 세상에서 기술을 통제하면서 언어를 안전하게, 자신들의 방식으로 사용할 수 있음을 뜻한다.[27]

모든 사람이
저항할 수 있는 방법

데이터 식민주의를 거부하는 운동은 점점 넓게 퍼지고 있다. 그중에는 문화계 종사자들도 있다. 예술가, 영화 제작자, 소설가, 언론인, 학생과 교사, 정치가와 선거구민, 비영리재단 관계자 모두 암호화할 권리나 수리할 권리를 보장받으려 노력한다. 저항은 대규모든(빅테크 플랫폼 거부), 소규모든(웹사이트를 방문할 때 쿠키 거부, 이용자의 0.5%만 실천한다) 가능하다.[28] 몇 시간 동안 스마트폰을 내려놓는 것도 저항하는 행동이 될 수 있다.

인플루언서가 팔로워에게 주말 디지털 디톡스를 발표하는 것은 재미있고 쉬운 일이다. 하지만 수탈하는 기술을 중단시키는 개인도 증가한다.[29] 업체도 마찬가지다. 모든 업체가 러쉬 Lush의 CEO처럼 재정적 위험을 감수할 수는 없을 것이다. 그는 SNS 계정들을 폐쇄한 결과로 1,300만 달러를 기꺼이 잃었지만[30] 모두에게 깊은 인상을 주었다.

더 쉬운 저항 운동도 있다. 뉴욕의 십대 청소년들은 '러다이트(신

기술 반대 운동: 옮긴이) 모임'을 결성해, 스마트폰을 구형 휴대폰으로 바꾸거나 아예 스마트폰을 없앴다. 그중 한 명은 이렇게 말했다. "SNS에 올렸는데, '좋아요' 수가 적으면 내 자신이 부족하게 느껴져요. 겪지 않아도 되는 일을 겪는 거죠."[31]

　　보통 한 개인이나 집단의 행동은 눈에 띄지 않지만, 모아서 보면 여러 곳에서 다양하게 거부 운동이 진행된다.[32] 앞 장에서 봤듯이 우리는 사상가와 활동가에게 감화되어, 윤리성을 되찾고 과거와 현재를 이을 새 길을 찾는 프로젝트를 시작할 수 있다. 분노, 호기심, 정의에 대한 열정이 합해져야 반 식민 운동에 합류할 수 있다. 하지만 누구나 데이터 식민주의의 영향을 받으므로 저항은 모든 곳에서, 모든 삶에서 일어날 수 있다. 하나의 공통분모를 갖는 것이 중요하며, 그것이 식민주의와 싸울 최대 무기다. '러다이트 모임'을 비롯해 데이터 식민주의에 대한 저항에는 무기가 담겨 있다. 그 무기는 바로 상상력이다.

데이터 사용 방식을
뿌리부터 바꿔라

탈식민화는 다양한 의미를 가질 수 있으며, 전부가 급진적이거나 혁신적이지는 않다. 하지만 진지하게 보면[33] 탈식민화는 식민자의 세계관을 멈추고, 대안을 상상해서 실행하는 어려운 일이다. 사회적 삶의 전체에서 식민주의 유산을 청산하는 것은 이 책의 주제를 벗어나지만, 데이터와 관련해 어떤 의미가 있는지 살펴보자.

데이터 탈식민주의는 데이터를 수집하는 수탈 모델의 해체를 뜻한다. 삶을 강탈의 영토로 삼아 수익만 추구하는 것을 거부하고, 데이터를 집단의 도구로 전환해 좋은 세상을 만든다는 뜻이다. 하지만 어떻게 하면 그럴 수 있을까?

데이터 식민주의가 사적 공간과 시간에서 어떤 의미를 갖는지 생각하는 데서 출발하자. 데이터를 추출하는 플랫폼과 정책에 맡겨진 시공간을 탈식민지화할 수 있을까? 감시 카메라, 스마트 밴드, 스마트 가전, 디지털 비서, 피부 이식 칩 등 익숙한 데이터 추출 기술을 통한 식민화가 '우리의' 공간, 삶의 공간을 지속적인 수익을 위한 추출 영토로 바꾸었다. 또 우리가 상호작용하면서 개인 정보를 내줄 때 이 기술들은 시간을 식민화한다. 경고, 알림, 업데이트, 독촉 때문에 개인의 시간은 점점 줄어들고, 식민자의 정책에 따라 내줘야 하는 시간은 점점 길어진다.

공간과 시간을 탈식민화하려면 화가이자 작가인 제니 오델(Jenny Odell)이 말한 '아무것도 하지 않는 법'을 배워야 한다. 이것은 게으름을 옹호하는 게 아니라, 훨씬 대담한 것이다. 데이터를 더 추출하기 위해 이용자를 온라인에 더 잡아두는 관심 경제(맞춤형 서비스를 제공하는 경제 활동: 옮긴이)에서 벗어나는 것을 뜻한다. 그러면 우리는 다른 일에 다시 몰두할 수 있다. "그 '다른 일'은 바로 시간과 공간이다"라고 오델은 말한다. 관심을 돌려서 주변과 거기서 어떻게 시간을 쓸지에 대해 다시 몰두한다.[34] 자연에, 서로에게, 세상의 문제에 다시 몰두한다. 모두가 플랫폼에서 벗어날 수 있는 상황은 아니다. 특히 긱 경제에 의존해서 살아갈 수밖에 없는 사람들은 그럴 수 없다. 하지만 어디선가 탈식민지화가 시작되지 않으면 빅테크의 지배력은 무너지지 않는다.

새로운 페미니스트의 투쟁은 저항에 대한 상상에 큰 영감을 준다. 출중한 사상가인 아르헨티나의 베로니카 가고(Veronica Gago)가 그렇다. 그녀에게 수탈은 늘 문제다. 여성의 신체와 노동을 '새로운 영토의 식민화' 안에서 남성들이 강탈하도록 개방된 '수탈 구역'으로 본다.[35] 방어할 첫 전선은 일상의 시간과 공간이라고 그녀는 주장한다. 길들이기와 식민화는 분리할 수 없기 때문이다.[36] 이것은 시스템이 일상적이고 친근하게 사람을 비인간화하는 방식에 맞서야 해방될 수 있다는 뜻이다. 이 문제는 아주 까다로운 질문을 낳는다. 사유재산의 개념을 바꾸어야 할까? 데이터와 관련해 이런 질문은 창의적인 여정의 출발점이 될 수 있다. 거기서 페미니즘은 데이터 식민주의에 대한 저항에 중요한 역할을 담당한다.

앞서 현대 기술 비평에서 도움을 얻을 수 있다. 신학자 겸 철학자이자 사회비평가인 이반 일리치Ivan Illich 의 견해를 보자. 그는 오스트리아에서 태어났지만 평생 오랜 시간 멕시코에서 살았다. 1973년 저서 《절제의 사회Tools for Conviviality》에서 그는 무용지물인 인간을 위해 유용한 것을 만드는 과정에서 어떻게 도구가 우리를 진짜 목표와 분리시키는지 고찰했다.[37] 산업시대에 유용한 기술이 더 쉽고 편리한 삶을 제공하면서, 삶에 대한 통제와 자율성을 얼마간 포기하게 한다고 그는 의심한다. 왓츠앱이나 위챗을 보자. 두 앱은 가족 친지와의 소통을 더 쉽게 만들었지만, 그로 인해 일상의 소통이 이익 창출 과정에 입력된다. 간단히 보면 결국 스마트 기기가 넘쳐나는 삶은 사실상 전혀 스마트하지 않다.

그가 제안하는 답은 책임 있는 도구들의 사회로, 인간이 기술을 통제할 뿐 그 반대가 아닌 우호적인 사회다. 사람들 사이에 자율적이고 창의적인 관계가 증진되도록 기술이 정치적으로 밀접한 개인들을 돕는 사회가 우호적인 사회다.[38] 그가 말하는 '우호'는 따뜻한 분위기만을 뜻하는 것이 아니라, 개인의 자유가 사람들 간의 상호의존을 통해 실현되는 기술적, 정치적 계획을 말한다. 그는 기술에 반대하는 게 아니라, 기술이 우리를 상호 의존적으로 만들었다고 봤다. 하지만 도구를 신중히 제한해야 다국적기업이 이익을 위해 우리를 통제하지 않고 함께 일한다고 강조했다.

그의 주장은 급진적 페미니즘 사고, 원주민의 사고, 최근의 분리 요구와 연결된다. 그의 책은 반세기 전에 나왔지만, 여전히 새로운 형태의 저항이 필요하다고 말한다. 데이터의 탈식민화는 데이터 자체를 포기하는 게 아니라, 우호적인 데이터를 생산하는 모델을 수용한다는 뜻이다. 우호적인 데이터는 사람들이 서로 책임지고 좋은 관계를 맺게 도울 수 있다. 그리고 그 핵심에는 인간의 창의성과 상상력이 있다. 이 것을 믿으면, 공동체를 돕는 우호적인 데이터가 가능하다는 희망을 가질 수 있다.

이 방향으로 가려면 지속적인 노력이 필요하다. '사회적 이익을 위한 데이터 과학DSSGx(데이터 공학이 사회적으로 긍정적인 영향을 미치도록 교육과 도구를 제공하는 단체: 옮긴이)'의 계획은 최근 유행하는 크라우드소싱이 되고 있다. 이 계획은 아이비리그 대학 연구소들의 지원을 받아, G8도 기본적으로 데이터를 개방하도록 회원국 정부를 압박할 것이라고 발표했다.[39] 하지만 데이터를 대중이 접근하게 하는 정도로는 부족하다. 실제로 지구온난화나 인종주의와 관련된 데이터는 충분하다. 하지만 개인, 기업, 정부가 변하도록 설득할 만큼 충분하진 않다. 데이터로 더 나은 사회관계를 만든다는 점점 어렵고 커지는 목표는 우호적인 데이터의 난점이다. 하지만 공동체의 구조적인 인종차별을 해결하기 위해 지역 데이터를 이용하는 예처럼 새로운 기획이 시작되고 있다.[40] '여성 학살에 맞선 데이터 datoscontrafeminicidio.net'처럼 데이터 수집 관행을 표준화하도록 단체를 교육시키고, 데이터 분석 도구를 개발하고, 데이터 관리자의 역할을 재고하는 활동이 일어난다.[41]

데이터의 탈식민화는 데이터와 관련해 지금까지와는 다르게 살고자 하는 계획이므로, 하나가 아니라 여러 해답이 필요하다. 기술뿐 아니라 사회, 정치, 규제, 문화, 과학, 교육에 걸쳐 해답을 만들어야 한다. 또 겉으로는 데이터와 무관해 보여도 실제로 정의와 존엄을 찾는 투쟁의 일환으로 바라봐야 한다.

서구의 합리성, 심지어 서구 문명을 없애려는 일이라며 대안을 탐색하길 거부하는 이들도 있다. 하지만 키하노의 글에서 봤듯이 그건 너무 성급한 판단이다. 식민 역사에서 배웠다고 생각하는 합리성, 다원론, 자율성 같은 개념은 서구나 서구식 사회 모델이라고 할 만한 산물이 아니라는 점이다. 실제로 많은 개념들은 비서구권 전통에서 완곡하게 표현해 빌려온 것이다.[42] 그러니 이것은 합리성을 배척하는 문제가 아니다. 이 세상에는 서구식 모델만 존재하고, 합리성, 다양성, 자율성도 서구만의 것(빅테크와 비슷하다)이라는 주장을 배척할 뿐이다.

일단 대안적인 합리성과 데이터를 생산할 대안적인 방법을 늘리고 적용하면, 탈식민화된 데이터의 처리가 시작된다. 이미 일부 공동체는 데이터를 통제하고, 데이터 기술을 제한하는(일리치의 견해에 따라) 과정을 관리한다. 그 다음 데이터가 무엇이며 왜 쓰이는지 재고한다. 이들은 묻는다. "AI는 탈식민화가 가능할까? 아니면 추출을 통해 알고리즘이 학습한 방식이 본래 식민적인 요소를 가지고 있는 걸까?" 아무도 확답하지 못하지만 대화가 시작되었다. 또 데이터 식민주의에서 이용자의 역할이나 개입과 관련된 진솔한 토론도 시작되었다. 이런 대화들은 자율성, 보살핌, 공동체, 합리성 같은 가치를 지향한다.

　이런 가치들을 권력과 지배 위주로 편협하게 해석하면 안 된다. 포괄적이고 다원론적 방식으로 해석하는 게 가장 중요하다. 30년 전 멕시코 남부 치아파스주에서 사파티스타(원주민의 권리를 요구하는 단체: 옮긴이)는 토지 저항 운동을 벌였다. 여러 세상이 서로 어울리는 세계를 주장했던 그들의 이상에는 큰 힘이 있다. 데이터는 올바르게 생성되고 사용될 때 이런 다원적 세계관을 가진 새 영토를 창출한다. 거기서는 공동체가 기획하고 수용하는 목표와 기준에 따라 데이터가 수집되어 처리되고 관리된다.

저항하기 위해
어떤 전략이 필요할까?

한 가지는 명확하다. 데이터 식민주의를 해결하는 데에 단편적인 접근은 효과가 없다. 이런저런 플랫폼을 이용하지 않거나 이런저런 법안을 통과시킬 수는 있겠지만 복잡하고 어려운 문제라서(긴 역사를 가진 식민주의라는 큰 문제의 일부라서) 단독 조치는 파급력이 별로 없다. 전체적으로 사고하고 행동해야 한다. 이 책에 영감을 준 반대론자들과 사상가들은 다 그렇게 했다.

활동가 단체 미헨테는 이에 도움이 될 틀을 제안했다. 이 틀을 칠레의 '투쟁 중인 주민들' 같은 라틴아메리카 활동가들이 적용했다.[43] 이 모델에 감화된 대규모 집단 거부는 데이터 식민주의 시스템의 안에서, 시스템에 맞서서, 시스템을 넘어서, 동시에 세 수준에서 데이터 식민주의를 공략하려 한다.

1단계
: 시스템의 안에서 저항하기

데이터 식민주의 기업의 여러 악습과 거기서 이익을 얻는 국가에 대해 읽고 나면, 민관 분야의 그런 부류와 협업하지 말자는 생각부터 든다. 그런 반응은 나름 쓸모가 있기 때문에 나중에 얘기해보겠다. 하지만 이런 일을 외면하면 대중의 이익에 관심 없는 정부와 기업의 지배력이 강화될 위험이 있다. 시스템과 같이 혹은 안에서 저항한다는 것은, 정부와 기업이 들어주지 않거나 못 해주어도 계속 권리를 요구해야 한다는 뜻이다. 우리가 권리 요구를 멈추는 순간, 정부와 기업은 뜻대로 하고 의무를 저버린다. 기대에 못 미치는 반응을 얻을지라도 우리의 불만을 들어주기나 한다면 지역, 국가, 세계에서 시민과 소비자로서 계속 권리를 행사해야 한다.

시스템 안에서 데이터를 탈식민지화하려면 어떤 압박을 가해야 될까? 시장에 더 좋고 많은 규제가 가해지도록 압박해야 한다. 지금까지 빅테크를 통제하려는 시도들은 더디게 이루어졌다.

EU는 제대로 규제된 SQS의 틀을 짜면서 중요한 행보를 했다. 최근 유럽의 입법 변화는 너무 복잡해서 여기서 상세히 다룰 수 없다. 하지만 2018년 발효된 GDPR(개인 정보 보호 규정)은 개인 정보 처리의 인권적 의미를 주장해서, 빅테크의 시장 지배력이 규제 없이 성장해야 한다는 개념에 도전했다.[44] 디지털 서비스 법과 디지털 시장 법 같은 새 법규는 플랫폼이 제공하는 서비스와 수익의 불균형한 시장 구조를 제재한다. 한편 EU 위원회는 메타에 기록적인 벌금 12억 유로를 부과했고, 공공장소에서 안면 인식을 금지하는 법을 고려 중이다.[45]

법 평론가들은 EU의 입법이 동의 원칙에 과하게 의존한다고 걱정한다. 동의 원칙은 소비자에게 빅테크의 데이터 임의 사용에 동의하거나 반대할 기회를 준다. 하지만 앞에서 봤듯이 데이터는 사실 동의할 수 없는 여러 환경에서 추출된다. 지배력이 더 큰 역할을 하기 때문이다. 또 아무리 좋은 법안도 법원과 입법자들이 시행하는 정도가 고작이다. 예를 들어 최근 아마존은 독점 행위가 적발되었지만, 웹사이트의 일부를 수정하는 조건으로 수십억 달러의 벌금을 피했다. 그런데 그 수정은 이미 계획된 일이었다.[46] 또 EU의 새 법안이 충실히 실행되어도 빅테크 거인들과 법정 싸움을 피할 수 없다. 게다가 EU 입법자들의 진의가 의심스럽다. 정말 빅테크의 데이터 추출 확장을 막고 싶은 걸까, 아니면 협의의 개인 권리에 맞춰 데이터 시장이 더 효율적으로 운영되게 보장하려는 의도일까?[47] 그렇다면 데이터 영토의 확장은 멈추지 않는다.

더 문제는 미국과 영국 같은 나라에서 의미 있는 법안이 지연되는 것이다. 자유방임 자본주의는 기업의 자율 규제가 최선이라는 무서운 환상을 선전한다. 또 기업이 원하는 바를 들어주는 대가로 정치가에게 돈을 건네는 막강한 로비가 벌어진다. 그래서 영국 NHS 데이터 공학자들은 장기적으로 팔란티어 같은 업체에 의존할 가능성을 우려한다.[48]

정부가 일하는 모습을 보이기 위해 급조한 법안 역시 위험하다. 그 예가 2022년 미국 의회에 제출된 아동청소년 온라인 보호법KOSA이다. 90개 이상 단체가 연대해서 이 법안을 비판했다. 아동의 사적 권리를 보호한다고 주장하지만, 결국 더 공격적으로 추적하고 필터링하고 감시하는 도구에 아동을 노출시킨다는 이유 때문이었다.[49] 법안은 거부되었지만, 약간의 수정을 가해 2023년 다시 제출되었다.

시스템 안에서 변화는 늘 더디고 복합적이다. 하지만 불가능한 것만은 아니다. 미국에서도 독과점 금지법은 희망이 보이는 영역이다. 현재 미국 연방거래위원회의 리나 칸Lina Khan 위원장은 아마존과 메타 같은 기업이 과대 규모인지, 독점적 관행이 소비자에게 이익인지 상세히 조사 중이다. 2022년 8월 그녀는 상업적 감시가 유발하는 피해에 대해 입법 예고를 했다. 이것은 경제계와 시민사회에 큰 반응을 일으켰다. 그녀는 너무 오랫동안 기업의 감시를 인정한 패러다임을 바꿀 방법을 논의 중이다.[50] 하지만 대단히 보수적인 대법원과 함께 2024년 공화당이 집권해서 자기주장을 한다면, 과연 미국 연방거래위원회FTC가 얼마나 뜻을 펼칠지 불투명하다. 그럼에도 빅테크는 이런 규제안을 겁낸다. 그래서 그녀가 빅테크 문제를 제시한 당사자니 조사에서 배제해야 한다고 압박했다.[51] 사방을 둘러봐도 장기전이 될 것이다.

데이터 국유화는 더 대담하고 차별화된 규제 방식으로, 특히 개발 도상국 국가들이 제안한다. 그러려면 과거에 일부 국가가 석유, 천연자원, 산업을 국영화했듯이 데이터를 국가 자원으로 선포해야 한다. 데이터가 국유화되면 정부는 외국 테크 업체에게 데이터 이용료를 부과할수 있다. 그러면 데이터 수탈 이익이 국민에게 간다. 하지만 국유화한다고 해서 추출이 무조건 근절되진 않는다는 점을 명심해야 한다. 또반 식민 정책으로서 국유화는 복잡한 결과를 낳은 역사가 있다. 거기에 반응해서 아르헨티나 학자인 레오나르도 파비안 사이 Leonardo Fabián Sai 와 소피아 베아트리즈 스카세라 Sofía Beatriz Scasserra 는 데이터를 원자재로 보는 새 틀을 제안했다. 데이터를 공동의 사회 자원으로 삼아, 공유 접근에 기반한 재산업화 과정에서 정부가 규제하자는 주장이다. 하지만 이런 모델이 사회적 수탈을 피할 수 있는지는 확인이 필요하다.[52]

이런 규제 모델의 숨겨진 동기는, 현 상황에 문제가 있다는 믿음이다. 또 데이터 식민주의에 맞서 광범위하고 야심찬 규제의 틀이 필요하다는 믿음이다. 한편 여전히 기업은 규제에 반대한다. 그중 하나는 데이터 기술이 보통 기술보다 복잡해서, 예상되는 영향을 규제하기가더 어렵다는 개념이다. 하지만 그렇기 때문에 규제는 감소가 아니라증가해야 한다. 규제하면 혁신이 없다는 민간 분야의 위축된 주장을심각하게 받아들이면 안 된다. 아무튼 데이터 식민주의가 보여주듯 혁신이 차별과 수탈을 의미한다면, 왜 시민들이 그걸 받아들여야 할까?

어려워도 시스템 안에서 최대한 기회를 활용해야 한다. 여기 몇가지 제안이 있다.

시스템의 안에서
저항하기 위한 전략

 • **회사 내에서 불평등한 데이터 관행에 저항할 세력을 만들어라.**
앞에서 봤듯이 비윤리적이거나 착취 목적에 이용되는 업무에 반대하
는 직원들의 목소리가 점점 커지고 있다. 물론 해고나 징계를 당할 위
험이 있지만, 대중의 항의에 복직하는 경우도 있다. 구글 근로자들이
회사와 국방부의 프로젝트였던 메이븐(미군의 AI 개발 프로젝트: 옮긴이)
계약을 막은 예는 주목할 만하다.[53] 기업들 대부분, 특히 선한 영향력을
미친다고 자부하는 기업들은 대중적인 이미지에 민감하다.

 • **사회 변화를 일으키려면 시, 지자체 등 지방정부와 협력하라.**
활동가들은 알겠지만, 변화를 모색하는 보통 시민들은 거대한 정부 조
직보다 지방정부에 더 쉽게 접근할 수 있다.[54] 안면 인식이나 예측 수사
알고리즘을 금지하는 법안을 통과시키려면, 연방, 중앙정부보다 지방
정부를 목표로 삼는 게 쉽다는 뜻이다. 더욱이 시군은 자체적으로 구
매력이 있고 예산을 어떻게 쓸지 결정할 수 있기 때문에, 의심스런 공
급자와 계약하려 하면 강력한 메시지를 보낼 수 있다. 예로 샌디에이
고 시민들은 시의원들과 협력해, 시 전체에 센서와 카메라를 도입하는
스마트 가로등 설치 계획을 막았다.[55]

 • **사회 변화를 일으키려면 다른 지역 단체와 협력하라.** 위에서 설
명한 전략을 정부뿐 아니라 다른 행정 분야에 적용할 수 있다. 대학 교
수단과 학생 단체, 부모-교사 위원회, 교회와 자선단체 위원회, 사교
모임, 자문단 등의 단체와 협력해 더 책임 있는 방식으로(즉, 데이터 추

출과 남용을 자행하는 테크 업체들에서 벗어나) 예산 분배를 바꾸는 것도 방법이다. '거부, 철회, 제재 운동'이 보여주듯이 대단히 효과적인 전략일 수 있다.

• **문맹 퇴치 캠페인을 통해 각성시켜라.** 정보가 많은 대중은 시스템 내 변화의 발판이다. 직접 조사한 결과와 경험을 비롯해 이 책에서 배운 내용을 공유하면 타인의 의견과 관점을 바꾸는 도구로 쓸 수 있다. 편집자에게 편지를 보내는 전통적인 방식 외에도 SNS 업로드, 팟캐스트, 독서 모임, 강좌나 강좌 내 활동, 가족 친지와의 토론 등 다양한 배출구가 있다. 시스템과 동행하면서 시스템의 자원을 시스템에 대한 저항에 마음껏 활용하자. 그게 과거 저항 운동들의 방식이었다.

• **옳은 정책을 내세우는 대표자를 선출하거나 선출되게 도와라.** 문화 분야만 관심을 가진 듯한 정치인에게 실망하는 사람이 많다. 하지만 정치인이 관심을 갖고 조치하도록 하는 것은 투표처럼 필수 사항이다. 불공평한 결과가 나오기도 하지만, 위의 예들에서 정치인도 귀를 기울이려는 신호가 감지된다.

• **진보적인 과세를 지지하라.** 테크 기업들은 세금을 충분히 내지 않는다. 예를 들면 2018년부터 2021년까지 아마존은 미국 연방 법인 세율의 4분의 1만 납부했는데도 팬데믹 기간의 수익 증가율이 220%였다.[56] 데이터로 이익을 얻는 기업들에게 세금을 더 내라고 요구하는 캠페인을 지지해야 한다(최근 경제협력 개발기구 OECD의 그런 노력은 미국과 실리콘밸리에 막혔지만, 주와 국가 차원에서 다른 시도들이 진행 중이다).[57]

• **노벨평화상 공동 수상자인 마리아 레사와 드미트리 무라토프**

Dmitry Muratov의 '정보 위기 대처 계획 10가지'를 지지하자. 이 계획은 데이터 보호 조치로 시민의 사생활을 보호하고, 언론인에 대한 공격을 규탄하고, 그들의 안전을 보호하고, 감시 광고(수집한 데이터 기반 맞춤형 광고: 옮긴이)를 금지하고, 기업의 로비를 규제하는 새로운 법을 시행할 것을 민주 정부에 요구한다.[58] 이 계획을 추진하는 단체는 '시민 대 빅테크peoplevsbig.tech'다.

• **알고리즘 영향 평가AIA를 요구하고 참여하라.** 영향 평가는 국가나 민간 프로젝트의 경제, 환경, 사회적 영향을 평가할 때 주로 사용된다. 그러니 데이터 분야에 도입할 만하지 않은가? AIA는 증거 기반 연구로, 대중의 삶에 영향을 주는 자동화 결정 시스템과 관련된 정확한 정보를 제공한다. 또 공공 기관과 지원 전문가가 전문지식을 발전시켜서, 복지 혜택 분배, 예측 수사, 에너지 사용 분배, 노동권, 교육 기회 같은 분야에서[59] 차별을 양산하는 시스템을 검토할 수 있도록 돕는다. 데이터 기술이 실행되는 분야마다 이런 개입이 많아져야 한다. 실행 중인 예로, 에이다 러브레이스 연구소가 건강 분야의 AIA 적용을 연구하기 위해 만든 이용자 가이드가 있다.[60]

2단계
:시스템에 맞서서 저항하기

시스템 내 활동은 적극적인 활동가에게 절대적으로 필요하고 생산적인 결과를 얻는 반면, 전략에 한계가 있다. 현 상황을 만든 당사자에게 다양한 변화를 기대하기는 어렵다. 식민주의는 늘 민관 협력 체계였다. 기업은 물류와 관리 자원을(동인도 회사가 좋은 예) 제공했지만 정부, 그전에는 교회가 법률과 신학적 정당성을 제공했다. 오늘날 협력은 계속되고, 일부 정부가 가끔 기업보다 시민의 이익을 우선시하기도 한다. 하지만 식민지 협력 체계가 알게 모르게 영향을 미친다는 점을 기억해야 한다.

간단히 말해, 시스템 안에서 활동하면 피식민자의 삶은 조금 견딜 만하겠지만 현 상황에 근본적으로 도전하지는 못한다. 그러니 데이터 식민주의 계획에 '아니오'라는 큰 반향을 울릴 새 정치 도구를 개발해야 한다.

시스템 내 활동과 시스템에 맞선 활동 사이의 긴장은 주권 문제로 되돌아가게 한다. 주인의 도구에 의존한다면 진정으로 자율적이 될 수 있을까? 여기서 주인의 도구는 결코 주인의 집을 부수지 않는다는 흑인 미국인 작가 오드리 로드Audre Lorde의 유명한 주장이 떠오른다.[61]

억압하는 도구를 자율성이 보장되지 않는 다른 도구로 교체하는 정도로는 부족하다. 웹브라우저로 크롬 대신 오페라를 쓰는 게 더 나을까? 오페라는 현재 중국 기업 소유이고, 크롬은 구글 소유인데? 미국 기반의 앱 도어대시DoorDash나 태스크래빗TaskRabbit 대신 콜롬비아 기반의 앱 라피Rappi를 사용하는 것이 라틴아메리카 사람들에게 이익이 될까? 하나같이 비슷한 알고리즘으로 긱 근로자를 착취하는 앱인데? 아프리카의 슈퍼 앱 야시르Yassir가 아프리카에서 운용된다는 이유만으로 데이터 식민주의 문제가 해결될까?

때로 국가가 인터넷 정책의 궁극적인 중재자라는 국가 주권 개념은 감시와 속박의 새 도구를 만들어 정치적 이익을 취한다고 인식된다. 예를 들어 인도의 통신법 초안은 식민지 시대의 전신법을 수정한다고 내세웠지만, 왓츠앱, 텔레그램, 시그널 같은 앱에서 정부에 개인 메시지를 모니터링할 권한을 부여하여 불법적 암호화를 획책한다. 그뿐 아니라 정부는 위기 상황에서 인터넷 접속을 정지시킬 권한을 갖는다.[62]

간단히 말해, 외부 식민자 대신 내부 식민자를 선택한다고 해서 피식민자의 고통이 개선되지는 않는다.[63]

실제로 이것은 소유권이 아닌 목적의 문제다. 주인의 도구를 용도 변경해서 시스템에 대한 저항에 사용하는 것은 '아니오'의 시작을 뜻한다. 규제 없는 데이터 추출이 허용해도 되는 정상적인 일이라는 문명화의 논리를 거부하는 것이다. 기본 주권 보호를 위해 허용이냐 거부냐를 정할 때, 개인 차원에서 '아니오'라고 할 수 있다.[64] 때로 '아니오'는 데이터 식민주의의 원칙을 거부하지만, 일부 수용하는 것 외에 장기적인 대안이 없음을 인정한다는 뜻이다. 하지만 '아니오'는 결국 시스템을 쇠퇴시킬 다양한 합동 프로젝트에 합류할 의사를 표현한다.

월드 와이드 웹 발명가인 팀 버너스리Tim Berners-Lee와 가상 현실의 창시자 중 한 명인 자론 레니어Jaron Lanier 같은 명사들은 여러 제안을 내놓았다. 그들은 이용자가 자유롭게 데이터를 전송하는 플랫폼을 개발해 인터넷을 고치자고 제의한다. 데이터 추출 대가를 지불하자는 제안도 있다.[65] 이런 제안들은 중요한 질문을 끌어내지만, 데이터 식민주의의 폐해를 기술적 해답이 있는 문제로 축소시키는 단점이 있다. 마치 현 상태의 추출을 지속하면서 해결할 수 있다는 투다. 내 개인 정보의 대가를 받으면 나와 데이터는 시스템에 더 효율적으로 결합되고, 데이터 생성을 장려해 데이터 추출 플랫폼끼리 더 많이 교류하게 만든다.

빅테크의 권력을 해체할 것으로 기대되는 웹3(데이터 주권이 사용자에게 주어지는 형태의 웹: 옮긴이)에 주목한 제안도 있다. 난해한 기술 설명은 그만두고, 웹3는 블록체인을 사용해 인터넷을 재구성한다. 웹1은 '읽기' 웹(사용자가 고정된 콘텐츠를 읽을 수만 있다)이고 웹2는 '읽기-쓰기' 웹(사용자가 콘텐츠를 생성하고 수정할 수 있지만, 그런 플랫폼들이 독점화되었다)인 반면, 웹3는 '읽기-쓰기-소유' 웹이 될 것이다. 암호화, 탈중앙화, 분산된 의사 결정 기술의 이익을 활용해 사용자가 개인 정보를 보호하고 데이터를 소유하게 한다. 또 검열을 뛰어넘고 은행과 기업

같은 중개자 없이 생산에 직접 투자하게 한다. 이 모델이 어떻게 이론 상이 아니라 현실적으로 독과점을 깨트리고 사용자 이익 경제를 재구성할지 제시하는 일이 남는다. 하지만 가능하다 해도, 추출 문제는 마법처럼 사라지지 않을 것이다. 비평가들이 이미 지적했듯이 웹3는 투기가 넘쳐난다(NFT의 유행과 투자자들의 피해 규모를 기억해보길). 비실용적인 고가의 기술이며, 익명성이 남용과 괴롭힘을 부추긴다. 또 에너지 소비가 커서 환경에도 나쁘다.[66]

이런 해답은, 추출 문제의 뿌리에 기술 외에 사회정치 요소가 있으니 해답도 사회정치적이어야 한다고 일깨운다. 이에 대해 미국 기술 이론가 벤 타노프Ben Tarnoff는, 인터넷을 공영화 즉 민간 소유에서 공공 소유로 전환하자고 제안한다. 공동의 삶을 지원하는 자원이니 공영화가 맞다. 다수 국가에서 우편, 교육, 교통, 건강이 공공서비스인 것도 그 때문이다. 스스로 인정하듯 그의 아이디어는 초기 상태지만, 인터넷에 대한 사고방식을 바꾸면 시장 기반의 해답보다 훌륭한 출발점이 된다.[67] 이미 현실적으로 성공한 대안도 있다. 트레버 슐츠Trebor Scholz가 시작한 '플랫폼 협동조합platform.coop'이다. 협동조합은 수백 년간 존속했지만, 이 조합은 민주적 관리, 공동 설계, 개방형 기술을 다루는 세계적인 운동이다.[68] 단순히 우버를 재발명하거나, 기술 중심에 주력하거나, 주주가 이익을 얻는 벤처캐피털 펀드에 기반한 해답이 아니다. 조합은 공동체가 공정하고 위엄 있는 근무 환경을 제공하는 조직이 되도록 돕는다. 목표는 상업 플랫폼 같은 서비스를 제공하지만, 덜 수탈하는 비즈니스 모델을 공동으로 소유하는 것이다. 여기가 빅테크의 식

민지 확장을 억제할 플랫폼의 재건과 자본을 공유화하려는 움직임이 만나는 지점이다.[69]

위의 제안들은 한계가 있지만, 퍼즐을 맞출 조각을 제공한다. 데이터 식민주의에 반대하는 도구와 모델이 이미 있다는 뜻이다. 하지만 그것들을 응집력 있게 모아야 한다. 즉 현재 개인 활동가들이 협력해야 한다. 목표와 맥락이 다른 집단들이 어떻게 데이터 식민주의에 저항하는 문화를 만들까? 그 방향으로 나아가려면 다음의 세 단계가 필요하다.[70]

첫째, 공통의 신념을 알아낸다. 데이터 식민주의라는 틀이 많은 이들에게 영감을 준 이유는, 문제를 이해할 수 있는 다 아는 개념을 알려주어서다. 이 개념의 토대인 역사는 세계의 피식민자들을 단결시키고 저항할 근거가 된다. 두 번째 단계는 시스템에 저항하는 대가를 감당하도록 서로 돕는 단단한 연대를 구축하는 것이다. 연대감은 추상적인 어휘라서 어떻게 현실로 만들지 아무도 모른다. 아이러니하게도 데이터 식민자들은 현 상태가 유지되도록 서로 능숙하게 돕는 반면, 나머지 우리가 단결해 이길 수 있다고 믿지 않게 만든다. 강력한 공동 책임 의식이 수반되면, 연대감은 공동의 적과 목표를 정하게 한다. 마지막 단계는 정치, 생태, 경제적 지식을 쌓는 것이다. 어떤 시스템이든 맞서 싸울 때 이런 지식은 특히 중요하다. 다행히 데이터 식민주의에 저항할 방법에 대한 지식은 다양하게 존재한다. 케임브리지 애널리티카 같은 스캔들이 터지면 대중의 분노 속에서 그 지식이 떠오른다. 다만 데이터가 추출되는 삶으로 복귀하면 수면 아래로 가라앉는다. 이 책의 목표는, 개인이 직관적으로 데이터 식민주의가 잘못이라고 계속 느끼도록 돕는 것이다. 데이터 추출이 잘못임을 알려주는 지식을 공유하고 현실적인 저항 문화를 만들어가자. 개인의 비판적인 직관을 그저 별난 것으로만 보지 않는다면, 우리는 그것을 새로운 공유 지식의 일부이자 데이터 식민주의와 추출이 잘못이라는 집단적 인식으로 볼 수 있다.

시스템에 맞서서
저항하기 위한 전략

• **데이터 식민주의에서 내 역할을 점검하라.** 자기비판은 유용하지만, 더 중요한 것은 타인의 비판을 경청하는 것이다. 일상 중 반복되는 권력 형태 속에서 자신의 역할을 점검하자. 내 목소리는 잠자는가, 침묵하는가? 목표는 양 극단을 피하는 것이다. 자신이 문제의 일부임을 완전히 부정하는 것, 문제의 일부임을 알기에 완전히 마비 상태가 되는 것, 둘 다 피해야 한다.

• **알고리즘과 데이터 기술의 편견을 폭로하라.** 알고리즘 결정 시스템을 이용하는 조직에서 일하던 중 시스템 내에서 편견이나 불공정을 발견한다면, 뜻이 맞는 이들과 내부 폭로를 고민해 보자. 혹은 위태로운 처지에 처하더라도 내부 고발을 하거나 언론에 찾아가자. 또는 이미 이 분야를 조사 중인 독일의 '알고리즘 와치'나 미국의 '마크업'[71] 같은 단체를 후원하자. 조이 부올람위니 Joy Buolamwini가 연구와 예술을 통해 의식과 사회 변화를 진작시킬 목적으로 설립한 '알고리즘 저스티스 리그aji.org' 같은 단체의 중요한 일에 기여해도 좋다.

• **커리큘럼을 바꿔 사회를 변화시켜라.** 학생이라면 학교에 졸업 후 기술에 대해 비판적으로 사고할 수 있게 교육하라고 요구하자. 그런 커리큘럼을 다시 짜는 과정에 참여해도 좋다. 우리는 학교를 통해 데이터 기술에 대한 다음 세대의 사고방식을 변화시킴으로써 시스템에 근본적으로 도전할 수 있다. 이들은 차기 데이터 기술 개발자들이자, 기술 적용에 대해 사고하고 비판할 세대다. 이미 준비를 시키는 교사도 있을 테니 같이 협력하면 좋겠다. 또 교육기관 밖에서 조셉 터로우Joseph Turow 교수가 마케팅 감시를 비판하면서 언급한 기업 감시 세계에 숨어 있는 커리큘럼을 의심하자.[72] 가정에 알렉사를 설치하지 마라. 더 중요한 것은 자녀들이 알렉사를 정상적인 것으로 받아들이면서 성장하게 하지 마라.

• **조합 결성을 위해 투쟁하거나 권리를 요구하는 긱 근로자들(혹은 어느 근로자라도)을 지지하라.** 위에서 살핀 대로 노동 운동은 부흥기를 맞고 있다. 우린 노조를 조직하려 애쓰고 노동법 개혁을 요구하는 근로자들을 지지해야 한다. 그들이 무슨 일을 하는지 확인하고(위키백과에 전 세계의 테크 분야 노조 결성 노력과 관련된 페이지가 있다)[73] 지지를 표명하자.

• **개인 피해자들의 사연을 공유하고, 협력해서 가장 취약한 이들을 보호하자.** 인간은 이야기에 반응한다. 그래서 개인 사연에 초점을 맞추면(물론 비수탈적인 방식으로) 데이터 식민주의 같은 문제의 핵심에 효과적으로 접근할 수 있다. 좋은 예로 저널리스트 카렌 하오(이미 앞에서 인용한)의 '데이터와 사회 프로젝트-주류 세계 안팎의 AI 우화',[74] 긱 경제 플랫폼에서 청소와 보살핌 일자리를 구하는 여성들의 이야기인

'가정 코드' 프로젝트[75]가 있다. 추출하는 SNS를 사용하지 않고 이런 사연을 공유할 수 있다면 좋은 일이다. 하지만 SNS는 우리를 필요한 청중과 연결시키니 활용하자. 지금까지 변혁 운동은 투쟁 대상의 도구를 포함해 도구 없이는 불가능했다.

• **이 분야에서 활동하는 단체와 연구소를 지원하는 현실적인 일을 하자.** 온라인 개인 정보, 소비자 권리, 디지털 정의, 기술과 민주주의, 플랫폼 협동주의, 인터넷 거버넌스(인터넷 기술을 바탕으로 이루어지는 사회, 정치, 경제, 문화 등 사회구조의 총체적 관리 시스템: 옮긴이) 같은 이슈를 다루는 기관이 전 세계에 수백 곳이 있다. 이 책에서도 몇 군데 거론했다. 많은 단체들이 시스템 안에서 활동하지만, 더 맞서는 태도를 취하는 곳들도 있다. 그런 기관의 명단은 consentofthenetworked.com/get-involved에 있다. 또 선진국과 개발도상국의 대학들에서 데이터 추출의 위험성을 폭로하는 중요한 연구가 진행 중이다. 세 가지 예만 들어보자. 브라질 파라 연방 대학교의 연구 프로젝트 '교육 감시 전망대'는 남미의 공교육 플랫폼화 관련 데이터를 수집한다.[76] 한편 케임브리지 대학교의 '민데루 기술과 민주주의 센터'는 현 법률 가이드라인을 준수해서 모니터링하는 단속 도구를 만들어, 영국 경찰의 안면 인식 사용이 법과 윤리 기준에 위배된다는 사실을 입증했다.[77] 마지막으로 법 집행, 복지 시스템, 직장에 영향을 주는 데이터 정의를 연구하는 카디프 대학의 '데이터 정의 실험실'[78]과 같은 연구는 지원받고 촉진되어야 한다.

3단계
:시스템을 넘어서 저항하기

시스템 내에서 활동하는 것은 확신 때문이 아니라 필요상 그 시스템의 토대인 세계관을 수용하면서 내부적으로 변화시킬 희망을 갖는다는 뜻이다. 하지만 시스템과 맞서는 것도 미묘하긴 해도 그 세계관과 관련이 있다. 움베르토 에코Umberto Eco가 말했듯이[79] 자신을 어떤 것의 정반대로 규정하면, 여전히 그것이 자신을 규정하도록 허용하는 셈이기 때문이다.

그래서 데이터 식민주의와 싸우는 제삼의 전략이 있다. 내부도 아니고, 심지어 맞서서 활동하는 것도 아닌, 전혀 다른 세계관을 상상하려는 시도다. 무너뜨리려는 것에 제한받거나 조율되지 않는 세계관이다. 여기서 가장 필요한 것은 창의성이다.

우리가 사는 사회의 맥락에서 완전히 벗어나는 상상이 가능할까? 아닐 것 같다. 하지만 인간의 상상은 늘 사회나 경제 시스템에서 빈틈을 찾아낸다. 그 시스템을 머리에서 지울 수 있는 공간과 행위에서 잠

시지만 다른 행동과 사고방식이 나올 수 있다.[80]

지역 공동체가 이런 공간과 관행을 만들어, 데이터 주권의 대안 모델을 개발한 좋은 예가 있다. 우리 동료인 티에라 코뮨 네트워크의 파올라 리카우르테와 라파엘 그로호만이 이런 프로젝트들을 알려주었다(티에라 코뮨 이야기는 잠시 후에 하겠다).[81] 하나는 멕시코의 '지오코뮨' 데이터 저널리즘 집단이다. 이들은 소규모 공동체가 지도 제작 데이터를 이용해, 환경오염과 민영화의 폐해를 지도로 만들도록 돕는다. 또 브라질의 '인포아마조니아'는 독립 언론 단체로 위치 표시 데이터를 사용해 위태로운 열대우림 지역 소식을 보도한다. 다른 예로 브라질의 '마리아랩' 같은 페미니스트나 트랜스 해커 협동조합은 기술을 페미니스트의 공간에, 페미니즘을 기술 공간에 도입하는 것이 목표다. 또 아르헨티나의 '대안 노동 트랜스'는 앞서 언급된 트랜스젠더들이 설립한 비영리 조합으로, 웹디자인과 교육을 제공한다.[82] 라틴아메리카에 디지털 인권와 관계된 단체가 많다. 우루과이의 '다티속datysoc.org', 페루의 '이페르데레초hiperderecho.org', 브라질의 '인터넷랩internetlab.org.br/en', 콜롬비아의 '카리스마karisma.org.co', 에콰도르의 '오픈랩openlab.ec', 아르헨티나의 '비아 리브레vialibre.org.ar', 디지털 지식 활동을 하는 단체의 좋은 예로 코스타리카의 '술라 바추sulabatsu.com'와 인도의 '디지털 자립 재단defindia.org'이 있다. 아프리카, 아시아, 오세아니아 등지에서 활약하는 단체는 너무 많아서 일일이 언급할 수 없다. 하지만 멕시코의 '수르시엔도sursiendo.org' 같은 활동가-예술가 집단의 중요한 활동을 언급하고 싶다. 이들은 지속 가능한 문화의 틀에서 디지털 공동체의 지속적인 자치를 촉진하기 위해 활동한다.

　이런 투쟁의 맥락에서 볼 때 언급된 프로젝트들은 공통점이 있다. 데이터 식민주의의 표준을 거부하고, 대신 상업적인 원칙이 아닌 공동체의 원칙에 맞게 데이터를 수집, 처리, 분석할 수 있다고 주장한다는 점이다. 일리치의 말처럼 우호적인 형태로 바꿀 수 있는 도구과 모델을 자체 개발할 공간을 만든다. 그 공간에서 데이터로 상호 연결되는 의미를 재정립할 수 있게 된다. 이런 새 출발점에서 데이터의 본질과 용도를 달리 생각하는 게 가능하다. 또 가정, 직장, 학교, 공공장소에서 데이터를 사회적으로 관리할 반식민적 시스템을 모으는 의미도 발견한다.

　브라질의 교육 사상가 파울루 프레이리 Paulo Freire 의 말이 생각난다. 그는 해방 투쟁은 피억압자뿐 아니라 억압자의 인간성도 회복시킨다고 주장했다. 억압받는 이들을 물건으로(단순히 데이터라고 말할 수 있겠다) 취급하면 결국 그들도 비인간화된다. 그는 교육 과정이나 지식 축적 과정에 세상을 바꾸는 행동이 이어진다고 보았다.[83] 데이터 식민주의를 본질적으로 비판하면, 데이터 추출 시스템과 현실의 여러 면을 지적할 수 있다. 뿐만 아니라 데이터 세계를 진정한 사회 자산으로 바꾸고 재창조할 수 있다. 데이터 식민주의에 대한 심도 있는 도전은 결국 사회와 자본주의의 광범위한 운용에 혁신적인 영향을 준다.

시스템을 넘어서
저항하기 위한 전략

　• **비판적 사고력을 포용하라.** 이 책을 집필한 후 데이터 식민주

의의 의도에 무력함을 느낀다는 말을 듣는다. 하지만 이탈리아 지성인 안토니오 그람시Antonio Gramsci의 말처럼, 세상의 문제를 대면하려면 의지의 낙관주의와 지성의 비관주의가 필요하다고 믿는다.[84] 또 페미니스트 사상가인 사라 아메드Sara Ahmed의 《페미니스트 킬조이The Feminist Killjoy》에 나오는 인물에서도 영감을 얻는다. 그는 불평등을 존재하는 그대로 인식함으로써 사람들이 느끼는 편리성과 편안함을 공격했다.[85] 5세기에 걸친 식민 압제에 직면한다 해도 개인적 사고, 집단적 상상, 집단행동의 힘으로 무기력함을 극복하자. 그게 현재 시스템 너머로 갈 가장 확실한 방법이다.

• 일상에서 데이터 추출 플랫폼의 의존도를 낮추도록 서로 돕자. 대부분 단번에 이런 플랫폼 이용을 중단하지는 못한다. 가족 친지를 설득할 수도 없다. 하지만 예기치 않은 기회를 노려야 한다. 예컨대 일론 머스크가 트위터를 인수한 후 스캔들이 터지자, 수십만 명이 플랫폼을 떠나 마스토돈Mastodon 같은 비추출 대안을 찾아갔다. 아쉽게도 마스토돈은 초기에 가입 회원이 증가한 후, 실제 활동하는 회원 수는 가파르게 감소했다. 기업 플랫폼을 대체하기가 얼마나 어려운지 보여주는 사례다. 그럼에도 마스토돈은 추출 플랫폼이 다른 방식으로 구축될 수 있다는 증거다. 다른 유형의 네트워크를 유지할 사회 자원을 생성할 수 있다면 가능한 일이다.

• 필요한 데이터를 수집, 보호하고 선한 목적에 사용할 새 방법을 모색하는 계획에 지원하고 참여하라. 앞에서 말했듯이 데이터의 탈식민화는 모든 데이터를 거부하는 게 아니다. 우리는 세상을 이해하고

더 좋게 만드는 데 필요한 데이터를 생성할 수 있다. 또 여기서 언급한 단체와 프로젝트는 지지받을 만하다. 우리 각자는 이웃, 학교, 병원에서 데이터의 사용을 결정할 때 개입할 자격이 있다.[86] 기업이 아닌 우리가 새로운 세상을 위해 어떤 데이터가 필요한지 결정하자. 그러면 상업적 가치가 아닌 사회적 가치가 이끄는 사회 지식을 생산할 원칙이 생긴다.

이런 전략들은 앞의 내용보다 추상적이고, 그럴 만한 이유가 있다. 데이터 식민주의 시스템 너머에서 저항할 때 획일적인 옳은 전략이 있는 게 아니다. 각 공동체는 공동의 목적에 기여하면서 각자 상황에 따라 전략을 구사해야 한다.

공동체 말이 나왔으니, '티에라 코뮨'에 대해 말해야겠다. 우리가 파올라 리카우르테와 공동 설립한 네트워크로, 데이터 탈식민화에 관심을 가진 주로 라틴아메리카의 활동가, 학자, 교육자 백 명으로 구성된다. 여기서 회원들의 이름을 다 거론할 수 없지만[87] 탈식민화 컴퓨팅, 원주민 데이터 주권, 공동체와 원주민 통신 등 다양한 영역에서 활동 중이다. 티에라 코뮨 회원들은 젠더와 권력 이슈를 다룬다. 페미니스트 기술, 온라인 젠더 폭력, 여성 살해 데이터, 알고리즘 차별, 알고리즘 미디어의 정치적 및 윤리적 악영향, 데이터세트의 권력 차별과 관련해 활동하고 디지털 기술과 지역 발전의 교집합, 지식의 민주화를 점검한다. 공교육의 플랫폼화를 비롯해 플랫폼 경제 속의 디지털 노동과 근로 환경에 주력하는 이들도 있다. 위험과 사이버 보안, 비서구적 시각으로 보는 AI 거버넌스, 인간 중심 AI를 살피는 이들도 있다. 청소년과 기술, 라틴아메리카의 미디어 소비, 프로그래밍과 머신러닝에 대한 민주적이고 예술적인 접근, 활발한 데이터 스토리텔링과 시각화 분야에서 흥미로운 작업이 진행 중이다. 또 데이터 기반 공공 정책 기획, 설계 정의, 연결성과 디지털 권한, 디지털 권한의 지정학(더 많은 정보는 tierracomun.net을 참조)에 관심을 갖는다. 이 광범위한 목록은 시스템 안팎에서 데이터 식민주의에 도전하는 풍성한 활동을 보여 준다.

데이터 영역에 탈식민화를 적용하면 우리가 아우르는 이야기가 될 수 있다고 믿는다. 그 이야기는 대규모 기술에서 원하는 것과 원하지 않는 것 사이의 경계를 재설정할 수 있도록 돕는다. 말하자면 비추출 방식으로 집단 지식에 기여할 방법을 찾는 새로운 이야기다.

매일 온라인 플랫폼이 우리 생활을 편리하게 하고, 멋진 AI 기기로 소통하다 보면 변화의 필요성이 별로 느껴지지 않는다. 데이터 문제가 예컨대 환경 문제 같은 재앙으로 다가오지 않는다. 그러니 제대로 저항하려면 어떻게 해야 될까? 상황을 균형 있게 봐야 한다. 우리가 잘 모르고 자초한 기후 위기가 자연 환경을 위협한다. 데이터 식민주의 위기 역시, 생각 없이 동의했지만 우리가 자초한 일이다. 빙하나 열대우림처럼 사라지지 않지만(데이터 식민주의가 상당한 환경 비용을 일으키긴 해도), 이익을 위한 데이터 추출이라는 목적에 지배되어 사회 환경이 빈곤해진다. 그게 문제다. 환경 위기같이 당면한 어떤 위기든 해결하려면 사회적 협력이 필요하다. 사회 환경이 국가와 기업의 통제를 받으면, 우리 아닌 그들의 이익을 위해 조작될 위험이 있다. 그것이 우리에게 필요한 공동의 정치를 훼손한다.

여기서 탈식민화 투쟁사의 교훈 하나가 중요해진다. 존재 방식을 다시 규정할 때 첫걸음을 디딜 주체는 식민자가 아닌 피식민자라는 점이다. 데이터 식민주의의 배후 세력이 소통 방식을 정하겠다고 나선다. 또 우리가 사는 방식을 자기들이 결정하겠다고 한다. 하지만 그럴 필요는 없다. 최근까지 그들은 세상에 존재하지도 않았다.

인간인 우리만이 세상을 그릴 수 있을 뿐 그 반대는 아니다. 오늘날의 데이터 추출 시스템을 있는 그대로 그리자. 지금은 강대국들이 극소수의 이익을 위해 세계를 통치하던 수백 년 묵은 식민주의의 막바지다. 이제부터는 다른 세상을 상상하고 그리자. 여기서 데이터란 공동체가 스스로 선택한 목적을 위해 통제되는 것이다.

결론

만약 우리가
저항하지 않는다면?

만약 우리가 아무것도 하지 않으면 어떻게 될까? 이 책의 주제를 기껏 색다른 이야기로 치부하고, 최악의 경우 빅테크와 플랫폼의 선한 목표를 비방한다고 여긴다면? 결국 대부분의 업체와 국가 권력은 대중이 그렇게 믿기 바란다.

우리가 저항하지 않는다고 해서, 데이터 식민주의가 스스로 무게를 못 이기고 주저앉지는 않을 것이다. 일부 평론가들은 그게 SNS와 감시 자본주의의 운명이라고 예견하지만 그건 아닐 것이다. 왜냐면 여기서 제시한 대로 데이터 식민주의는 SNS나 감시 자본주의보다 훨씬 크기 때문이다. 수십억 명이 개입된 새 사회 체계고, 이 체계는 자본주의에 필수적인 식민지 수탈로 나아간다. 그러니 단순한 개인들의 활동은 아무 영향도 주지 못한다.

하지만 우리를 포함해 모든 사람이 정말 아무것도 안 한다고 가정해보자. 장기적으로 어떤 일이 벌어질까? 물론 당장 눈에 띄는 여파는 없을 것이다. 데이터 식민주의를 구동하는 권력은 편리한 알리바이 뒤로 숨기 때문이다. 우리가 데이터 식민주의에 저항하지 못한다면 그 결과는 천천히 교묘하게 드러나겠지만, 장기적으로는 충격적이고 되돌릴 수 없을 것이다. 그 이유를 살펴보자.

확실히 데이터를 더 많이 추출해 AI를 향상시키는 데에는 재미난 요소가 있다. 취향을 기막히게 파악해 구매할 만한 품목에 계속 접근시키는 상세한 추천 시스템이 있을 것이다(공표하진 않지만, AI 챗봇의 개발 이면에는 판매에 효과적인 매커니즘을 만드는 목표도 있다. AI 기업은 그 방식으로 돈을 벌려고 한다).[1] 게임 콘솔과 VR 헤드셋은, 메타 유니버스든 아니든 온라인 공간에서 미묘하게 다른 상호작용을 하게 만든다. 지식이나 정보를 얻는 것이 예전처럼 검색어를 일일이 입력하는 업무로 느껴지지 않고, 나를 나보다 잘 아는 듯한 AI는 똑똑한 친구와 대화하는 느낌을 준다. 또 오픈 AI의 CTO(최고 기술 책임자)의 말을 믿자면, AGI가 일상의 비즈니스 앱에 점점 통합되는 반면, AI 챗봇은 식료품 구매와 식당 예약 이상의 일을 하는 정보 검색 플랫폼이 될 것이다.[2] 하지만 일상의 데이터화에서는 이런 일만 있는 게 아니다.

일상의 더 많은 부분이 우리가 모르고 통제할 수 없는 영역으로 변한다. 그런데 이 영역은 대출, 교육, 건강관리, 복지, 직장 등 삶의 중요한 자원에 접근할 기회를 만든다. 데이터가 늘 우리를 차별하면, 알고리즘과 사회적 결정이 더해져 막강하고 편향된 시스템을 만든다.

점점 많은 분야가 관리자에게 투명한 영역으로 전환된다. 덕분에 관리자는 매 순간 근로자를 추적하고 행동을 예상하고 감정을 관리한다. 반면 근로자에게는 점점 불투명해져서, 근로자 관리 방침은 '데이터'라는 블랙박스 안에 갇힌다.

대중에게 정부는 점점 추상적인 알고리즘 계산의 인터페이스와 같아진다. 직접 협의할 필요 없이, 감시하고 자극하고 예상하는 속 모를 기계로 느껴진다. 정부의 정당성에 미치는 영향은 긍정적이지 않아 보인다.[3] 그리고 아마존, 구글, 텐센트 같은 플랫폼이 엄청나게 성장해서, 자원과 세계적인 영향력이 국가를 능가한다. 하지만 그들은 기업이기에, 민주주의 의무 같은 것을 제공할 의지도 없고 역량도 없다.

더 나쁜 사실은 대형 데이터 추출 기업은 물론 플랫폼이나 검색 엔진을 보유하지 않은 기업까지 권력이 일상화되어, 상업 권력이 유난히 강력하면서도 대중의 삶에 무책임해진다는 점이다. 농업, 교육, 건강 분야는 10년 전만 해도 당사자들이 임의대로 관리했다. 하지만 이제 데이터에 굶주린 기업과 플랫폼이 원거리에서 관리한다. AGI와 메타버스처럼 현재 윤곽만 보이는 신기술의 발전은 앞에서 봤듯이 모든 문제를 심화시키고, 일상의 소통과 오락을 데이터로 입력한다. 5년 안에 자녀에게 책을 읽어주는 친밀한 소통까지 AI가 연결된 껴안는 장난감이 차지할 것이다. 그 장난감은 아이가 어느 학교에 다니는지, 친구가 누구인지 안다. 적어도 홍콩 기반의 장난감 제조사 V테크홀딩스 VTech Holdings의 대표인 앨런 윙Allan Wong은 그런 기대를 갖고 있다.[4]

우리가 데이터 식민지 특권층이 아니라면 우리의 삶은 모든 상황에서 계속 추적된다. 그 결과 시간이 흐르면 우린 덜 자유롭다고 느끼게 된다. 1장에서 트레이시가 한때 자신에게는 숨길 게 없다고 생각했지만, 지속적으로 수집된 데이터에 자유를 빼앗긴다고 느끼게 된 것과 비슷하다. 우리 삶의 내밀한 부분에 대한 정보의 통제권을 외부 기관에 넘겨주면 우리가 상상할 수 있는 우리 자신에 대한 통제권도 넘겨주기 때문에 자유가 줄어들게 된다. 우리가 누구인지 상상할 수 있는 것은 자유의 핵심이다.

중국 공산당의 AI 모델과 강력한 슈퍼 플랫폼은 이런 변화의 극단적인 예지만, 다른 곳도 정도만 다를 뿐 비슷한 추세라는 증거가 많다. 이런 유행은 똑같은 기술과 추출 논리에 기초한다. 살펴봤듯이 이 기술과 논리는 환경에 감당이 안 되는 비용을 부과한다.

식민 역사에서 수탈을 당해본 사람들은 일상에서 자유의 박탈을 더 빠르고 무자비하게 느낀다. 합리적이라지만 그들에게는 불리한 결정이 내려질 때 박탈감을 느낀다. 결정은 삶을 예측하는 데이터 수집에서 나오고, 그들은 결정 과정을 통제할 수 없다. 그들은 알고 예상하지만 도전하기 어려운 불의 속에서 자유의 박탈을 느낀다. 과거 권력의 피해자가 아니라고 주장하는 이들도 새로운 부류의 부당함을 접한다. 그 부당함을 일으키는 것은, 아무도 결과를 책임지지 않는 데이터 기반 시스템이다.

시간이 지나면, 새로운 식민지 특권층을 제외한 모두가 중요하고 일반적인 뭔가를 잃었다고 느낄 것이다. 그때는 사회가 너무 급진적으로 재편성되어서, 매순간 데이터가 추출되지 않는 삶이 어땠는지 아무도 기억하지 못하겠지만 말이다. 우리가 잃은 것은 무엇일까? 자율성이다. 외부의 추적과 영향에서 벗어나 존재할 수 있는 개인의 자율성과, 외부 기업의 방해 없이 본래의 자신이 있던 곳에서 살 권리다.

자율성을 이해하는 방식은 여러 가지이다. 상당히 개인주의적일 수도 있고, 우리가 더 선호하기에는 상호 존중과 공동체 삶의 사회적 상호작용에 기초한 개념일 수도 있다.[5] 하지만 그 단어를 어떻게 이해하던, 자기 중심을 지켜야 한다는 개념이 자유의 기본이다. 그것을 잃으면 되돌릴 수 없다. 어느 철학자가 '가장 비참한 부자유'로 묘사한 내용을 되새겨보자.

"우리에게 부족한 자유가 어떤 것인지 상상할 능력조차 잃는 것, 그래서 자유에 대한 열망을 사악하고 위험하다고 묵살하는 것이다."[6]

마크 저커버그는 이걸 염두에 두고 프라이버시는 과거지사라고 말했을까? 구글 전 CEO 에릭 슈미트가 프라이버시는 숨길 게 있는 이들만을 위한 것이라고 말한 것도 그런 뜻이었을까? 그들은 개인이 감당할 잠재적인 비용, 그들이 아닌 우리가 감당해야 한다고 느낀 비용만 생각했다. 하지만 진짜 상실은 집단과 관계가 있다. 인간의 지평인 자유를 상실하는 것이다. 결국 기계가 인간의 뇌를 읽는 연구가 대규모로 실시되면, 기초적인 프라이버시라도 남을지 모르겠다.[7] 늘 뇌 주변에 스캐닝 기계가 있을 테니 말이다.

이 중대한 권력 이동이 전 세계에서 똑같이 보이고 느껴질까? 아닐 것이다. 계속 강조했듯이 데이터 식민주의의 발자국은 5백년 된 식민주의의 지도와 겹치고, 거기서 생긴 불평등한 정치경제적 유산이 지속되기 때문이다. 이 불평등의 결과는 개인과 집단뿐 아니라 국가적인 차원에서도 작용한다. 주도적인 디지털 플랫폼들이 데이터 식민주의의 양대 기둥인 미국과 중국에 집중되는 양상은 다른 나라들과 시민들이 적극 개입하지 않으면 변치 않을 것이다. 하지만 데이터를 통한 비즈니스와 권력이 응집되면서, 미국과 중국 외의 국가가 그런 플랫폼을 규제하는 입법에 영향력을 행사하기 어려워진다. 지역적으로 대기업의 경쟁 플랫폼을 지원하기도 어렵다. 데이터 식민주의의 권력 게임은 계속될 것이다.

이런 미래를 피하기 위해서는 지역적인 대안이 필요하다. 용기 있는 정부가 주도하는 대안도 있고, 전혀 다른 미래를 꿈꾸는 공동체가 이끄는 대안도 많다. 그게 상업이 아닌 사회적 목적을 토대로 데이터를 수집하는 플랫폼을 만들 유일한 기회다.

그런 대안을 세울 힘을 원한다면(6장에서 여러 출발점을 봤다), 식민 역사에서 배워야 한다. 식민지 토지 수탈이 역사를 포괄적으로 바꿀 수 있다는 것을 말이다. 이것은 포괄적으로 저항해야 한다는 뜻이기도 하다. 과거 식민지 피해자들과 달리 이번에는 우린 몰랐다고 변명하지 못한다. 우린 식민 역사를 잘 알고 있고, 이 책이 그 역사와 여전히 계속되는 저항의 역사를 짧게나마 일깨우면 좋겠다.

저항의 길은 길고 험난하지만, 이 책은 그 여정을 시작할 도구를 제공한다. 무척 위태로운 여행이다. 여행에서 가장 중요한 것은, 데이터를 포함해 세계 자원을 공평하게 분배하는 것이다. 데이터 식민주의의 불의에 저항하기 위해서는 대대적이고 집단적인 노력과 상상력이 필요하다. 하지만 그런 노력이 식민주의에 대응하고 결국 탈식민화라는 더 긴 여정에 기여할 수 있다고 믿는다.